個別基準がわかる
練習問題で覚える

スタートアップ IFRS

公認会計士
大矢 昇太 著

清文社

はじめに

　本書は、「日本の会計基準には多少慣れ親しんでいるものの、IFRS については初めて学習する」という方、たとえば、会計を学んでいる大学生・大学院生や、資格（IFRS Certificate や BATIC）取得を志している方、また企業で経理実務に携わる方などが、IFRS の概要を効率的・網羅的・体系的に学習するための一助となることを企図しています。

＊　　＊　　＊

　わが国においても 2010 年 3 月期からの任意適用が認められたことにより、徐々にではありますが、IFRS を適用する会社が現れてきています。ただし、将来的な IFRS の強制適用については未だ賛否両論があり、わが国固有の業界特質や、強制適用の決定から適用開始までの準備期間の十分性等に鑑みる必要があることはいうまでもありません。しかしながら、そのような IFRS についての議論をするには、まずその概要を把握しておかなくてはなりません。本書は IFRS の効率的な把握を目的としており、その議論の入り口に立つための第一歩として、有用なものとなるように編集しています。

　そのため本書では、IFRS の個別基準の主要論点をコンパクトに解説することを第一とし、IFRS に関する実務的な論点や、基準設定に関係する団体や各国の IFRS 適用状況の説明等については大幅に割愛しています。

　また、各個別基準の解説では、その基礎となる考え方を示している概念フレームワーク（以下、FW）に可能な限り関連付けをしています。これは、IFRS の個別基準には FW を中心として演繹的に規定されている面が多く、この FW を中心とした視点を常に保つことにより、多くの個別基準を俯瞰することができるようになり、結果的に効率よく、体系的に IFRS の個別基準を理解・習得することが可能になるからです。

さらに、本書では、それらの主要論点に絡めて各章平均で5問程度、全152問の選択問題を織り込んでいます。主要論点の解説を理解した上で、これらの問題を万遍なく解くことで、各基準の主要論点を確実に知識として定着させることができるような構成としています。

　本書が、これからIFRSを学ぶ多くの方々にとって、スムースにその第一歩を踏み出す一助となれば幸いです。

＊　　＊　　＊

　なお、本書の出版に際しては、多くの方々にご協力いただきました。青山学院大学大学院会計プロフェッション研究科の町田祥弘教授、同特任准教授の山田善隆先生（京都監査法人）には、同大学院でのIFRSの講義の準備その他を通じて、本書の参考となる貴重なご示唆をいただきました。また、野本寛志さん（公認会計士）、菅原理恵さんには、多用ななかユーザーとして本書のチェックをしていただきました。この場をお借りして、皆様に御礼申し上げます。

　最後に、本書の企画・編集・校正に際し、株式会社清文社の對馬大介氏には多大なご尽力とご寛容をいただきました。心より感謝申し上げます。

2011年9月吉日

公認会計士　大矢　昇太

目　次

第1章 概念フレームワーク

1　概念フレームワークとは？ …………………………………………… 1
　　1　概念フレームワークの意義　　1
　　2　FW の特徴　　2
2　FW の改訂プロジェクト …………………………………………… 3
3　FW の内容 …………………………………………………………… 4
　　1　一般目的財務報告の目的　　4
　　2　財務諸表の基礎となる前提　　4
　　3　財務諸表の質的特性等　　5
　　4　財務諸表の構成要素の定義　　8
　　5　財務諸表の構成要素の認識・測定　　10

練習問題**1〜5**　　12

第2章 財務諸表の表示、キャッシュ・フロー
(IAS 第1号、第7号)

1　目的 …………………………………………………………………… 16
2　定義 …………………………………………………………………… 16
　　1　一般目的財務諸表　　16
　　2　完全な1組の財務諸表　　17
3　財務諸表の目的・一般的特性 ……………………………………… 17

4	財政状態計算書	18
5	包括利益計算書	19
6	持分変動計算書	21
7	キャッシュ・フロー計算書	21

    1 キャッシュ及びキャッシュ・フローの定義　22

    2 キャッシュ・フローの区分　22

    3 表示方法　23

    4 その他　23

8	注記	24
9	日本基準との相違	25
10	今後の改訂	26

  スケジュール　26

  主要な改訂内容　26

    1 包括利益の表示プロジェクト　26

    2 IAS1・7置換プロジェクト　27

練習問題6〜10　27

第3章　初度適用
(IFRS 第1号)

1	目的	31
2	定義	31

    1 最初のIFRS財務諸表　31

    2 IFRS移行日　33

3	初度適用時の原則	33
4	初度適用時の例外	34

    1 例外規定（強制）　34

2 免除規定（任意）　34

練習問題 11〜14　　35

第4章 棚卸資産
　　　　　　　　　　　　　　　　　　　　　　　（IAS 第2号）

1 **目的・範囲** …………………………………………………… 38
2 **定義** …………………………………………………………… 38
3 **原価算定方式** ………………………………………………… 39
4 **原価測定技法** ………………………………………………… 40
5 **費用認識と評価** ……………………………………………… 41

練習問題 15〜18　　42

第5章 有形固定資産
　　　　　　　　　　　　　　　　　　　　　　　（IAS 第16号）

1 **目的** …………………………………………………………… 45
2 **定義** …………………………………………………………… 45
3 **当初認識・測定** ……………………………………………… 46
　　　1 当初認識　46
　　　2 当初測定　46
4 **当初認識後の測定** …………………………………………… 47
　　　1 減価償却　47
　　　2 原価モデル・再評価モデル　50
　　　3 減損　51
5 **認識の中止** …………………………………………………… 51

  6 日本基準との相違 ………………………………………………… 52

練習問題 19〜26 53

第6章 ｜ 無形資産

（IAS 第38号）

1 目的 ……………………………………………………………………… 58
2 定義 ……………………………………………………………………… 58
  1 識別可能性 58
  2 支配 59
  3 将来の経済的便益 59
3 当初認識・測定 ………………………………………………………… 60
  1 自己創設のれん 60
  2 自己創設無形資産 60
4 当初認識後の測定 ……………………………………………………… 62
  1 測定モデル 62
  2 償却 62
5 日本基準との相違 ……………………………………………………… 63

練習問題 27〜32 64

第7章 ｜ 投資不動産

（IAS 第40号）

1 目的 ……………………………………………………………………… 68
2 定義 ……………………………………………………………………… 68
3 当初認識・測定 ………………………………………………………… 70

1 認識　　70
　　2 測定　　70
　4 当初認識後の測定 ………………………………………………… 71
　　1 公正価値モデル　　71
　　2 原価モデル　　72
　5 認識の中止 ……………………………………………………… 72
　　1 他勘定への振替　　72
　　2 処分　　73
　6 日本基準との相違 ……………………………………………… 73

練習問題33〜38　　74

第8章 リース

(IAS 第17号)

1 目的 ……………………………………………………………… 79
2 定義 ……………………………………………………………… 79
　1 リース　　79
　2 ファイナンス・リース　　79
　3 オペレーティング・リース　　80
3 ファイナンス・リースとオペレーティング・リースの相違 …… 80
4 ファイナンス・リース ………………………………………… 81
　1 該当要件　　81
　2 借手の処理　　82
　3 貸手の処理　　82
5 オペレーティング・リース …………………………………… 83
6 セール・アンド・リースバック ……………………………… 83
　1 ファイナンス・リースに該当する場合　　83

2　オペレーティング・リースに該当する場合　84
7　日本基準との相違 …………………………………………… 84
8　今後の改訂 …………………………………………………… 85
　スケジュール　85
　主要な改訂内容　86
　　1　使用権モデル　86
　　2　貸手の処理　86
　　3　その他　87

練習問題39〜43　88

第9章　借入費用

(IAS 第23号)

1　範囲・意義 …………………………………………………… 92
2　定義 …………………………………………………………… 92
　　1　借入費用　92
　　2　適格資産　93
3　資産計上すべき借入費用 …………………………………… 93
　　1　特定目的借入金による場合　93
　　2　一般目的借入金による場合　93
4　借入費用の資産化の開始・中断・終了 …………………… 94
　　1　資産化の開始　94
　　2　資産化の中断　95
　　3　資産化の終了　95
5　日本基準との相違 …………………………………………… 95

練習問題44〜47　96

第10章 資産の減損
(IAS 第36号)

1. 目的・意義・プロセス …………………………………… 99
2. 資金生成単位（CGU） …………………………………… 100
3. 減損の兆候 ～step①～ ………………………………… 100
4. 回収可能価額の測定 ～step②～ ……………………… 102
5. 減損損失の認識 ～step③～ …………………………… 103
6. 減損損失の戻入 …………………………………………… 103
7. 日本基準との相違 ………………………………………… 105

練習問題48〜52 105

第11章 鉱物資源の探査及び評価
(IFRS 第6号)

1. 目的・範囲 ………………………………………………… 109
2. 定義 ………………………………………………………… 110
3. 探査及び評価資産の認識・測定及び表示 …………… 110
   1. 当初認識時の測定 110
   2. 当初認識後の測定 111
   3. 表示 111
4. 探査及び評価資産の減損 ……………………………… 112

練習問題53〜55 113

第12章 売却目的で保有する非流動資産及び非継続事業
（IFRS 第 5 号）

1 目的・範囲 …………………………………………………… 115
2 概要 …………………………………………………………… 115
3 売却目的保有非流動資産の分類 …………………………… 116
4 売却目的保有非流動資産の測定・表示 …………………… 117
　1 測定　117
　2 表示　118
5 非継続事業 …………………………………………………… 118
6 日本基準との相違 …………………………………………… 119

練習問題 **56〜59**　　119

第13章 金融商品
（IAS 第 32 号、第 39 号、IFRS 第 7 号、第 9 号）

1 金融商品に関する基準の体系・IAS 第39号改訂プロジェクト
　………………………………………………………………… 122
2 IAS 第32号　〜金融商品：表示〜 ………………………… 122
　1 金融商品の定義　123
　2 金融資産の定義　123
　3 金融負債の定義　124
　4 資本性金融商品の定義　124
　5 金融負債と資本性金融商品の区分　125
　6 複合商品の取扱い　127
　7 自己株式　128
　8 利息、配当等の取扱い　128

  9 金融資産・負債の相殺　128
 3　IFRS第7号　〜金融商品：開示〜 …………………………… 128
  1 公正価値の階層別開示　129
  2 リスクの開示　129
 4　IAS第39号　〜金融商品：認識及び測定〜 ………………… 130
  1 分類、認識及び測定　131
  2 認識の中止　132
 5　IFRS第9号　〜金融商品〜 ……………………………………… 133
  1 分類及び測定　133
  2 金融資産の分類・測定　133
  3 金融負債の分類・測定　135
 6　日本基準との相違 …………………………………………………… 136
 7　今後の改訂（減損（改訂プロジェクトPhase：2）） ……… 136
  スケジュール　136
  主要な改訂内容　137
 8　今後の改訂（ヘッジ（改訂プロジェクトPhase：3）） ……… 139
  スケジュール　139
  主要な改訂内容　141

練習問題**60〜70**　　141

第14章　法人所得税

(IAS第12号)

1　目的・範囲 ……………………………………………………………… 148
2　定義 …………………………………………………………………………… 148
3　認識 …………………………………………………………………………… 149
 1 当期税金負債・資産　149

2　繰延税金負債・資産　　150
　　3　当期税金・繰延税金（費用・収益）　　152
4　測定 …………………………………………………………… 153
5　表示・開示 …………………………………………………… 153
6　日本基準との相違 …………………………………………… 154

練習問題71〜74　　154

第15章　従業員給付

（IAS 第19号）

1　目的・適用 …………………………………………………… 157
2　定義 …………………………………………………………… 157
3　短期従業員給付 ……………………………………………… 158
4　退職後給付 …………………………………………………… 159
　　1　確定拠出制度と確定給付制度　　159
　　2　確定給付制度　　160
5　その他の長期従業員給付 …………………………………… 163
6　解雇給付 ……………………………………………………… 163
7　日本基準との相違 …………………………………………… 164
8　今後の改訂 …………………………………………………… 165
　　スケジュール　　165
　　主要な改訂内容　　166
　　1　遅延認識の廃止　　166
　　2　費用の表示区分　　166

練習問題75〜82　　167

第16章 引当金、偶発負債及び偶発資産

(IAS 第 37 号)

- 1 目的 ………………………………………………………………… 173
- 2 定義 ………………………………………………………………… 173
  - 1 引当金　173
  - 2 偶発負債、偶発資産　174
- 3 認識 ………………………………………………………………… 175
  - 1 引当金　175
  - 2 偶発負債、偶発資産　176
  - 3 引当金と偶発負債の区分　176
- 4 測定 ………………………………………………………………… 177
- 5 その他論点 ………………………………………………………… 178
- 6 日本基準との相違 ………………………………………………… 178
- 7 今後の改訂 ………………………………………………………… 179
  - スケジュール　179
  - 主要な改訂内容　180
    - 1 認識　180
    - 2 測定　180

練習問題 83〜88　181

第17章 株式報酬

(IFRS 第 2 号)

- 1 目的・範囲 ………………………………………………………… 185
- 2 株式報酬取引の定義・類型、認識・測定 ……………………… 185
  - 1 株式報酬の定義・類型　185

2　株式報酬取引の認識・測定　　186
3　持分決済型株式報酬取引 …………………………………………… 187
　　1　認識・測定　　187
　　2　会計処理　　187
4　現金決済型株式報酬取引 …………………………………………… 188
　　1　認識・測定　　189
　　2　会計処理　　189
5　現金選択権付株式報酬取引 ………………………………………… 190
　　1　認識・測定　　190
　　2　会計処理　　191
6　日本基準との相違 …………………………………………………… 191

練習問題89〜93　　193

第18章　保険契約
（IFRS 第4号）

1　経緯・目的 ……………………………………………………………… 197
2　保険契約に関するプロジェクト ……………………………………… 197
　　1　Phase I　　197
　　2　Phase II　　198
3　定義 …………………………………………………………………… 198
4　IFRS 第4号の内容 …………………………………………………… 199
　　1　負債十分性テスト（liability adequacy test）　　199
　　2　再保険資産（reinsurance assets）の減損テスト　　199
5　公開草案（2010年7月）の内容 ……………………………………… 200
6　日本基準との相違 …………………………………………………… 200
7　今後の改訂 …………………………………………………………… 201

スケジュール　201
主要な改訂内容　201

練習問題 **94～96**　201

第 19 章　収益

（IAS 第 18 号、第 11 号、第 20 号、第 41 号等）

1　構成・目的 …………………………………………………………… 203
2　IAS 第18号　～収益～ …………………………………………… 204
　1　物品の販売　204
　2　役務の提供　205
　3　利息・ロイヤルティ・配当　205
3　IFRIC 第13号　～カスタマー・ロイヤルティ・プログラム～
　………………………………………………………………………… 206
4　IAS 第11号　～工事契約～ ……………………………………… 207
　1　定義　207
　2　収益・原価　208
5　IAS 第20号　～政府補助金の会計処理と政府援助の開示～ …… 209
　1　政府補助金の会計処理　209
　2　政府援助の開示　210
6　IAS 第41号　～農業～ …………………………………………… 211
7　日本基準との相違 ………………………………………………… 211
8　今後の改訂 ………………………………………………………… 212
　スケジュール　212
　主要な改訂内容　212
　1　収益認識の5ステップ　213
　2　その他の論点　218

練習問題 **97～106**　　221

第20章　企業結合

(IFRS第3号)

1　目的・適用範囲 ……………………………………………… 228
2　定義 …………………………………………………………… 228
　① 企業結合・事業　228
　② 取得企業・被取得企業・支配　229
　③ 条件付対価　229
　④ のれん　229
3　企業結合の識別 ……………………………………………… 230
4　取得法 ………………………………………………………… 230
　① 取得企業の識別　231
　② 取得日の決定　231
　③ 資産・負債等の認識・測定（原則）　231
　④ 資産・負債等の認識・測定（例外）　232
　⑤ のれん・割安購入権の認識・測定　233
5　日本基準との相違 …………………………………………… 234

練習問題 **107～112**　　235

第21章　連結財務諸表及び個別財務諸表

(IAS第27号)

1　目的・範囲 …………………………………………………… 240
2　原則・定義 …………………………………………………… 240
　① 連結財務諸表　240

2　子会社　241
　　　3　支配　241
　　　4　非支配持分　241
　3　連結の範囲 ……………………………………………………… 241
　　　1　子会社の範囲　241
　　　2　連結の範囲　242
　4　会計方針の統一 ………………………………………………… 242
　5　会計期間の統一 ………………………………………………… 243
　6　その他 …………………………………………………………… 243
　7　日本基準との相違 ……………………………………………… 244
　8　改訂状況 ………………………………………………………… 244
　　スケジュール　244
　　主要な改訂内容　245

練習問題113〜117　247

第22章　関連会社に対する投資
（IAS第28号）

　1　範囲 ……………………………………………………………… 250
　2　定義 ……………………………………………………………… 250
　　　1　関連会社　250
　　　2　重要な影響力　251
　　　3　持分法　251
　3　関連会社の範囲 ………………………………………………… 251
　4　原則 ……………………………………………………………… 252
　5　会計方針の統一 ………………………………………………… 253
　6　会計期間の統一 ………………………………………………… 253

7	持分法の適用	253
8	日本基準との相違	254
9	改訂状況	255

練習問題118〜121　255

第23章　ジョイント・ベンチャーに対する投資
（IAS 第31号）

1	適用	259
2	定義・形態	259
3	共同支配の営業活動	260
4	共同支配の資産	261
5	共同支配企業	262
6	日本基準との相違	262
7	改訂状況	263

　スケジュール　263
　主要な改訂内容　263
　　[1] 共同アレンジメントの類型　263
　　[2] 共同アレンジメントの会計処理　264

練習問題122〜125　264

第24章　外国為替レート
（IAS 第21号）

| 1 | 範囲・意義 | 268 |
| 2 | 機能通貨 | 268 |

3 外貨建取引 ·············· 271
- ① 当初認識　271
- ② 期末日における報告　271
- ③ 換算差額の認識　271

4 外貨建財務諸表の換算 ·············· 272
- ① 表示通貨への換算　272
- ② 在外営業活動体の換算　273

5 その他 ·············· 274
- ① 機能通貨の変更　274
- ② 在外営業活動体の処分　274

6 日本基準との相違 ·············· 274

練習問題**126**〜**129**　275

第25章　超インフレ経済下における財務報告
（IAS 第 29 号）

1 範囲・意義 ·············· 278
2 超インフレとは？ ·············· 278
3 超インフレ経済下にある状況の具体例 ·············· 279
4 超インフレ経済下における処理（修正再表示） ·············· 279
- ① 財政状態計算書　280
- ② 包括利益計算書及びキャッシュ・フロー計算書　280
- ③ 正味貨幣持高に関する利得または損失　281

練習問題**130**〜**131**　281

第26章 1株当たり利益

(IAS 第33号)

1 目的・範囲 ……………………………………………………… 283
2 基本的1株当たり利益（BEPS） ……………………………… 283
　① 分子の算定　284
　② 分母の算定　284
3 希薄化後1株当たり利益（DEPS） …………………………… 285
　① 複雑な資本構成とは？　285
　② 希薄化とは？　286
　③ DEPSの算定【分子】　286
　④ DEPSの算定【分母】　287

練習問題**132～135**　　288

第27章 後発事象

(IAS 第10号)

1 目的・範囲 ……………………………………………………… 291
2 後発事象の定義 ………………………………………………… 291
　① 後発事象とは？　291
　② 財務諸表の公表の承認日　292
3 修正を要する後発事象 ………………………………………… 293
4 修正を要しない後発事象 ……………………………………… 294
5 配当 ……………………………………………………………… 294
6 日本基準との相違 ……………………………………………… 295

練習問題**136～139**　　295

第28章　中間財務報告

(IAS 第 34 号)

1　目的・範囲 ……………………………………………………… 298
2　定義 …………………………………………………………… 298
　1　中間期間とは？　298
　2　中間財務報告書とは？　299
3　精選された説明的注記 ………………………………………… 299
4　認識・測定 …………………………………………………… 300
　1　原則　300
　2　適用例・その他論点　301

練習問題**140〜142**　　302

第29章　関連当事者についての開示

(IAS 第 24 号)

1　目的・範囲 ……………………………………………………… 304
2　定義 …………………………………………………………… 305
　1　関連当事者　305
　2　関連当事者との取引　307
3　開示 …………………………………………………………… 307
　1　関連当事者との取引・未決済残高　307
　2　親会社情報　307
　3　経営者報酬　308
　4　政府関連企業における免除　308
4　日本基準との相違 ……………………………………………… 308

練習問題 143〜146　　309

第30章　事業セグメント
（IFRS 第8号）

1　基本原則・範囲 …………………………………………………… 312
2　マネジメント・アプローチ ……………………………………… 312
　① 長所　　313
　② 短所　　313
3　事業セグメント …………………………………………………… 314
4　報告セグメント …………………………………………………… 314
　① 集約基準（aggregation criteria）　　315
　② 量的基準（quantitative thresholds）　　315
5　報告セグメントの決定 …………………………………………… 316
6　開示 ………………………………………………………………… 317
7　日本基準との相違 ………………………………………………… 317

練習問題 147〜149　　318

第31章　会計方針、会計上の見積りの変更及び誤謬
（IAS 第8号）

1　目的・範囲 ………………………………………………………… 321
2　会計方針 …………………………………………………………… 321
　① 定義　　321
　② 会計方針の適用　　322
3　会計方針の変更 …………………………………………………… 323
　① 会計方針の変更が認められる場合　　323

2 遡及適用　324
4 会計上の見積りの変更 …………………………………………… 325
5 誤謬の訂正 ………………………………………………………… 326
6 日本基準との相違 ………………………………………………… 327

練習問題**150〜152**　　327

練習問題　解答・解説 ………………………………………… 331

■用語・略語一覧

基準等
IFRS (International Financial Reporting Standards)：国際財務報告基準
IAS (International Accounting Standards)：国際会計基準
IFRIC (International Financial Repoting Interpretations Committee)
：国際財務報告基準解釈指針委員会（及びその指針）
SIC (Standards Interpretations Commitee)：解釈指針委員会（及びその指針）

基準設定団体等
IASB (International Accounting Standards Board)：国際会計基準審議会
FASB (Financial Accounting Standards Board)：米国財務会計基準審議会
ASBJ (Accounting Standards Boards of Japan)：企業会計基準委員会
IASC (International Accounting Standards Committee)：国際会計基準委員会

基準設定過程の中間物
DP (discussion paper)：ディスカッション・ペーパー
ED (expoursure draft)：公開草案

基準の構成関係
IN (introduction)：はじめに
Appendix：付録（A 定義，B 適用指針（AG：application guidance））
BC (basis for conclusion)：結論の根拠
IE (illustrative examples)：設例

　なお、特段の記載のある場合を除き、本書は2011年4月30日現在のIFRS・ED（公開草案）や日本基準等に基づいています。また、Moving Target と呼称されるように、IFRSの改訂は現在も進行中です。IASB・FASBの議論の行方等によっては、本書発刊時とは異なる内容・状況となっている可能性も十分にありますので、留意が必要です。本書は、例えば、公開草案後の議論における暫定的な合意内容等は、原則として織り込んでいませんので、その旨お含みおきください。

第1章 概念フレームワーク

　IFRSを理解し、知識として効率的・網羅的に記憶に留めておくためには、その根底にある概念を押さえておく必要があります。原則主義を採用しているIFRSの規定は、濃淡はありますが、基本的に分量の少ないものといえます。したがって、なぜこの基準が存在するのか、このように認識・測定する理由は何なのか、常に拠り所となる思考を頭の中でベースに置きつつ、俯瞰的に考えながら個別基準を読み込んでいけば、IFRSの概要を、あまり時間をかけずにマスターできるはずです。その拠り所となる考え方が、この第1章で概説する概念フレームワークなのです。

1 概念フレームワークとは？

1 概念フレームワークの意義

　一般にIFRSの概念フレームワークと呼ばれているものは、財務諸表の作成及び表示に関するフレームワーク（Framework for the Preparation and Presentation of Financial Statements）のことを、正式には示しています。

　この概念フレームワーク（以下、FWとします）は、IASBの前身であるIASCが1989年7月に公表したものを、IASBが引き継いで2001年4月に公表したものです。財務会計の前提や基礎概念を体系化し、IFRSの各基準の基礎となる考え方を示したもので、「会計の憲法」といわれる場合もあります。

　IFRSは、個別のテーマ毎に財務報告基準を設定するというピースミー

ル・アプローチ（piecemeal approach）によって作成されます。当該アプローチは、新たな問題に迅速かつ機動的に対応できるという利点を有していますが、一方で、基準相互間の首尾一貫性・整合性を確保できないという欠点を生じさせます。その欠点を解消するための基礎となるのが、FWなのです。

2 FWの特徴

FWは、以下の特徴を有しています。

> ① IFRSを構成するものではないこと
> ② FWとIFRSとに不一致がある場合には、IFRSの規定が優先されること
> ③ 取引その他の事象または状況に具体的に該当するIFRSや類似の事項を取り扱っているIFRSが存在しない場合には、FWにおける定義や認識規準、測定概念を参照して、会計方針の適用可能性を検討すること（第31章2①参照）

FWが一般的に会計の憲法といわれる場合があるにもかかわらず、FWとIFRSに不一致がある場合にIFRSが優先されることについては、矛盾しているといえます。実質的には、憲法のように最高法規としての機能を有していないからです。このことについては、FWの完成前から個別のIFRS（IAS）が存在していることや、FWが策定されてからかなりの年月を経ていることから、それ自体の改訂も必要であること等により、やむをえないものであるといえます。

2で述べる、FASBとの共同プロジェクトによって、今後、FWは規範としてあるべき姿に改訂されることが予定されています。なお、2010年9月改訂後のFW（財務報告のための概念フレームワーク）の構成は、次のとおりです。

> 第1章：一般目的財務報告の目的
> 第2章：報告企業
> 第3章：有用な財務情報の質的特性
> 第4章：基礎となる前提、財務諸表の構成要素、財務諸表の構成要素の認識、測定、資本及び資本維持の概念

2 FWの改訂プロジェクト

　IASBとFASBで、改善された共通のFWの開発を目的とした共同プロジェクトが進行中であり、そのPhaseと進捗状況は、以下のとおりです。

Phase	プロジェクト	進捗状況
Phase A	目的及び質的特性	(完了：2010年9月)
Phase B	構成要素及び認識	(2011年H2 (後半) から再度検討予定)
Phase C	測定	(同上)
Phase D	報告企業	(EDの公表：2010年3月)
Phase E	表示及び開示	―
Phase F	FWの目的とステータス	―
Phase G	非営利企業への概念FWの適用	―
Phase H	FW全体	―

　Phase Aの完了により、第1章として「一般目的財務報告の目的」が、第3章として「有用な財務情報の質的特性」が最終化されるとともに、改訂前のFWの第1～3章以外の項目を、第4章として位置づけることとしました。なお、Phase E～Hの検討は、現状のところ未定となっています。

3 FWの内容

1 一般目的財務報告の目的

　一般目的財務報告の目的は、現在及び潜在的な投資家、貸手及びその他の債権者の報告企業への資源の提供に関する意思決定において<u>有用な情報</u>を提供することにあります。このような意思決定は、株式等の資本性金融商品及び負債金融商品の購入、売却または保有、貸付金及びその他の形態による信用の提供または決済に関連しています。

　改訂前のFWでは、"財務諸表の目的"として規定されていましたが、改訂後では"一般目的財務報告の目的"と変更され、また、利用者についても、広範な利用者という定義から、上記のように投資家・貸手・債権者に特定することになりました。これは、資本市場への参加者の要求に焦点を当てる必要があることや、企業に対して直接的な情報提供要求を行いえない重要な利害関係者のニーズに対応する必要があることに鑑みた結果であるといえます。また、利用者の経済的意思決定に対する有用性に加えて、<u>受託責任</u>（stewardship）の評価、すなわち、経営者が資源を効果的・効率的に利用したか否かについての判断を行いうるようにするために有用な情報を提供することも、財務報告の目的とされています。

2 財務諸表の基礎となる前提

　財務諸表の基礎となる前提として、①<u>発生主義</u>（accrual basis）、②<u>継続企業</u>（going concern）の2つが規定されています。この基礎となる前提とは、わが国でいう「会計公準」（①企業実体・②継続企業・③貨幣的評価）と同様のものと考えてよいでしょう。

(1) 発生主義

　財務諸表は、発生主義会計に基づいて作成されます。発生主義の下では、取引その他の事象の影響額は、現金等の収支時でなくその発生時に認識・記録され、それらの帰属する期間の財務諸表に計上されます。

　発生主義に基づいて作成される財務諸表は、利用者に現金の収支を伴う過去の取引だけでなく、将来に現金を支払う債務と将来の現金受領をもたらす資源についての情報を提供するため、過去の取引その他の事象について経済的意思決定を行う利用者にとって、最も有用な種類の情報を提供するとされているのです。

(2) 継続企業

　財務諸表は、通常、企業が継続企業である、すなわち、清算あるいは事業活動の大幅な縮小を意図しておらず、予見しうる将来にわたって事業活動を継続するであろう、という前提に基づいて作成されます。

　したがって、企業の清算や事業の大幅縮小が意図されているような場合には、財務諸表は異なる前提に基づいて作成され、採用した基礎を開示することになります。

3 財務諸表の質的特性等

　財務諸表の質的特性（qualitative characteristics）とは、財務報告が有用であるために財務諸表が備えておくべき属性をいいますが、改訂後のFWでは、下記のように整理されています。

(a)	基本的な質的特性	(1) 目的適合性　(2) 忠実な表現
(b)	補強的な質的特性	(3) 比較可能性　(4) 理解可能性 (5) 適時性　　　(6) 検証可能性
(c)	一般的な制約	(7) コスト

(1) 目的適合性（relevance）

　目的適合性とは、意思決定に影響を与える能力をいい、①「予測価値」（predictive value）と②「確認価値」（confirmatory value）がその要素となります。例えば、当期の売上高の情報について、将来の売上高を予測する情報として使用される場合は①「予測価値」として、過去における売上見込高と比較し過去の予測プロセスの適否を確かめるために使用される場合は②「確認価値」として、認識されます。経済的意思決定を目的とする投資家等に対して、予測や確認を行いうる情報を提供することで、財務報告は目的適合性を有しているといえるのです。

(2) 忠実な表現（faithful presentation）

　現象を忠実に表現することも、財務諸表が有用であるための重要な特性であるといえます。改訂前のFWでは、4つの質的特性の中に、信頼性という属性がありましたが、表現としてその意味が不明確であること等に鑑み、忠実な表現という用語に置換されました。忠実な表現といえるためには、①「完全性」・②「中立性」・③「誤謬の不存在」の3つの属性を満たしていることが必要となります。①「完全性」（completeness）とは、全ての必要な説明・記述や、利用者が現象を理解するために必要な全ての情報が含まれていることをいい、②「中立性」（neutrality）とは、財務情報の選択・表示において偏向（bias）がないことを、③「誤謬の不存在」（free from error）とは、現象の記述に誤謬・脱漏が無いことをいいます。

(3) 比較可能性（comparability）

　比較可能性とは、複数項目に関する相違を理解・識別できることをいいます。なお、比較可能性の概念は、改訂前は4つの質的特性に含められていましたが、改訂に際しては、目的適合性・忠実な表現の特性を優位させるべきとの観点から、補強的な質的特性に格下げされています。

(4) 理解可能性（understandability）

　理解可能性とは、財務報告の利用者が、その情報を理解することが可能であることをいい、改訂前のFWでは、4つの質的特性として位置づけられていました。しかしながら、理解可能性を必須の基本的な特性と位置づけてしまうと、目的適合的かつ忠実な表現による情報でも、複雑であればその提供が否定されてしまう事態も想定されることから、補強的な質的特性に格下げされることになりました。なお、財務報告の利用者は、十分な知識と情報を理解するための学習意欲を十分に有していることが前提になりますが、場合によっては、アドバイザーの援助が必要となることも想定されています。

(5) 適時性（timeliness）

　財務報告の利用者にとっては、財務報告の適時性は望ましいものの、目的適合性や忠実な表現の特性との比較上は優位にないと考えられたことから、補強的な質的特性として構成されることになりました。なお、改訂前のFWでは、適時性は制約条件の一つと位置づけられていました。

(6) 検証可能性（verfiability）

　改訂前のFWでは規定されていなかった特性です。将来キャッシュ・フロー等様々な見積り項目については、場合によっては検証可能性の低いものもあるでしょうが、それを情報として報告しないことが、目的適合性の特性に反することも想定されます。当改訂にあたっては、検証可能性を新たな特性として導入するとともに、目的適合的な財務情報を報告することが優位であるとの考えから、補強的な質的特性として構成されることになりました。

(7) コスト（cost）

　有用な情報を財務報告として提供するためには、人的資源の投入等コス

トが費やされますが、両者はトレード・オフの関係にあると把握できます。有用な情報を詳細・適時に提供しようとすればするほど、財務報告に係る業務も比例して増加してしまうことは想定に難くないでしょう。コストは、情報を提供するためのプロセスに関する特性として、一般的な制約条件として位置づけられています。

　なお、改訂前のFWで規定されていた質的特性は、以下のとおりです。

(a) 理解可能性
(b) 目的適合性
　　【サブ概念】➡重要性（materiality）
(c) 信頼性（reliability）
　　【サブ概念】➡表現の忠実性（faithful presentation）、実質優先（substance over form）、中立性（neutrality）、慎重性（prudence）、完全性（completeness）
(d) 比較可能性

4 財務諸表の構成要素の定義

　財務諸表は、取引その他の事象の財務的影響を、それらの経済的特徴に従って大項目に分類することによって表現します。これらの大項目を財務諸表の構成要素（element）といい、財政状態の測定に直接関係する構成要素は、資産、負債及び持分に分類され、業績の測定に直接関係する構成要素は、収益及び費用に分類されます。

　この構成要素については、まず、資産・負債が定義され、その残余として持分（資本）が定義されることになります。また、収益・費用についても、あくまで資産・負債の変動に関連して定義づけられることから、FWがいかに資産・負債を重視していることか理解できるでしょう（**資産・負債アプローチ**）。各構成要素の定義は、次のとおりです。

(1) 資産

資産（assets）とは、過去の事象の結果として企業が支配し、かつ、将来の経済的便益が企業に流入することが期待される資源をいいます。

(2) 負債

負債（liabilities）とは、過去の事象から発生した企業の現在の債務であり、これを決済することにより経済的便益を含む資源が当該企業から流出すると予想されるものをいいます。

資産・負債の定義に関しては、①過去・現在・将来の３つの視点から定義されていること、②法的形式だけでなく、実質・経済的実態に留意する必要があることが、特徴であるといえます。

(3) 持分（資本）

持分（equity）とは、企業の全ての**負債**を控除した残余の**資産**に対する請求権をいいます。

(4) 収益

収益（income）とは、会計期間中の**資産**の流入もしくは増価、または、**負債**の減少の形をとる経済的便益の増加であり、持分参加者からの拠出以外の、持分の増加を生じさせるものをいいます。

(5) 費用

費用（expenses）とは、会計期間中の**資産**の流出もしくは減価、または、**負債**の発生の形をとる経済的便益の減少であり、持分参加者への分配以外の、持分の減少を生じさせるものをいいます。

収益・費用は、資産・負債アプローチに基づいて、資産・負債の変動のうち、資本取引以外のもの、として定義されていることが理解できます。

すなわち、IFRSにおいては、将来キャッシュ・フロー（経済的便益）の流入・流出を表現する資産・負債について、報告期間末日におけるその状況を報告することを重視しているため、資産・負債の差額概念である持分（資本）や、資産・負債の増減により生じる収益・費用、前期末・当期末の持分（資本）の差額概念（除：資本取引）である包括利益は、資産・負債より劣後するものと認識されている、と理解できるのではないでしょうか（***資産・負債アプローチ***）。

5 財務諸表の構成要素の認識・測定

4 の定義を満たす財務諸表の各構成要素を、いつどのような科目で財務諸表に組み入れ、また、いくらで認識するかという点について、FWは以下のとおり規定しています。

(1) 認識

認識とは、構成要素の定義を満たし、かつ、認識規準を満たすある項目を、財政状態計算書（貸借対照表）または包括利益計算書（損益計算書）に組み入れる過程をいいます。ここで、認識規準を満たす場合とは、下記2つの規準を共に満たす場合をいいます。

---
① 当該項目に関連する将来の経済的便益が、企業に流入するか、または、企業から流出する可能性が高く（probability）、
② その項目が信頼性をもって測定できる原価または価値を有している（reliability of measurement）。

この認識規準は、構成要素ごとに、その定義に基づいたものとなります。すなわち、例えば資産については、まず、(A) 資産の定義を満たし、そ

の後、(B) ①将来の経済的便益が企業に流入する可能性が高く、かつ、②資産が信頼性をもって測定できる原価または価値を有する、といった認識基準を満たして初めて、財政状態計算書に認識されることになるのです。

> 3つの定義要件＋2つの認識規準⇒財政状態計算書に認識！

なお、費用の認識に関して、下記の規定があります。

> 　費用は、原価の発生と特定の収益項目の稼得との間の直接的な関連に基づいて、損益計算書に認識される。この処理は、一般に費用収益の対応と呼ばれており、同一の取引またはその他の事象から直接にしかも結びついて発生する収益及び費用を、同時にあるいは結びつけて認識する。…（中略）…　しかし、本フレームワークにおける費用収益対応の原則の適用は、資産または負債の定義を満たさない貸借対照表項目の認識を許容するものではない。

　当該規定は、IFRSが資産・負債アプローチによっているため、費用収益対応原則を根本原則としては採用していない、ということの表れであるといえます。たしかに、費用収益対応という概念はあり、そのような対応を図るのは望ましいといえますが、それは損益計算上のメルクマールに過ぎないと理解すれば良いでしょう。

(2) 測定

　測定（measurement）とは、財務諸表の構成要素が認識され、貸借対照表及び損益計算書に計上される金額を決定する過程をいいます。この過程には、特定の測定基礎の選択も含まれ、測定の基礎としては、①取得原価、②現在原価、③実現可能価額／決済価額、④現在価値が挙げられています。
　また、測定の基礎に関して、公正価値（fair value）という概念を理解することが重要となりますが、公正価値の共通の定義は次のようになります。

① 取引の知識があり、
② 自発的な当事者の間で、
③ 独立第三者間取引として、
④ 資産が交換され、負債が決済され、あるいは持分証券が付与される価額

　現行のIFRSでは、それぞれの基準書において、公正価値が使用される都度定義されています。測定に関して公正価値が使用されている領域は、投資不動産（IAS40）・無形資産（IAS38）・金融商品（IAS39・IFRS9等）・株式報酬（IFRS2）・企業結合（IFRS3）等、多岐にわたっていますが、必ずしも全ての資産・負債を公正価値で測定しなければならない、ということではありません。

　IFRSの各個別基準は、（資産・負債の）定義→認識規準→当初認識→当初認識時の測定→当初認識後の測定、といった流れで構成されている場合が多いですので、この流れを理解するとともに、論点がこの流れのどこに所在するものなのか紐づけて理解することで、体系的に理解することができるでしょう。

　上記のとおりIFRSでは、資産・負債アプローチがその根本精神として貫かれていますので、個別基準の学習の際には、資産・負債の定義への該当性いかんについて、常に留意して考えてみるのが望ましいといえるでしょう。

練習問題1

　概念フレームワークについて、正しく説明しているものはどれですか？　次のうちから選択しなさい。

1. 概念フレームワークと個別の財務報告基準に不一致がある場合には、会計の憲法と呼ばれている概念フレームワークが優先する。
2. 概念フレームワークは IFRS を構成しない。
3. IFRS はピースミール・アプローチにより設定されているため、概念フレームワークと個別基準とに矛盾する部分はない。
4. 現在、IASB・FASB・ASBJ との3者間で、改善された共通の概念フレームワークの開発を目的とした共同プロジェクトが進行中である。

練習問題2

概念フレームワークの内容（目的・基礎となる前提・質的特性）について、誤って述べているものはどれですか？　次のうちから選択しなさい。

1. 一般目的財務報告の目的は、投資家、貸手及びその他の債権者の報告企業への資源の提供に関する意思決定において、有用な情報を提供することにある。ここで利用者を投資家等に特定しているのは、企業に対して直接的な情報提供を行いえない重要な利害関係者のニーズに対応する必要があること等を理由としている。
2. 基礎となる前提としては、①発生主義・②継続企業、が挙げられている。
3. 財務諸表の質的特性については、基本的な質的特性として、①目的適合性・②忠実な表現、の2つが挙げられている。
4. 財務諸表の質的特性については、補強的な質的特性として、①比較可能性・②信頼性・③理解可能性・④検証可能性、が挙げられている。

練習問題3

　概念フレームワークによる資産の定義として正しいものはどれですか？　次のうちから選択しなさい。

1. 企業の現在の債務であり、これを決済することにより経済的便益を含む資源が当該企業から流出すると予想されるもの
2. 企業の全ての債務を控除した、残余に対する請求権
3. 支払期日到来時に、企業が現金等を受け取る権利を有するもの
4. 過去の事象の結果として企業が支配し、かつ、将来の経済的便益が企業に流入することが期待される資源

練習問題4

　財務諸表の構成要素の定義・認識規準について正しく述べているものはどれですか？　次のうちから選択しなさい。

1. 負債とは、過去の事象から発生した企業の現在の債務であり、これを決済することにより経済的便益を含む資源が当該企業から流出すると予想されるものをいい、有給休暇引当金や修繕引当金が、具体例として挙げられる。
2. 財務諸表の構成要素の定義に該当するか否かの判断に際しては、経済的実質よりも法的形式が重視される。
3. 費用とは、会計期間中の資産の流出もしくは減価、または、負債の発生の形をとる、経済的便益の減少であり、持分参加者への分配以外の持分の減少を生じさせるものをいう。
4. 概念フレームワークにおいては、"費用は、原価の発生と特定の

収益項目の稼得との間の直接的な関連に基づいて、損益計算書に認識される。この処理は、一般に費用収益の対応と呼ばれている。"との規定があり、費用収益対応の原則を適用するよう、推奨されているといえる。

練習問題5

　概念フレームワークによれば、測定とは、財務諸表の構成要素が認識され、貸借対照表及び損益計算書に計上される金額を決定する過程をいい、この過程には、特定の測定基礎の選択が含まれる、とされています。この測定基礎として、概念フレームワークで挙げられていないものはどれですか？　次のうちから選択しなさい。

1．実現可能価額
2．決済価額
3．取得原価
4．公正価値

第2章 財務諸表の表示、キャッシュ・フロー（IAS 第1号、第7号）

1 目的

　IAS 第1号は、企業の過年度財務諸表と他企業の財務諸表との双方との比較可能性を確保するために、<u>一般目的財務諸表の表示の基礎</u>を定めています（IAS1：1）*（⇒FW：目的適合性・比較可能性）*。また、IAS 第7号は、期中のキャッシュ・フローを営業、投資及び財務活動に分類したキャッシュ・フロー計算書によって、企業の現金及び現金同等物の変動実績に関する情報の提供を求めています（IAS7：Objective）*（⇒FW：目的適合性・比較可能性）*。

2 定義

1 一般目的財務諸表

　一般目的財務諸表（general purpose financial statements）とは、自己の特別な情報ニーズに合わせた財務諸表の作成を企業に要求する立場にない利用者のニーズを満たすことを意図した財務諸表をいいます。企業に詳細な情報の開示を要請しえない一般投資家が念頭に置かれています。

2 完全な1組の財務諸表

　企業は、完全な1組の財務諸表を作成しなければなりませんが、ここで完全な1組の財務諸表（a complete set of financial statements）とは、下記から構成されます。

≪完全な1組の財務諸表（IAS 1：10）≫

① 財政状態計算書
② 包括利益計算書
③ 持分変動計算書
④ キャッシュ・フロー計算書
⑤ 注記
⑥ 会計方針を遡及適用する場合や遡及して修正再表示を行う場合、比較対象期間のうち最も早い年度の期首時点の財政状態計算書

　なお、企業は上記名称を必ず使用しなければならないわけではありません。例えば、実質的に財政状態計算書の要件を満たしているようであれば、名称を従前どおり貸借対照表としておくことも認められるのです。

3　財務諸表の目的・一般的特性

　財務諸表（financial statement）は、企業の財政状態と財務業績の体系的な表現といえます。財務諸表の目的は、広範囲の利用者の経済的意思決定に有用となる企業の財政状態、財務業績及びキャッシュ・フローについての情報を提供することにあります（IAS1：9）*(⇒FW：有用な情報)*。
　そのため、財務諸表は企業の財政状態、財務業績及びキャッシュ・フローを、適正に表示（present fairly）しなければなりません。財務諸表を作成する際には、経営者は企業が継続企業として存続する能力があるか否かに

ついて検討しなければならず、キャッシュ・フロー情報以外は発生主義会計により財務諸表を作成する必要があります（⇒*FW：発生主義*）。

　類似項目の分類に重要性がある場合には区別して表示しなければならず、IFRSで要求・許容されていない限り、資産と負債、収益と費用を相殺して表示することは認められません（⇒*FW：忠実な表現*）。

　完全な1組の財務諸表は、少なくとも年1回は報告しなければなりません（⇒*FW：適時性*）。企業は、原則として、当期に報告された全ての金額について前期との比較情報を開示しなければならず、会計方針・表示の変更の場合を除き、財務諸表項目の表示と分類を、当期から次期へ維持しなければなりません（⇒*FW：比較可能性*）。

　なお、IFRSに準拠している企業は、注記において、IFRSに準拠している旨を明示的かつ留保条件なしに記載する必要があります。財務諸表が全ての規定に準拠していなければ、当該記載を行うことは認められません（IAS1:16）。

4 財政状態計算書

> - 報告期間の末日における企業の財政状態を表示することを目的としています。
> - 財務報告の利用者は、財政状態計算書により、企業の資金の源泉（負債・資本）と、資金の投下状況（資産）を理解することができます。

　財政状態計算書には、少なくとも次の金額を表す項目を掲記しなければなりません（IAS1:54）。

> ①有形固定資産、②投資不動産、③無形資産、④金融資産、⑤持分法で会計処理されている投資、⑥生物資産、⑦棚卸資産、⑧売掛金及びその他の債権、⑨現金及び現金同等物、⑩売却目的保有資産・同処分グループの資産の総額、⑪買掛金及びその他の未払金、⑫引当金、⑬金融債務、⑭当期税金の対象となる資産・負債、⑮繰延税金資産・負債、⑯借入費用、⑰売却目的処分グループの負債、⑱資本に表示される非支配持分、⑲親会社の所有者に帰属する資本金及び剰余金

　財政状態計算書では、流動資産と非流動資産、流動負債と非流動負債を別々の区分として表示する必要があり、原則的には固定性配列法によりますが、流動性基準が適合する例外的な場合には（ex. 金融機関等）、全ての資産・負債を流動性の順序に従って表示しなければなりません。

　通常の営業活動の中で資産を取得し、それを事業の用途に利用して再び現金または現金同等物として実現するまでのサイクルを、正常営業循環（normal operating cycle）といいますが、正常営業循環において資産を実現させる予定である場合や負債を決済する予定である場合は、その資産・負債は流動資産・流動負債として分類しなければなりません。報告期末日後12か月以内に実現・決済を予定している資産・負債も、流動資産・流動負債に分類します（IAS1：66，69）。

5　包括利益計算書

> ・報告期間における企業の財務業績を表示することを目的としています。
> ・財務報告の利用者は、包括利益計算書により、一定期間の事業活動の結果企業がどれだけの利益を獲得したかを、理解することができます。

　包括利益計算書には、少なくとも当期の次の金額を表す科目を含めなければなりません（IAS1：82）。

> ①収益、②金融費用、③持分法で会計処理されている投資先の純損益に対する持分、④税金費用、⑤非継続事業の税引後損益と、その資産・処分グループについて除売却費用を差し引いた公正価値で測定したことにより認識された利得・損失の税引後金額、の合計額、⑥純損益、⑦その他の包括利益の各構成要素、⑧持分法で会計処理されている投資先のその他の包括利益に対する持分、⑨包括利益の合計

　企業は、単一の包括利益計算書（1計算書方式）もしくは2つの計算書（①純損益までの計算書＋②純損益から包括利益までの計算書：2計算書方式）によって、収益・費用の全ての項目を表示しなければなりません(IAS1：81)。

　包括利益（comprehensive income）は、あくまで資産・負債の差額である資本の、当期末と前期末の差額概念であること、すなわち消極的に定義づけられたものであることに、留意が必要です*(⇒FW：資産・負債アプローチ)*。包括利益は、次の算式で算定されます。

> ①当期利益＋②その他の包括利益（当期認識分）－③組替調整額

　その他の包括利益(OCI：other comprehensive income)とは、資産・負債の増減のうちいまだ当期利益として認識されていないものをいい、①有形固定資産の再評価益(IAS16)、②退職後給付制度における数理計算上の差異（全部認識方式）(改訂前IAS19)、③在外営業活動体の財務諸表の為替換算差額(IAS21)、④売却可能金融資産の未実現損益(IAS39)、⑤キャッシュ・フロー・ヘッジにおけるヘッジ手段から生じた損益の繰延額(IAS39)、から構成されます。

　組替調整（リサイクル：reclassification adjustment）とは、その他の包括利益について当期利益（損失）への振替を行うことをいいます。この技法は、利益概念を重視しない資産・負債アプローチと、業績指標として当期利益を重視する収益・費用アプローチの連結環といえるでしょう。

　なお、包括利益計算書（及び注記）においては、異常項目として表示することはできません(IAS1：87)。すなわち、特別損益の認識が禁止されているのです。

6 持分変動計算書

- 株主との資本取引及び株主への分配を含めて、報告期間における企業の持分の構成要素の全ての変動を表示することを目的としています。
- 財務報告の利用者は、所有者持分変動計算書により、企業の持分の構成要素の変動を総合的に理解することができます。

持分変動計算書には、少なくとも次の事項を表示しなければなりません（IAS1：106）。

①当期の包括利益合計（(1)親会社分・(2)非支配持分）、②会計方針の変更に基づく遡及修正額及び誤謬訂正のための修正再表示額（IAS第8号の影響額）、③資本の各内訳項目についての次の変動を個別に開示した、期首・期末残高の調整表（(1)純損益・(2)その他の包括利益・(3)所有者の立場としての所有者との取引（拠出・分配・変動））

7 キャッシュ・フロー計算書

- 企業の現金または現金同等物を生み出す能力やそのキャッシュ・フローを利用する企業のニーズを評価するための基礎を提供すること、すなわち、報告期間におけるキャッシュ・フローの状況を明らかにすることを目的としています。
- 財務報告の利用者は、キャッシュ・フロー計算書により、企業の資金創出能力と資金の利用状況を理解することができます。

キャッシュ・フロー計算書が財務諸表の不可欠な一部とされているのは、企業の収益獲得活動は様々かもしれませんが、事業を遂行し債務を返済し、投資家に対する利益分配のために現金（cash）を必要とする点について、本質的に全ての企業に該当するからといえるでしょう。また、キャッシュ・フロー計算書は、会計処理が異なることによる影響を受けないため、企業間の比較可能性に鑑みると、非常に有用な財務諸表と把握できるでしょう（⇒*FW：比較可能性*）。

1 キャッシュ及びキャッシュ・フローの定義

　現金（cash）は、手許現金（cash on hand）と要求払預金（demand deposit）からなります。手持ちの通貨や、事前通知不要で要請すれば違約金なくいつでも引き出せる当座預金や普通預金が、その例として挙げられます。

　現金同等物（cash equivalents）とは、短期の流動性の高い投資のうち、容易に一定の金額に換金可能であり、かつ、価値の変動について僅少なリスクしか負わないものをいいます。現金同等物か否かは、画一的に定められているわけではなく、企業の資金運用方針等に応じて判断されることに、留意が必要です（⇒*原則主義*）。一般的には、預入期間が3か月以内（短期間）の定期預金やCP、レポ取引が例として挙げられますが、一方で、金の塊は換金が容易でないことから、また、持分投資は価値変動リスクを負うことから、現金同等物とはされないのが通常です。キャッシュ・フロー（cash flow）とは、これら現金及び現金同等物の流入と流出をいいます（IAS7:6）。

2 キャッシュ・フローの区分

　キャッシュ・フロー計算書は、営業・投資・財務の諸活動に区分して、期中のキャッシュ・フローを報告します（IAS7：10）。

　営業活動（operating activities）とは、企業の主たる収益活動をいい、投資・財務活動以外のその他の活動も含みます。営業活動によるキャッシュ・フローは、外部の資金調達に依存することのないキャッシュ・フ

ローといえます。例としては、財貨の販売及び役務の提供による収入、ロイヤルティ・手数料収入、従業員に対する支出、法人所得税の支払・還付等が挙げられます。

投資活動とは、長期性資産及び現金同等物に含まれない他の投資の取得及び処分をいいます。例としては、有形固定資産・無形資産を取得するための支出、他の企業の持分を売却したことによる収入、他社に対してなされた貸出しの実行による支出等が挙げられます。

財務活動とは、当該企業の拠出資本及び借入の規模と構成に変動をもたらす活動をいいます。例としては、株式その他の持分証券の発行による収入、社債の発行による収入、借入金の返済による支出等が挙げられます。

3 表示方法

営業活動によるキャッシュ・フローは、直接法（主要な種類ごとの収入総額と支出総額を開示する方法）もしくは間接法（非資金的性質の取引項目の影響、将来または過去の営業活動からの収入または支出の繰延・見越、及び投資または財務活動によるキャッシュ・フローに関連した収益または費用項目について純損益を調整する方法）のいずれかによって報告しなければなりません（IAS7：18）。直接法は、将来のキャッシュ・フローを見積もるうえで有用であるとともに、間接法では得られない情報を提供することになるため推奨されていますが、その作成が煩瑣であるといった欠点があります。

4 その他

- 受取利息・配当金については、営業もしくは投資として分類表示し、支払利息・配当金については、営業もしくは財務として分類表示します。純損益の算定に組み込まれるという観点からは営業に、投資収益であるという観点からは投資に、金融資源の獲得コストであるという観点からは財務に分類されるのです。

- キャッシュ・フローが当該企業の活動ではなく顧客の活動を反映している場合（代理人の場合）や、回転が速く金額が大きく期日が短い項目に関する収支については、純額で報告することができます。
- 現金及び現金同等物の使用を必要としない投資及び財務取引は、キャッシュ・フロー計算書から除外しなければなりません。いわゆる非資金取引ですが、例えば、負債から資本への転換（DES：debt equity swap）、他企業の買収対価としての持分の発行等が挙げられます。
- 子会社その他の事業に対する支配の獲得・喪失によって生じるキャッシュ・フローの総額は、区分して、投資活動に表示します。
- 非継続事業の営業・投資・財務活動に帰属する正味のキャッシュ・フローは、注記または財務諸表本体のいずれかに表示することになります。

8　注記

- 財政状態計算書、包括利益計算書、持分変動計算書及びキャッシュ・フロー計算書は表形式により示され提供し得る情報には限界があるため、その補足情報を開示することを目的としています。
- 財務報告の利用者は、財務諸表本表と注記を合わせて読むことによって、企業の状況を適切かつ網羅的に理解することができます。
- 日本基準と比較すると、膨大な注記量が要請されていることが、IFRSの特徴の1つといえます。

注記では、下記のことを行う必要があります（IAS1：112）。

① 財務諸表の表示の基礎及び採用している具体的な会計方針に関する情報を表示する
② IFRS で要求されている情報のうち財務諸表のどこにも表示されていないものを明示する
③ 財務諸表のどこにも表示されていないが、それらの理解に関連性のある情報を提供する

また、企業は実務的に可能な限り、注記を体系的な方法で記載しなければならず、財政状態計算書・包括利益計算書等と注記における関連情報とを相互参照させる必要があります（IAS1：113）。

9 日本基準との相違

IAS 第 1 号・第 7 号と日本基準との主な相違は、以下のとおりです。

項　目	IFRS	日本基準
【財政状態計算書】		（貸借対照表）
表示科目	限定された項目について、区分表示が要請されている。	連結財務諸表規則等により、区分表示が詳細に要請されている。
科目配列	固定性配列法・流動性配列法	流動性配列法
繰延税金資産・負債	非流動区分	関連項目に応じ、流動・固定区分
【包括利益計算書】		（損益計算書）
表示科目	限定された項目について、区分表示が要請されている。	連結財務諸表規則等により、区分表示が詳細に要請されている。
段階利益	当期利益・包括利益以外の表示は強制されない。	営業損益・経常損益等を表示することが必要。
特別損益	表示禁止	区分表示
非継続事業	継続事業の損益と区分表示	—

【CF計算書】		
利息・配当金	受取利息・配当⇒営業・投資 支払利息・配当⇒営業・財務	①受取利息・配当・支払利息 　⇒営業、支払配当⇒財務 ②受取利息・配当⇒投資 　支払利息・配当⇒財務
非継続事業	営業・投資・財務の各区分において正味CFの開示要	―
【注　記】		
会計方針	選択可能な場合に限らない	代替的な処理がなければ省略可
重要な会計上の見積等	開示要	―
自己資本の管理	目的・方針・手続等、開示要	―

10　今後の改訂

スケジュール

● 2010年5月	ED公表	(Phase B：1 包括利益の表示Project)
○ 2011年	ED公表予定	(Phase B：2 IAS1・7置換Project)
● 2011年6月	IFRS公表	(Phase B：1 包括利益の表示Project)
○ 2011年4Q	IFRS公表予定	(Phase B：2 IAS1・7置換Project)

主要な改訂内容

　上記で記載したプロジェクト（Phase B）は、財務諸表本体での情報の表示に関するより基本的な論点を扱っています。

1 包括利益の表示プロジェクト

　1計算書方式へ一本化するか否かや、その他の包括利益の分類表示、すなわち、リサイクルを行うものと行わないものに分けて表示するか等について、議論されていました（なお、2011年6月16日に公表された改訂IAS

第1号では、結果として、2計算書方式も認められることになりました）。

2 IAS1・7置換プロジェクト

　財務諸表項目間の関連性を強化することを、目的としています。内訳情報の表示の強化に鑑み、包括利益計算書を機能別のみで表示することや、重要な資産・負債について増減内訳表を注記することが議論となっています。また、財務流動性や財務上の柔軟性に関する表示の強化に鑑み、営業キャッシュ・フローの直接法への一本化や、cashの定義を現金のみにする、といった論点についても議論されています。

練習問題6

　IAS1でいう、"完全な1組の財務諸表"に含まれないものはどれですか？　次のうちから選択しなさい。

1．包括利益計算書
2．重要な会計方針
3．持分変動計算書
4．初度適用時の調整表

練習問題7

　IAS1によれば、財政状態計算書について、正しく述べているものはどれですか？　次のうちから選択しなさい。

1．財政状態計算書は、流動性配列法によって作成することが要請

されている。
2. 例外的な場合、財政状態計算書において、流動資産（負債）・非流動資産（負債）の区分を行わなくてもよいが、その際には、固定性配列法により、財政状態計算書を作成することが必要となる。
3. 流動・非流動区分のメルクマールとなる正常営業循環期間とは、通常の営業活動の中で資産を取得し、それを事業の用途に利用して再び現金または現金同等物として実現するまでのサイクルをいうが、それが明確に識別できない場合には、12か月と推定される。
4. IAS 1 では、財政状態計算書上掲記しなければならない項目について規定されているが、借入費用については、包括利益計算書上の項目であるため、財政状態計算書上に区分掲記する必要はない項目と識別されている。

練習問題 8

IAS 1 によれば、包括利益計算書について、正しく述べているものはどれですか？ 次のうちから選択しなさい。

1. 包括利益計算書の表示形式としては、現行の IAS 1 では、1 計算書方式も 2 計算書方式も認められているが、IASB と FASB との改訂プロジェクトによれば、今後は、2 計算書方式のみが認められる方向性にある。
2. その他の包括利益には、①固定資産の再評価益・②保険数理計算上の差異・③在外営業活動体の財務諸表の為替換算差額・④売却可能金融資産の未実現損益・⑤キャッシュ・フロー・ヘッジのヘッジ手段の損益繰延額、が挙げられるが、すべて組替調整（reclassification）することができる。

3. 異常項目については、その項目の金額に重要性がある場合には、例外的に特別損益項目として処理することができる。
4. 包括利益計算書では、継続事業に係る税引後損益と、非継続事業に係る税引後損益とを区別して開示しなければならない。

練習問題 9

IAS 7 によれば、キャッシュ・フロー計算書について誤って述べているものはどれですか？ 次のうちから選択しなさい。

1. 現金とは、手許現金及び要求払預金からなり、要求払預金の一般的な例としては、当座預金や普通預金が挙げられる。
2. 現金同等物とは、短期の流動性の高い投資のうち、容易に一定の金額に換金可能であり、かつ、価値の変動について僅少なリスクしか負わないものをいう。銀行からの当座借越額については、その実質は財務活動による収入（借入金）であるため、現金同等物として取り扱われる余地はない。
3. 営業活動によるキャッシュ・フローの例としては、売買目的保有の契約からの収入及び支出が挙げられる。
4. 利息・配当金については、全てを営業活動によるキャッシュ・フローの構成要素として分類することができる。

練習問題 10

IAS 1 によれば、注記について誤って述べているものはどれですか？ 次のうちから選択しなさい。

1．企業は、注記において、①財務諸表の表示の基礎及び採用している具体的な会計方針に関する情報を表示すること、②IFRSで要求されている情報のうち財務諸表のどこにも表示されていないものを開示すること、③財務諸表のどこにも表示されていないが、それらの理解に関連性のある情報を提供すること、を行わなければならない。
2．企業は、実務的に可能な限り、注記を体系的な方法で記載しなければならない。企業は、財政状態計算書、包括利益計算書、持分変動計算書、及びキャッシュ・フロー計算書等の各項目を、注記における関連情報と相互参照しなければならない。
3．企業は、重要な会計方針の要約に、①財務諸表の作成に際して使用された測定基礎、②財務諸表を理解するのに目的適合的なその他の会計方針、を開示しなければならない。
4．企業は、財務諸表の利用者が、他人資本の管理に関する企業の目的、方針及び手続を評価することができるような情報を開示しなければならない。

第3章 初度適用
（IFRS 第1号）

1 目的

　IFRS 第1号は、企業の最初の IFRS 財務諸表及び当該財務諸表の対象年度の一部分についての中間財務報告が、下記のような高品質の情報を含むようにすることを目的としています（IFRS1：1）（⇒**FW：*比較可能性、コスト***）。

① 利用者にとり透明性があり、表示期間にわたって比較可能である
② IFRS による会計処理のための適切な出発点を提供する
③ 利用者にとっての便益を超えないコストで生成することができる

2 定義

1 最初の IFRS 財務諸表

　最初の IFRS 財務諸表（first IFRS financial statements）とは、財務諸表において、IFRS への準拠の明示的かつ無限定の記述により、企業が IFRS を採用する最初の年次財務諸表をいいます（IFRS1：2）。

≪企業の最初の IFRS 財務諸表の例≫

① 直近の財務諸表を次のいずれかの形で作成していた場合
　(a) IFRS と全ての点では一致していない国内の定めに従っていた。
　(b) 全ての点で IFRS と合致していたが、IFRS に準拠しているという明示的かつ無限定の記述が財務諸表に含まれていなかった。
　(c) IFRS の全部ではなく、一部に準拠しているという明示的記述を含んでいた。
　(d) IFRS と合致していない国内の定めに従って、国内の定めが存在していなかった項目の会計処理について個々の IFRS を使用していた。
　(e) 国内の定めに従って作成し、一部の金額について IFRS に従って算定した金額への調整表を付していた。
② IFRS に準拠した財務諸表を内部用にのみ作成し、企業の所有者や他の外部利用者に公開していなかった場合
③ 連結目的で IFRS に準拠した報告パッケージを作成していたが、IAS 第1号で定義されている完全な1組の財務諸表は作成していなかった場合
④ 過年度について財務諸表を表示していなかった場合

≪初めて適用する場合、に該当しない場合の例≫

① これまでに IFRS に準拠しているという明示的かつ無限定の記述を含む他の1組の財務諸表とともに表示していた、国内の定めに従った財務諸表の表示をやめた場合
② 過年度において国内の定めに従って財務諸表を作成していたが、それらの財務諸表が IFRS に準拠しているという明示的かつ無限定の記述を含んでいた場合
③ たとえ監査人が当該財務諸表に関する監査報告書に限定意見を付していたとしても、過年度において、IFRS に準拠しているという明示的かつ無限定の記述を含んでいた場合

2 IFRS移行日

　IFRS移行日とは、企業が最初のIFRS財務諸表においてIFRSに基づく完全な比較情報を表示する最初の期間の"期首"のことをいいます（IFRS 1 : Appendix A）。

3　初度適用時の原則

　企業は、IFRS移行日現在で、IFRS開始財政状態計算書を作成し、表示しなければなりません（IFRS1 : 6）。また、企業は、IFRS開始財政状態計算書において、及び最初のIFRS財務諸表で表示される全期間を通じて同一の会計方針を用いなければならならず、それらの会計方針は、特定の項を除き、最初のIFRS財務諸表の報告日現在で有効な各基準に準拠しなければなりません（IFRS1 : 7）。初度適用時のポイントは、下記のとおりです。

---
① 比較開示：2期比較形式以上の開示が要請される
② 遡及適用：直近期末日現在有効なIFRSで全ての財務諸表を作成する
③ 調整表の作成：IFRS適用前の財務諸表数値→IFRS適用時の財務諸表数値へ調整する

　特に②については、最初のIFRS財務諸表の報告日とIFRS移行日の間にIFRSの変更が行われた場合には、開始財政状態計算書等を作成し直す必要がありますので、実務上は、適切な初度適用時期を選択することが重要といえます。なお、T期からIFRSを適用するとした場合、作成が要求される財務諸表等は、次頁の図のとおりです。

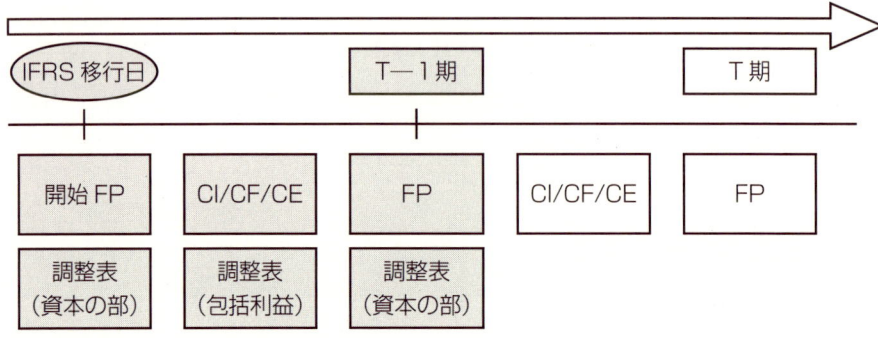

```
  IFRS移行日           T-1期              T期
      │                 │                 │
   ┌─────┐  ┌───────┐  ┌─────┐  ┌───────┐  ┌─────┐
   │開始FP│  │CI/CF/CE│ │ FP │  │CI/CF/CE│ │ FP │
   └─────┘  └───────┘  └─────┘  └───────┘  └─────┘
   ┌─────┐  ┌─────┐   ┌─────┐
   │調整表│  │調整表│   │調整表│
   │(資本 │  │(包括 │   │(資本 │
   │の部)│  │利益)│   │の部)│
   └─────┘  └─────┘   └─────┘
```

(FP：財政状態計算書、CI：包括利益計算書、CF：キャッシュ・フロー計算書、CE：持分変動計算書)

4 初度適用時の例外

1 例外規定（強制）

　下記の基準等については、原則として遡って適用してはならないとされています（IFRS1：14～17, Appendix B）。取引等の結果が既に判明した時点で、過去の状況に関する経営者の当時の見積り・判断を修正できるとすることは、濫用の危険を孕んでいるといえるからです。

① 見積りの適用
② 金融資産及び金融負債の認識の中止
③ ヘッジ会計
④ 非支配持分

2 免除規定（任意）

　下記の基準については、遡及適用しないことを選択することができます（IFRS1：18, Appendix C～E）。遡及適用を実施することのコストが財務諸

表利用者の便益を上回る可能性のある項目について、企業の判断により簡便的な方法を採用できるのです。

> ①企業結合、②株式報酬、③有形固定資産等のみなし原価、④リース、
> ⑤従業員給付、⑥累積換算差額、⑦子会社・JVへの投資、
> ⑧子会社・関連会社・JVの資産・負債、⑨保険契約、⑩複合金融商品、
> ⑪金融商品の分類の指定、
> ⑫金融資産・負債の当初認識時の公正価値測定、⑬資産除去債務、
> ⑭サービス委譲契約、⑮借入費用、⑯顧客からの資産の移転、
> ⑰金融商品に関する開示

例えば、⑥在外子会社の財務諸表項目の換算から生じる累積換算差額は、IFRS移行日現在でゼロとみなすことができます。原則的には、全ての項目を認識当初からIFRSに基づいて換算し直すことが必要になりますが、免除規定を適用すれば、そのような煩瑣な処理を行わずに済むのです。

練習問題11

> IFRS1によれば、最初のIFRS財務諸表といえないものはどれですか？ 次のうち、正しいものを選択しなさい。
>
> 1. 企業が、直近の財務諸表を、IFRSと全ての点では一致していない国内の定めに従って作成していた場合
> 2. 企業が、直近の財務諸表を、IFRSの全部ではなく一部に準拠している、という明示的記述を含めて作成していた場合
> 3. 企業が、過年度において国内の定めに従って財務諸表を作成していたが、それらの財務諸表が、IFRSに準拠しているという明

示的かつ無限定の記述を含んでいた場合
4．企業が、IFRS に準拠した財務諸表を内部用にのみ作成し、企業の所有者や他の外部利用者に公開していなかった場合

練習問題12

　A社（3月決算）は、2017年3月期より新たに IFRS を適用することを決定しました。IFRS 1 によれば、A社における IFRS 開始財政状態計算書を作成する基準日（IFRS 移行日）はいつですか？　次のうち、正しいものを選択しなさい。

1．2015年3月31日
2．2015年4月1日
3．2016年3月31日
4．2017年3月31日

練習問題13

　IFRS 1 によれば、下記のうち、例外規定とされているものはどれですか？　次のうち、正しいものを選択しなさい。

1．従業員給付（数理計算上の差異の取扱い）
2．株式報酬
3．有形固定資産等のみなし原価
4．見積りの適用

練習問題14

　IFRS1によれば、下記のうち、免除規定として誤っているものはどれですか？　次のうち、正しいものを選択しなさい。

1. 累積換算差額について、IFRS移行日現在でゼロとみなす
2. 有形固定資産について、IFRS移行日現在の公正価値で測定し、みなし原価とする
3. 従業員給付における数理計算上の差異について回廊アプローチを選択している場合、制度開始時からIFRS移行日までに生じた当該差異の累計額を、未認識部分と認識済部分に区分する
4. IFRS移行日より前に権利確定した株式報酬について、IFRS2を適用しない

第4章 棚卸資産
　　　　（IAS第2号）

1 目的・範囲

　IAS第2号は、棚卸資産の会計処理を規定することをその目的とし、①直接関連する役務提供を含む請負工事等契約により発生する未成工事原価、②金融商品、③農業活動に関連する生物資産及び収穫時点での農産物、以外の全ての棚卸資産に適用されます（IAS2：1,2）。

2 定義

　棚卸資産（inventories）とは、次のような資産をいいます（IAS2：6）。

> ①　通常の事業の過程において販売を目的として保有されるもの
> ②　その販売を目的とする生産の過程にあるもの
> ③　生産過程または役務の提供にあたって消費される原材料または貯蔵品

　また、棚卸資産の原価には、購入原価、加工費、及び棚卸資産が現在の場所及び状態に至るまでに発生したその他の原価の全てを含めなければなりません（IAS2：10）。主な項目の原価算入の要否は、次の表のとおりです。

≪原価算入の要否≫	
○：原価算入される	×：期間費用とされる
① 値引後の購入代価	① 仕損に係る材料費・労務費・その他製造費用のうちの、**異常な**費用
② 輸入関税及びその他の税金	② 保管費用
③ 完成品・原材料及び役務の取得に直接関係する運送費・運搬費等	③ 棚卸資産が現在の場所や状態に至ることに寄与しない管理部門の間接費
④ 直接労務費、（固定・変動）製造間接費の規則的な配賦額	④ 販売費用

　倉庫に搬入されるまでにかかった費用が原価に算入され、倉庫に搬入された後にかかった費用は原価に算入されない、と理解できます。

3　原価算定方式

　IAS第2号で容認されている原価算定方式（cost formulas）は、①個別法（specific identification）、②先入先出法（FIFO：first-in, first-out formula）、③加重平均法（weighted average cost formula）の3つです。

　個別法とは、特定の原価を特定の棚卸資産に直接帰属させる原価算定方式をいい、受注生産に適合する方式です。通常は代替性のないアイテムによる棚卸資産の原価や、特定のプロジェクトのために製造され、かつ、他の棚卸資産から区分されている財貨または役務の原価は、個別法によって算定する必要があります（IAS2：23）。造船業や建設業、システム開発業をイメージすると理解しやすいでしょう。

　上記の個別法を適用することが不適切となる場合には、原価の算定は、先入先出法または加重平均法によります（IAS2：25）。先入先出法とは、先に購入・製造されたものから先に販売され、結果として、期末時点で棚卸資産に残っているものは最も直近に購入・製造したものである、と仮定す

る原価算定方式をいいます。加重平均法とは、類似品目について、期首の原価と期中に購入・製造したものの原価との加重平均により、個々の原価を算定する方式をいいます（IAS2：27）。先入先出法・加重平均法は、大量生産に適合する方式といえます。

なお、IAS第2号では、後入先出法（LIFO：last-in, first-out formula）の適用は認められていませんが、これは、後入先出法が、棚卸資産の流れについて表現の忠実性を欠いていることによります。すなわち、後入先出法は、最新の棚卸資産の最新の項目を最初に売却されるものとして扱い、その結果、棚卸資産に残っている項目は最も古い項目であるかのように認識しますが、そのような仮定に基づいた財務報告は、一般的には、棚卸資産の実際の流れを信頼性をもって表現しているとはいえないのです（⇒**FW：忠実な表現**）。

4 原価測定技法

原価の測定技法（techniques for the measurement of cost）としては、適用結果が実際の原価と近似する場合にのみ、簡便法として、①標準原価法（standard cost method）、または、②売価還元法（retail method）を採用することが容認されています。

標準原価法とは、設定した標準原価を用いて棚卸資産の原価を測定する方法をいいます。標準原価は、正常な材料費・貯蔵品費・労務費・能率水準及び生産水準を前提として設定しなければならず、また、定期的に見直し、必要に応じて改訂しなければなりません（IAS2：21）。

一方、売価還元法とは、棚卸資産の販売価額から適切な売上総利益を控除することによって、棚卸資産の原価を測定する方法をいいます。小売業を営む企業において、利益率が近似した回転の速い大量の棚卸資産で、他の原価算定方式の使用が実務上不可能なものを測定するために使用される

ことが多いといえます (IAS2 : 22)。

5 費用認識と評価

　棚卸資産が販売されたときには、その棚卸資産の帳簿価額は、関連する収益が認識される期間に費用として認識しなければなりません(IAS2 : 34)。
　また、棚卸資産は、原価と正味実現可能価額とのいずれか低い額により測定しなければならないとされていますが (IAS2 : 9)、ここで、正味実現可能価額 (net realizable value) とは、通常の事業の過程における予想売価から、完成までに要する見積 (追加) 原価及び販売に要する見積費用を控除した金額をいいます (IAS2 : 6)。
　一度評価減した棚卸資産については、評価減の原因となった従前の状況がもはや存在しない場合、または、経済的状況の変化により正味実現可能価額が増加したという明らかな証拠がある場合には、評価減した金額の戻入を行うことになります (IAS2 : 33)。一方、日本基準では、洗替法と切放法の選択適用が認められていますが、切放法を選択した場合には、評価減の戻入は行われないことになりますので、この点が両者の主要な相違点といえるでしょう。なお、評価減の戻入額は、その戻入を行った期間において、費用として認識された棚卸資産の金額の減少として認識しなければなりません (IAS2 : 34)。
　これは、あくまで報告期間末日現在において、資産として経済的に価値のある、すなわち、FW における資産の定義 (将来経済的便益が流入するもの) に該当すると判断されるものは、例外なく、財務諸表上認識・測定すべきという考え方に立脚していると把握できます。財務報告として、投資家等に有用な情報を提供すべきという IFRS の根本 (FW) に立ち返って考えてみましょう。例えば、一度評価減した以上、将来の経済的便益の流入が明らかとなったとしても、保守的に二度と戻入は行わない (すなわち、

資産として認識しない）と判断した場合、FWに反するものとなってしまうことは、容易に理解できるでしょう（⇒*FW：目的適合性、資産の定義*）。

練習問題15

IAS2によれば、原価算定方式とされていないものはどれですか？ 次のうちから選択しなさい。

1. 個別法
2. 売価還元法
3. 加重平均法
4. 先入先出法

練習問題16

IAS2によれば、後入先出法を容認する（しない）理由や後入先出法の意義・前提として、妥当でないものはどれですか？ 次のうちから選択しなさい。

1. 後入先出法は、棚卸資産の最新の項目を最初に売却されるものとして扱うため、その結果、棚卸資産に残っている項目は、最も古い項目であるように認識されるが、これは、一般的に棚卸資産の実際の流れを、信頼性をもって表現しているとはいえない。
2. 後入先出法によると、棚卸資産が大きく減少した場合、日付の古い階層に属する棚卸資産が使用されたものと推定されることから、損益を歪めてしまう。
3. 石油やガス産業などのいくつかの業界では、備蓄する棚卸資産

は、運転資本というより長期資産に近いので、後入先出法を使用した方が、企業の業績をより反映することになる。
4. 後入先出法は、売上原価の測定値が棚卸資産の古くなった価格を参照する一方、販売収益が現在の価格で行われるという、従来の会計モデルについて把握されている欠陥に対処しようとする試みである。後入先出法では、現実的な原価のフローに関する仮定を用いることにより対処している。

練習問題17

IAS2について正しく述べているものはどれですか？ 次のうちから選択しなさい。

1. 棚卸資産は、①通常の事業の過程において販売を目的として保有されているもの、②その販売を目的とする生産の過程にあるもの、③生産過程もしくは役務の提供にあたって消費される原材料または貯蔵品、④販売を予定していない資産であっても、販売活動及び一般管理活動において短期間に消費される事務用消耗品等、と定義づけられている。
2. 棚卸資産の原価配分方法として認められている個別法は、通常は代替性がない棚卸資産の原価、及び特定のプロジェクトのために製造され、かつ、他の棚卸資産から区分されている財貨または役務の原価について適用されるため、受注生産には適合しない原価配分方法であるといえる。
3. 原価の測定技法として簡便的に認められている売価還元法は、利益率が近似しており、かつ、他の原価配分方法の使用が実務的に不可能な、回転の速い大量の棚卸資産の原価を算定する必要がある小売業において使用されている場合が多い。

4. 棚卸資産を原価以下に評価減する原因となった従前の状況がもはや存在しない場合、かつ、経済的状況の変化により正味実現可能価額が増加したという明らかな証拠がある場合に限って、評価減の額の戻入を行わなければならない。評価減の戻入額は、その戻入を行った期間において、費用として認識された棚卸資産の金額の減少として認識しなければならない。

練習問題 18

A社は、PC周辺機器の製造・販売業務を営んでいます。下記を前提とした場合、棚卸資産（製品）の取得原価として正しいものはどれですか？ 次のうちから選択しなさい。

① 原料の購入代価　　　CU 4,000（代価の5％の値引きを受けた）
② 直接労務費・加工費　CU 200
③ 完成品の保管費用　　CU 40
④ 仕掛品の保管費用　　CU 50
⑤ 仕損費用　　　　　　CU 100（うち、正常なもの CU 40）
⑥ 直接販売費　　　　　CU 300

1. CU 4,090
2. CU 4,110
3. CU 4,180
4. CU 4,290

第5章 有形固定資産
（IAS 第16号）

1 目的

　IAS 第16号は、財務諸表の利用者が企業の有形固定資産に対する投資及び投資の変更に関する情報を把握できるように有形固定資産の会計処理を規定することを、目的としています（IAS16：1）。

2 定義

　有形固定資産（PPE：property, plant and equipment）とは、次の規準を満たす有形の資産をいいます（IAS16：6）。

> ① 財貨の生産または役務の提供に使用する目的、外部へ賃貸する目的または管理する目的で企業が保有するものであり、かつ、
> ② 1会計期間を超えて使用されると予想されるもの

　上記の定義からわかるように、IAS 第16号はどのような項目が有形固定資産を構成するかを明確に規定していませんので、企業特有の状況によって判断することが求められます（⇒**原則主義**）。例えば、保守交換部

品等は、通常は棚卸資産として認識されますが、その使用予測期間が1年を超えると想定される場合や、その部品がある特定の有形固定資産項目に関連してのみ使用される場合には、有形固定資産として認識されるのです。

3 当初認識・測定

1 当初認識

有形固定資産項目の取得原価は、次の場合に限り、資産として認識されます（IAS16：7）（⇒*FW：資産の定義*）。

> ① 当該項目に関連する将来の経済的便益が企業に流入する<u>可能性が高く</u>、かつ、
> ② 当該項目の取得原価が<u>信頼性をもって測定</u>できる

2 当初測定

資産としての認識規準を満たす有形固定資産項目は、その取得原価で測定しなければなりません（IAS16：15）。なお、ここで取得原価（cost）とは、認識日における現金価格相当額をいいます（IAS16：23）。

≪取得原価算入の要否≫	
○：取得原価に算入される	×：期間費用とされる
① 値引後の購入価格	① 新しい施設の開設費用、新しい製品やサービスを導入する費用（ex. 宣伝費）
② 資産の設置、及び経営者が意図した方法で稼動可能にするため必要な状態にするための直接付随費用（ex. 建設・取得により直接生じる従業員給付、整地費用、当初の搬入・取扱費用等）	② 新たな場所で、または新たな顧客に向けて事業を行う費用（ex. 従業員研修費）

③ 当該資産の解体・除去費用、敷地の原状回復費用、取得時にまたは特定の期間に棚卸資産を生産する以外の目的で当該有形固定資産項目を使用した結果生ずる債務の当初見積額	③ 管理費・その他一般間接費

設例 5-1 ～有形固定資産の取得原価の算定～

Q
下記、機械設備 A の取得原価は？（A ≠ 適格資産（第 9 章参照））
① 購入原価：CU 2,000,000
② ①から値引を受けた額：CU 180,000
③ ①に含まれる利息分：CU 200,000
④ A を初めて搬入するための運送費用：CU 400,000
⑤ A に関する将来の除去費用の見積額：CU 300,000

A CU 2,320,000 （①－②－③＋④＋⑤）
（∵認識日の現金価格相当額→支払繰延による利息分は除外！）

4 当初認識後の測定

1 減価償却

　認識された有形固定資産項目の取得原価は、減価償却を通じて費用化され、純損益に認識されます（IAS16：48）。ここで、減価償却（depreciation）とは、資産の償却可能価額を、規則的にその耐用年数にわたって配分することをいいます（IAS16：6）。減価償却に関連する用語の定義は、次のとおりです。

償却可能額 (depreciable amount)	資産の取得原価から残存価額を控除した価額
残存価額 (residual value)	資産の耐用年数が到来し、耐用年数の終了時点で予想される当該資産の状態であったとした場合に、企業が当該資産を処分することにより現時点で得るであろう金額（処分費用の見積額は控除）
耐用年数 (useful life)	①資産が企業によって利用可能と予想される期間、or ②企業が当該資産から得られると予想される生産高またはこれに類似する単位数

（1） 残存価額・耐用年数の決定

　上記の定義から理解できるように、例えば、一律に取得価額の10％が残存価額、車の耐用年数は6年、といった画一的な数値基準はありませんので、残存価額・耐用年数は、企業の最善の見積りにより決定することになります（⇒*原則主義*）。したがって、資産の経済的耐用年数よりも短い期間を、当該企業における耐用年数とする場合もあるでしょう。同じ資産でも、使用する企業の状況や使用方法によって、残存価額や耐用年数も異なる場合があるといえるのです。

（2） 減価償却方法の決定

　IAS第16号では、減価償却方法として、定額法（straight-line method）、定率法（fixed-percentage method）、生産高比例法（units production method）が例示されています。

定額法	耐用年数にわたって、一定額が、費用として認識・測定される。
定率法	耐用年数にわたって、逓減的に、費用が認識・測定される。
生産高比例法	予測される使用・生産高に応じて、費用が認識・測定される。

　減価償却方法は、資産の将来の経済的便益が企業によって消費されると予測されるパターンを反映するものを、選択しなければなりません（IAS16：60）。耐用年数等と同様に、画一的な規則はありませんので、経営者の最善の見積りにより決定されるのです（⇒*原則主義*）。

したがって、時の経過とともに資産が使用されていくことに鑑みると、定額法が適切である場合が多いかもしれませんが、必ず定額法によらなければならない、ということではありませんので留意が必要です。

なお、減価償却方法は、少なくとも各事業年度末には見直し、将来の経済的便益の予測消費パターンに大きな変更があった場合には、変更後の予測消費パターンを反映するように変更しなければなりません（IAS16：61）。

(3) コンポーネント・アカウンティング

有形固定資産の取得原価の総額に対して重要性のある構成部分については、個別に減価償却しなければなりません（IAS16：43）。例えば、航空機のうちエンジンが重要な構成部分である場合には、エンジン部分と機体部分とを区分して、各々に適切な残存価額や耐用年数、償却方法を適用したうえで、減価償却を行うことになるのです。このように、重要な構成部分ごとに会計処理を行うことやこのような考え方を、コンポーネント・アカウンティング（component accounting）、コンポーネント・アプローチ（component approach）といいます。

設例 5-2 ～コンポーネント・アカウンティングによる減価償却～

Q
下記、船舶Bの年間の減価償却費は？
① 船舶Bの取得原価と耐用年数：CU 6,000,000・20年
② うち、エンジン部分の取得原価と耐用年数：CU 2,000,000・10年
③ うち、甲板部分の取得原価と耐用年数：CU 450,000・15年
④ エンジンは、船舶Bの重要な構成部分である。

A CU 400,000（(a)＋(b)）
　(a) エンジン　CU 200,000：2,000,000÷10年
　(b) 船舶（除：エンジン）CU 200,000：(6,000,000－2,000,000)÷20年
　（∵甲板部分は重要な構成部分ではない→個別の減価償却不要！）

2 原価モデル・再評価モデル

　企業は、当初認識後の測定について、会計方針として原価モデル（cost model）または再評価モデル（revaluation model）を選択し、当該方針を全ての種類の有形固定資産に適用しなければなりません（IAS16：29）。

　再評価モデルを選択した場合には、再評価の結果、資産の帳簿価額が増加した場合は、その差額をその他の包括利益（再評価剰余金）として、減少した場合は当期損失として認識します（IAS16：39, 40）。なお、既にその他の包括利益（増加分）が認識されている場合、減少分は、まずその他の包括利益に充当することになり、該当するその他の包括利益が0になった場合に、初めて当期損失として認識されます。

≪原価モデル≫

　当初認識後の有形固定資産項目を、取得原価から減価償却累計額及び減損損失累計額を控除した価額で計上します。

取得原価 − 減価償却累計額 − 減損損失累計額

≪再評価モデル≫

　当初認識後、公正価値を信頼性をもって測定できる有形固定資産項目を、再評価実施日における公正価値から、その後の減価償却累計額及びその後の減損損失累計額を控除した評価額で計上します。

公正価値 − 減価償却累計額 − 減損損失累計額

増加分⇒その他の包括利益（再評価剰余金）
減少分⇒当期損失

設例 5-3　〜再評価モデルによる測定〜

Q
下記、建物 C の再評価に関する会計処理は？（除：税効果）
① 取得価額：CU 1,500、減価償却累計額：CU 500
② 再評価した結果の公正価値：CU 1,800

A　　　　　　　　　　　　　　　　　　　　　　　　　　　（単位：CU）

【比例修正方式　〜簿価・累計額を比例修正する〜】
(Dr) 建　物(※1)　　　1,200　(Cr) 再評価剰余金 (OCI)　800
　　　　　　　　　　　　　　　　　減価償却累計額(※2)　400

　　（※1） 1,500×(800÷(1,500−500))
　　（※2） 500×(800÷(1,500−500))

【消去方式　〜簿価・累計額を消去し、FV で計上し直す〜】
(Dr) 建　物　　　　　 300　(Cr) 再評価剰余金 (OCI)　800
　　 減価償却累計額　 500

3 減損

IAS 第36号を適用して、有形固定資産項目が減損しているか否かを検討します（第10章参照）。

5　認識の中止

有形固定資産項目の帳簿価額の認識は、以下の場合に、中止しなければなりません（IAS16：67）。

① 処分時
② 使用または処分から将来における経済的便益が何ら期待されないとき

6 日本基準との相違

　IAS 第 16 号と日本基準との主な相違は、以下のとおりです。なお、日本には、現状、固定資産に関する包括的な規定は存在しません。

項　目	IFRS	日本基準(※)
認識規準	①将来経済的便益が流入する可能性が高い、かつ、 ②取得原価が信頼性をもって測定できる	N/A
認識後の測定	原価モデル or 再評価モデル	原価モデル
耐用年数	①企業が利用可能と予測する期間、もしくは、 ②企業が得られると予測する生産高（単位数）	実務上、税法基準によっている場合が非常に多い
減価償却方法	資産の将来の経済的便益が企業によって消費されると予想されるパターンを反映したもの	実務上、税法基準によっている場合が非常に多い
減価償却の単位	コンポーネント・アカウンティング	N/A
減価償却方法の変更	会計上の見積りの変更	会計方針の変更
交換で取得した資産の取得原価	公正価値（除：交換取引が経済的実質を欠いている場合、信頼性をもって公正価値を測定できない場合）	原則として、 異種資産の交換：公正な市場価値 同種資産の交換：譲渡資産の簿価

（※）「企業会計原則」（企業会計審議会）、「減価償却に関する当面の監査上の取扱い」・「耐用年数の適用、変更及び表示と監査上の取扱い」・「圧縮記帳に関する監査上の取扱い」（日本公認会計士協会）、「資産除去債務に関する会計基準」・「同適用指針」（企業会計基準委員会）等

練習問題19

IAS16によれば、有形固定資産の取得原価の構成要素として正しいものはどれですか？ 次のうちから選択しなさい。

1. 新製品のための宣伝費用
2. 毎年発生する機械装置に関する部品の交換費用
3. 5年ごとに交換が必要となる屋根の修理費用
4. 建物の建設により直接生じる整地費用

練習問題20

IAS16によれば、減価償却について誤って説明しているものはどれですか？ 次のうちから選択しなさい。

1. 減価償却とは、資産の償却可能価額を規則的にその耐用年数にわたって配分することをいう。
2. 残存価額とは、資産の耐用年数が到来し、耐用年数の終了時点で予想される当該資産の状態であったとした場合に、企業が当該資産を処分することにより現時点で得るであろう金額をいうため、処分に係る費用は、残存価額の見積りに際して考慮しない。
3. 耐用年数とは、資産が企業によって利用可能と予想される期間、もしくは、企業が当該資産から得られると予想される生産高またはこれに類似する単位数をいうため、資産固有の経済的耐用年数より短い期間とされる場合もある。
4. 減価償却方法は、資産の将来の経済的便益が企業によって消費されると予測されるパターンを反映するものでなければならない

が、必ず定率法を選択しなければならない、ということではない。

練習問題２１

　Ａ社は掘削業を営んでおり、×１年度期首に購入した掘削機Ｘを使用しています。IAS16によれば、以下を前提とした場合、Ａ社のＸに関する×１年度の減価償却費はいくらですか？　次のうちから選択しなさい。
　① 　Ｘの購入価額：CU 800,000、残存価額：CU 200,000
　② 　Ｘの経済的耐用年数：４年
　③ 　Ｘの総生産可能量：500,000、×１年度の生産量：100,000
　④ 　Ｘの経済的便益は、生産量に応じて消費される。

1．CU 120,000
2．CU 150,000
3．CU 160,000
4．CU 200,000

練習問題２２

　Ｂ社は、空運業を営んでおり、×１年度期首に航空機ＹをCU 1,000,000で購入しました。当該購入価額のうち、重要な構成部分であるエンジン部分についての取得原価はCU 400,000と見積もられ、通常の使用による場合の当該エンジンの使用可能期間は５年間ですが、安全性確保の観点から、Ｂ社では４年間使用した後直ちに交換する予定です。エンジン部分を除く航空機本体についての耐用

年数は、10年と見積もられています。また、B社は航空機内のギャレー（厨房設備）については、通常の使用方法によれば15年間使用可能ですが、衛生管理の観点から、8年間使用した後直ちに交換する予定です。航空機Yのうちエンジン部分（及びギャレー部分）を除く残存価額はCU 100,000と見積もられ、エンジン部分の残存価値は、使用開始から5年後ではCU 20,000、4年後ではCU 40,000と見積もられています。航空機Yのうち、ギャレー部分についての取得原価はCU 20,000（残存価額は0）と見積もられていますが、B社はギャレーについては、航空機Yの重要な構成部分と認識していません。B社は、上記全ての項目の減価償却方法について、定額法を採用しています。

　IAS16によれば、B社の×1年度における航空機Yに関する減価償却費として正しいものはどれですか？　次のうちから選択しなさい。

1．CU 86,000
2．CU 126,000
3．CU 140,000
4．CU 140,500

練習問題23

　C社は、その所有する車両Z（取得日：×1年度期首、取得原価：CU 600,000、残存価額：CU 50,000、耐用年数：5年、減価償却方法：定額法）について、原価モデルを用いて測定しています。×1年度末におけるZの公正価値がCU 500,000であった場合、×1年度にC社が車両Zに関して認識しなければならない純損益はいくらになりますか？　次のうちから選択しなさい（なお、税効果は考慮しないものとします）。

1. N/A
2. （損失）CU 100,000
3. （損失）CU 110,000
4. （損失）CU 210,000

練習問題24

　D社は、その所有する土地について、再評価モデルを用いて測定しています。以下を前提とした場合、×2年度末におけるD社の土地Uに関する再評価剰余金（その他の包括利益）の残高として正しいものはどれですか？　次のうちから選択しなさい（なお、税効果は考慮しないものとします）。

- D社は、×1年度期首に土地UをCU 50,000で購入し、同時に使用を開始している。
- Uの公正価値は、×1年度期首：CU 45,000、×1年度末：CU 42,000、×2年度末：CU 52,000であった。

1. N/A
2. CU 2,000
3. CU 7,000
4. CU 10,000

練習問題25

　IAS16によれば、ある有形固定資産の使用から将来における経済的便益が何ら期待されなくなったとき、当該有形固定資産項目につ

いて、何をする必要がありますか？ 次のうちから選択しなさい。

1. 処分
2. 減損
3. 認識の中止
4. 再測定

練習問題26

　IAS16と日本基準との相違について、誤って説明しているものはどれですか？ 次のうちから選択しなさい。

1. 当初認識後の測定について、IAS16では原価モデルと再評価モデルの選択が認められているが、現状、日本では、再評価モデルと同様の測定を行うことは認められていない。
2. 現状、日本では耐用年数については、実務上税法基準に基づいて決定している場合が多い。
3. 減価償却方法を変更した場合、IAS16では会計上の見積りの変更に該当するが、現状、日本では会計方針の変更に該当する。
4. 資産の解体や除去に係る費用や原状回復費用については、IAS16では有形固定資産の取得原価の構成要素とする旨の規定があるが、現状の日本においては、該当する会計基準が無いため、取得原価に算入する必要はない。

第6章 無形資産
（IAS 第38号）

1 目的

IAS 第38号は、<u>無形資産</u>（他の基準で扱っているものを除く）に関する会計処理を規定することを目的としています。

2 定義

無形資産（intangible assets）とは、物理的実体のない<u>識別可能な非貨幣性資産</u>をいいます（IAS38：8）。例としては、ソフトウェア・特許権・著作権・顧客名簿等が挙げられます。また、資産であることから、過去の事象の結果として現在<u>支配</u>していること、及び、<u>将来の経済的便益</u>が企業に流入すると期待されることが、必要となります（⇒**FW：資産の定義**）。

1 識別可能性

無形資産とのれんを判別するために、無形資産は、識別できることが必要となります。①<u>分離可能である場合</u>、または、②<u>契約その他の法的権利から生じている場合</u>には、識別可能性（identifiability）があるとされるのです（IAS38：12）。分離可能である場合とは、企業から分離または分割で

き、企業の意図の有無は別として、売却・譲渡・ライセンス供与・賃借・交換が可能である場合をいいます。また、契約その他の法的権利については、譲渡可能であるか否か、他の権利義務から分離可能であるか否かは問われません。なお、識別可能性の有無の判定をチャートにすると、下記のとおりです。

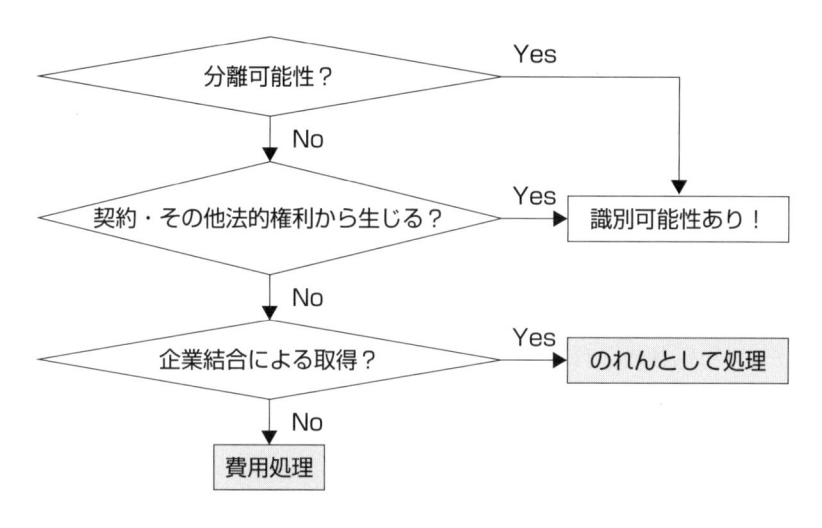

```
          分離可能性？ ──Yes──┐
              │              │
              No             │
              ↓              ↓
    契約・その他法的権利から生じる？ ──Yes──→ 識別可能性あり！
              │
              No
              ↓
    企業結合による取得？ ──Yes──→ のれんとして処理
              │
              No
              ↓
           費用処理
```

2 支配

対象となる資源から生ずる将来の経済的便益を獲得する力を有し、かつ、それらの便益を他者が利用することを制限できる場合に、支配(control)していることになります(IAS38:13)。

3 将来の経済的便益

将来の経済的便益(future economic benefits)とは、収益獲得・費用削減効果や、企業自身の使用によりもたらされるその他の便益をいいます。

3 当初認識・測定

「**2 定義**」の3要件を満たしたものが無形資産ですが、財政状態計算書に認識するためには、更に下記2要件も満たす必要があります（⇒*FW：資産の認識規準*）。定義の3要件と認識規準の2要件を充足した場合に、かつ、その場合にのみ、無形資産を認識しなければならないのです（IAS38：21）。

> ① 資産に起因する期待される将来の経済的便益が企業に流入する可能性が高く、かつ、
> ② 資産の取得原価を信頼性をもって測定できる

また、当初認識時においては、無形資産は取得原価で測定します（IAS38：24）。

1 自己創設のれん

自己創設のれん（internally generated goodwill）は、資産として認識できません（IAS38：48）。自己創設のれんは、信頼性をもって原価で測定できるような、企業が支配する識別可能な資源ではないからです（IAS38：49）。

2 自己創設無形資産

研究開発を行っている企業にとっては、自己創設無形資産（internally generated intangible assets）を認識すべきか否かの判断は、困難であるといえます。すなわち、①期待するような将来の経済的便益を生成する識別可能資産が存在するかどうか（また、それがいつから存在するか）を識別するのが困難であるとともに、②自己創設無形資産と自己創設のれんとを区別することも困難であるためです（IAS38：51）。

そのような困難さを解消するため、IAS第38号では研究開発を（1）**研究局面**と（2）**開発局面**に区分したうえで、無形資産の認識規準を充足

するか否かを判断することとされています（IAS38：52）。

（1） 研究局面（research phase）

研究とは、新規の科学的または技術的な知識及び理解を得る目的で実施される基礎的及び計画的調査をいいます（IAS38：8）。材料や製造工程等に関して代替品や代替手法を調査することも、研究に含まれます。

研究及び研究局面から生じた無形資産は認識してはならず、関連する支出は発生時に費用として認識しなければなりません（IAS38：54）。研究が成功して将来企業に経済的便益（収益獲得効果等）をもたらすか、不確実性が高いからです（⇒*FW：資産の定義*）。

（2） 開発局面（development phase）

開発とは、商業ベースの生産または使用の開始前における、新規のまたは大幅に改良された材料・装置・製品・工程・システム・サービスによる生産のための計画または設計への、研究成果または他の知識の応用をいいます（IAS38：8）。開発活動の例としては、生産前の試作品や金型の設計等が挙げられます。

開発及び開発局面に関する支出は、以下を全て立証できる場合に限り、無形資産として認識しなければなりません（IAS38：57）。開発局面は研究局面よりも進んだ段階であるため、将来の経済的便益を創出する可能性を立証できる場合もあり、そのような場合は、FWに則って資産として認識すべきだからです（⇒*FW：資産の定義*）。

① 使用または売却できるよう無形資産を完成させることの技術上の実行可能性
② 無形資産を完成させ、それを使用または売却するという企業の意図
③ 無形資産を使用または売却できる能力

④　無形資産が蓋然性の高い将来の経済的便益を創出する方法
　　（下記の立証が必要）
　・無形資産の産出物の市場の存在
　・無形資産それ自体の市場の存在
　・無形資産を内部で使用する予定の場合、無形資産の有用性
⑤　無形資産の開発を完成させ、それを使用・売却するために必要となる、適切な技術上、財務上及びその他の資源の利用可能性
⑥　開発中の無形資産に起因する支出を信頼性をもって測定できる能力

　なお、内部プロジェクトについて研究局面と開発局面の区別が困難な場合は、研究局面として扱います（IAS38：53）。

4　当初認識後の測定

1　測定モデル

　無形資産の当初認識後の測定は、①原価モデル（cost model）もしくは、②再評価モデル（revaluation model）により行います（各モデルの定義については、「第5章　有形固定資産」4 2 参照）。しかしながら、実際上、無形資産の公正価値を信頼性をもって測定できる場合が非常に稀であることから、再評価モデルを採用している事例は、ほとんどありません。

2　償却

　無形資産について耐用年数が確定できるかどうかを査定し、有限であれば、耐用年数の期間等を検討します。無形資産が正味キャッシュ・インフローをもたらすと期待される期間について、予見可能な限度がない場合には、耐用年数は確定できないものとされます。耐用年数を確定できる無形資産は償却し、できない無形資産は償却しませんが、償却しない無形資産

については、各事業年度末及び兆候がある場合はいつでも、減損テストを行う必要があります。

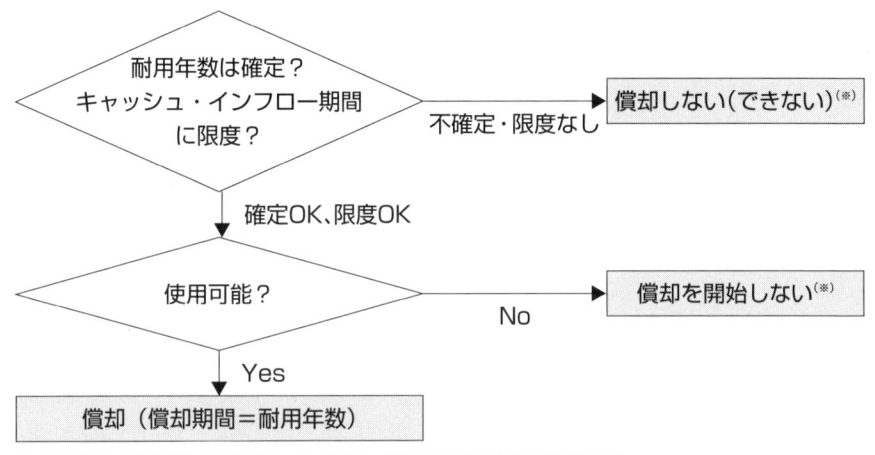

```
            ┌─────────────────┐
            │  耐用年数は確定？    │
            │  キャッシュ・インフロー期間 │─── 不確定・限度なし ──→ [償却しない（できない）(※)]
            │  に限度？         │
            └─────────────────┘
                     │ 確定OK、限度OK
                     ↓
            ┌─────────────────┐
            │    使用可能？       │─── No ──→ [償却を開始しない(※)]
            └─────────────────┘
                     │ Yes
                     ↓
            [償却（償却期間＝耐用年数）]
```

(※) 毎年または随時（兆候があった場合）、減損テストを行う必要がある。

　耐用年数は、資産の使用方法や製品のライフサイクル、陳腐化や市場の需要の変化等を勘案して決定する必要があります（IAS38：90）。償却方法については、企業によって予想される資産の将来の経済的便益の消費パターンを反映した方法を採用する必要がありますが、そのパターンを信頼性をもって決定できない場合には、定額法を採用しなければなりません（IAS38：97）。必ずしも、定額法が強制されているわけではないことに、留意が必要です。なお、残存価額は、一定の場合を除き0と推定されます（IAS38：100）。

5　日本基準との相違

　無形資産に関する日本基準は、現状ではありません。なお、研究開発費についてのIAS第38号と日本基準との主な相違は、次のとおりです。

項　目	IFRS	日本基準(※)
研究開発費	①研究に関する支出は発生時に費用処理 ②開発に関する支出は、一定の要件に該当する場合、無形資産として認識	①研究開発に該当する支出は発生時に費用処理 ②ソフトウェアは、将来の収益獲得・費用削減効果が確実と認められる場合、無形固定資産として認識

(※)「研究開発費等に係る会計基準」(企業会計基準委員会)
　なお、「無形資産に関する論点整理」(企業会計基準委員会　2009年12月)が公表されており、IFRSとの整合性等に鑑み、定義・認識要件・取得形態と無形資産の認識・当初取得時の測定・当初認識後の測定・開示等に区分したうえで、今後における基準の整理等に資するよう、検討されています。

練習問題27

　IAS38によれば、無形資産の定義を正しく説明しているものはどれですか？　次のうちから選択しなさい。

1. 物理的実体のない識別可能な非貨幣性資産
2. 物理的実体がない、または、識別可能な非貨幣性資産
3. 物理的実体のない、非貨幣性資産または貨幣性資産
4. 識別可能な、非貨幣性資産または貨幣性資産

練習問題28

　IAS38によれば、無形資産の定義・認識規準について正しく説明しているものはどれですか？　次のうちから選択しなさい。

1. 無形資産の定義は、①分離可能性、②支配、③将来の経済的便

益の 3 つの要素から構成されるが、①の分離可能性とは、識別可能であること、または、契約またはその他の法的権利から生じるものであること、を意味する。
2. 識別可能性を満たさない場合には、必ずのれんとして認識されることになる。
3. 1. でいう②支配とは、対象となる資源から生ずる将来の経済的便益を獲得する力を有するか、または、それらの便益を他者が利用することを制限できることを意味する。
4. 無形資産の定義の 3 要素を満たしたとしても、経済的便益が企業に流入する可能性が高いこと、取得原価を信頼性をもって測定できること、の 2 つの認識規準を満たさない限り、資産として認識されないことになる。

練習問題29

　IAS38によれば、自己創設無形資産の認識について正しく説明しているものはどれですか？　次のうちから選択しなさい。

1. 自己創設の無形資産については、開発局面に関する支出は、発生時に費用として認識しなければならないが、研究局面に関する支出は、一定の要件を全て満たす場合には、資産として認識しなければならない。
2. 内部プロジェクトについて、研究局面と開発局面を区分できない場合には、開発局面として取り扱う。
3. 自己創設無形資産を資産として認識するための一定の要件には、①無形資産を使用・売却できるように完成させることについて技術上の実行可能性があることや、②無形資産を使用・売却できる能力があること等が挙げられる。

4. 事業を全体として発展させる原価と区別が不可能であること、実質的には自己創設のれんの認識を許容することになる等の理由から、ブランド、題字、出版表題、顧客名簿及び実質的にこれらに類似する項目については、一定の場合を除き、無形資産として認識してはならない。

練習問題30

IAS38によれば、無形資産の当初認識時の測定基礎として正しいものはどれですか？ 次のうちから選択しなさい。

1. 取得原価
2. 現在原価
3. 償却原価
4. 公正価値

練習問題31

IAS38によれば、無形資産の当初認識後の測定について正しく述べているものはどれですか？ 次のうちから選択しなさい。

1. 無形資産の当初認識後の測定方法としては、原価モデルと再評価モデルがあり、原価モデルの採用事例はほぼないと考えてよい。
2. 無形資産のうち、その耐用年数が確定でき、かつ、その限度が有限であるものについては、償却を行わないことになる。
3. 無形資産の償却方法は、必ずしも定額法によらなければならな

いわけではない。
4. 無形資産のうちその耐用年数が確定できないものについては、減損の兆候の有無にかかわらず、毎年減損テストを行わなければならず、また、耐用年数を有限であると再査定した場合には、当該事項をもって、減損の兆候として扱うことになる。

練習問題３２

A社は、X製品の製造に関する特許権（有効期間：8年）を取得しました。IAS38によれば、下記のうち認められないものはどれですか？ 次のうちから選択しなさい。

1. A社は、当該特許権の耐用年数（償却期間）を、8年とした。
2. A社は、当該特許権の耐用年数（償却期間）を、3年とした。
3. 当該特許権は多額の費用を支払えば更に8年更新でき、A社は、当該費用を支払って更新する意図を明らかに有しているため、その耐用年数（償却期間）を、更新期間も含めて16年とした。
4. A社は、当該特許権の耐用年数（償却期間）の決定に際して、X製品と同様の製品Yを製造・販売するB社が採用すると予想される販売戦略を勘案した。

第7章 投資不動産
（IAS 第40号）

1 目的

　IAS 第40号は、投資不動産の会計処理及び関連する開示要求を定めることを、目的としています（IAS40：1）。投資不動産は、事業用に保有する固定資産が通常の使用によりキャッシュ・フローを獲得することを予定していることとは異なり、インカム・ゲイン（income gain）及びキャピタル・ゲイン（capital gain）としてのキャッシュ・フローの流入を企図して保有されています。企業の他の資産とは概ね関係なくキャッシュ・フローを生成できることが、その特徴といえます。

2 定義

　投資不動産（investment property）とは、次の目的を除き、賃貸収益（インカム・ゲイン）もしくは資本増加（キャピタル・ゲイン）またはその両方を目的として、所有者またはファイナンス・リース借手が保有する、土地もしくは建物や建物の一部、またはそれらの両方の不動産をいいます（IAS 40：5）。

> ① 物品の製造・販売、サービスの提供、経営管理目的のために使用する
> ② 通常の営業過程において販売目的で保有される

投資不動産の具体例は、下記のとおりです。

> ① 通常の営業過程において短期間に販売されるものでなく、長期的な資本増価のために保有される土地
> ② 将来用途が未定のまま保有する土地
> ③ 企業が保有している（含：ファイナンス・リース）建物で、単数または複数のオペレーティング・リースによりリースするために、保有されている建物
> ④ 現在は借手がないが、単数または複数のオペレーティング・リースによりリースするために、保有されている建物
> ⑤ 投資不動産としての将来の利用のために建設中または開発中である不動産

一方、投資不動産でないものの具体例は、下記のとおりです。

> ① 取得後短期間で処分する計画によって、または開発し再販売する目的で取得されている不動産
> ② 第三者のために建設中または開発中の不動産
> ③ 自己使用不動産
> ④ ファイナンス・リースにより、他の企業にリースされる不動産

ファイナンス・リースにおいては、資産のリスク・経済価値が実質的に借手に移転していることから、貸手としては資産を保有していると認識できないためと理解できるでしょう(一方、オペレーティング・リースの場合、リスク・経済価値は実質的に移転しておらず、資産の保有者は貸手、と認識できます)。

3 当初認識・測定

1 認識

　投資不動産は、以下を満たす場合に、かつ、その場合にのみ、資産として認識しなければなりません（IAS40：16）（⇒*FW：資産の定義*）。

① 投資不動産に帰属する将来の経済的便益が、企業にもたらされる可能性が高い。
② 投資不動産の取得原価が信頼性をもって測定できる。

2 測定

　投資不動産は、その取得原価 (cost) で当初測定しなければなりません。取引費用は、当初の測定に含められることになります（IAS40：20）。取得原価は、購入価額 (purchase price) と直接付随費用 (directly attributable expenditure) で構成されますが、直接付随費用の例としては、不動産取得税や、法的サービスのための専門家報酬等が挙げられます。

設例 7-1　〜投資不動産の取得原価の測定〜

Q
下記の場合、投資不動産Xの取得原価は？
① 不動産（土地・建物）の購入価額：CU 2,000,000
② X購入に必要な法的サービスを受けるための弁護士費用：CU 100,000
③ 開発中の災害により発生した追加原材料費・労務費：CU 200,000

A CU 2,100,000 （2,000,000＋100,000）
（∵③異常な原材料費・労務費・資源の消費等は取得原価に含まれない）

4 当初認識後の測定

公正価値モデルまたは原価モデルのどちらかを会計方針として選択し、当該方針を、投資不動産の全てに適用しなければなりません（IAS40：30）。

1 公正価値モデル

公正価値モデル（fair value model）を選択した場合には、全ての投資不動産を公正価値で測定することになります（IAS40：33）（⇒**FW：目的適合性・比較可能性**）。この公正価値は、末日現在の市場の状況を反映したものでなければなりません（IAS40：38）。

投資不動産の公正価値の変動から生ずる利得または損失は、発生した期の損益（≠OCI）に含めます（IAS40：35）。また、公正価値を継続して信頼性をもって算定することができないという明確な証拠が存在する場合には、その投資不動産をIAS第16号の原価モデルにより測定し、残存価額をゼロと想定しなければなりません（IAS40：53）。なお、明確な証拠が存在する場合とは、①比較可能な市場取引が稀であり、②代替となる信頼のおける公正価値見積額の使用が不可能な場合をいいます。

2 原価モデル

　原価モデル（cost model）を選択した場合には、IAS 第 16 号と同様に、取得原価から減価償却累計額と減損損失累計額を控除した残額で測定することになります。

5 認識の中止

　投資不動産について、認識の中止を行わなければならない場合としては、①他勘定へ振り替えられた場合、②処分された場合、が挙げられます。

1 他勘定への振替

（1）　投資不動産→自己所有不動産
　用途変更日（自己使用の開始時）の公正価値をもって、自己使用不動産の取得原価とします。

（2）　投資不動産→棚卸資産
　振替日（開発開始時）の公正価値をもって、棚卸資産の取得原価とします。

パターン	認識	測定	（差額の認識）
①投資→自己使用	自己使用の開始時	FV	当期損益
②投資→棚卸資産	販売計画を伴う開発の開始時	FV	当期損益
③自己使用→投資	自己使用の終了日	FV	（16：再評価モデルと同） 益：OCI 損：当期損益
④棚卸資産→投資	リース開始時	FV	当期損益

なお、他勘定への振替については、上表上の認識に記載のとおり、用途変更が証明される事象（ex.自己使用の開始、リース開始）が生じた場合にのみ、行わなければなりません。

2 処分

投資不動産を処分した場合、または恒久的に使用を取り止め除却による将来の経済的便益が見込まれなくなった場合には、認識の中止を行わなければなりません（IAS40：66）。処分や使用停止から生じる当該資産の正味売却収入と帳簿価額との差額を、その期の当期損益として認識します（IAS40：69）。

6　日本基準との相違

IAS第40号と日本基準との主な相違は、以下のとおりです。

項　目	IFRS	日本基準[※]
名　称	投資不動産	賃貸等不動産
認　識	投資不動産の定義・認識規準を充足したものが、財務諸表上認識される。	時価等の開示（注記）のみ要請されており、別個の取扱いをしない。
複数用途の不動産（投資不動産とその他の不動産の区分）	区分処理（売却等）が可能な場合は、区分処理。区分処理が不可能な場合で、自家使用部分の重要性が低い場合は、全体を投資不動産として処理。	管理会計上の区分方法その他の合理的な方法を用いて区分。【賃貸等部分の割合】高：賃貸等不動産とその他を区分して開示、低：全体を有形固定資産等で処理し、開示対象外とすることも可

役務提供が行われる不動産（ex.ホテル）	付随的なサービスが重要でない場合、投資不動産として処理。重要な場合、自己使用不動産として処理。上記の判断が困難な場合、両者の区分に用いた判断根拠を開示。	付随的なサービスの重要性を判断することは困難なため、形式的な区分を重視し決定→あくまで賃貸されている不動産は賃貸等不動産として開示する（自ら運営している不動産は開示対象外）。
公正価値の定義・測定	不動産取引の知識がある自発的な当事者間で第三者間取引条件により交換される場合の価額。一定の実績を有している独立した鑑定人の評価の利用が奨励される（≠強制）。	通常、観察可能な市場価格に基づく価額（市場価格が観察できない場合、合理的に算定された価額）。合理的に算定された価額は、「不動産鑑定評価基準」（国土交通省）による方法または類似の方法に基づいて算定。

（※）「賃貸等不動産の時価等の開示に関する会計基準」・「同適用指針」（企業会計基準委員会）

　なお、日本基準においては、時価等を注記開示することのみが要請されていますので、投資不動産としてのオンバランス処理は行わないことが、最大の相違といえます。IAS第40号で原価モデルを採用した場合、公正価値等の開示が要請されますので、日本基準で開示のみを要請したとしても両者の実際上の差異はそれほど無い、という認識のもとコンバージェンスが図られたのです。

練習問題33

　IAS40によれば、次のうち投資不動産に該当しえないものはどれですか？　以下のうちから選択しなさい。

1. 将来投資不動産として利用するために、建設中または開発中である不動産
2. 企業が保有している建物で、オペレーティング・リースとしてリースするために保有しているもの
3. 将来の用途が未定のまま保有する土地
4. 物品の製造・販売、サービスの提供、経営管理目的のために保有される不動産

練習問題34

　IAS40によれば、公正価値モデルについて誤って述べているものはどれですか？　次のうちから選択しなさい。

1. 一部の投資不動産について公正価値モデルを採用した場合であっても、その種類や用途等適切な区分に応じて、別の投資不動産について原価モデルを採用することができる。
2. 公正価値モデルを採用した場合の公正価値は、期末日現在の市場の状況を反映したものでなければならない。
3. 公正価値モデルを採用する根拠としては、賃料収入と公正価値の変動は、投資不動産の財務業績の不可欠な部分として、切り離すことができないほど連動していること、が挙げられる。
4. 公正価値を信頼性をもって算定することができない場合には、IAS16の原価モデルにより測定することになる。

練習問題35

　A社は、×1年度期首に投資不動産（建物）XをCU 3,000,000で購入しました。Xの耐用年数は30年、残存価額は0と想定され（減価償却方法は定額法を用います）、×1年度末におけるXの公正価値はCU 3,400,000でした。
　IAS40によれば、×1年度末において、A社がXに関して行う会計処理（仕訳）に関して、公正価値モデルを採用した場合に測定される当期損益と、原価モデルを採用した場合に測定される当期損益との差額として、正しいものはどれですか？　次のうちから選択しなさい（便宜上、税効果は考慮しません）。

1. CU 100,000
2. CU 300,000
3. CU 400,000
4. CU 500,000

練習問題36

IAS40によれば、公正価値モデルを採用している場合における投資不動産からの振替、及び投資不動産への振替について、誤って説明しているものはどれですか？　次のうちから選択しなさい。

1. 企業が、保有する投資不動産を自己使用目的に変更する場合、財務諸表科目の振替を行うべき日は、当該意思決定を行った日ではなく、自己使用を開始した日となる。
2. 上記1.の場合で、企業が投資不動産の測定について公正価値モデルを採用していた場合には、振替時における当該投資不動産の測定は、振替時における公正価値を使用することになり、発生した差額はその他の包括利益として認識されることになる。
3. 企業が、自己使用不動産を投資目的に変更する場合には、自己使用の終了時に投資不動産への振替が行われ、仮に、振替時の公正価値が振替時の帳簿価額を下回る場合には、その差額は当期損失として認識されることになる。
4. 企業が、販売目的で所有する不動産について、保有期間中にその目的を投資目的に変更する意思決定を行い、棚卸資産から投資不動産に振り替えることも、認められている。

練習問題37

　B社は、折からの不況に直面し、×1年度中に自社で所有・使用していた建物Y（振替時の簿価はCU 1,000,000）を全て賃貸することを決定しました。自社による使用は×1年度末に終了し、×2年度末には他の企業に賃貸する予定です。Yの公正価値は、×1年度末においてはCU 1,200,000であり、×2年度末においてはCU 1,100,000と想定されます。B社は、投資不動産について、公正価値モデルを採用しています。

　IAS40によれば、この場合、×1年度末において、B社の行うべき会計処理（仕訳）に含まれる項目として正しいものはどれですか？
　次のうちから選択しなさい（便宜上、税効果は考慮しません）。

1. 特に仕訳処理は行われない
2. 再評価による利得（当期損益）CU 200,000
3. 再評価による利得（当期損益）CU 100,000
4. 再評価による利得（その他の包括利益）CU 200,000

練習問題38

　IAS40と日本基準との相違について説明しているもののうち、最も妥当でないものはどれですか？　次のうちから選択しなさい。

1. IAS40にいう投資不動産と、日本基準にいう賃貸等不動産の定義は、概ね同じである。
2. 日本基準においては、IAS40と異なり明確な定めはないが、企業の判断により、投資不動産について公正価値による測定を行

うことが認められる場合がある。
3. 日本基準では、IAS40と異なり、開示（注記）に関してのみ規定されている。しかしながら、IAS40に準拠して原価モデルを採用する場合には、その場合においても公正価値の開示が要請されているため、両基準で要請される開示内容の詳細は異なるが、日本基準によった場合の表示・開示と概ね変わらない、と認識することもできる。
4. IAS40によれば、賃貸している不動産の占有者に対する付随的なサービスが重要でない場合には、当該不動産は投資不動産として処理されないことになるが、日本基準によれば、その重要性を判断することは困難であることに鑑み、形式的な区分、すなわち賃貸されているという法的形式があるか否かで、区分を判断することになる。

第8章 リース
（IAS 第17号）

1 目的

　IAS 第 17 号は、借手及び貸手が、リースに関して適用する適切な会計方針と開示を定めることを目的としています（IAS17：1）。

2 定義

1 リース

　リース（lease）とは、貸手（lessor）が一括払または複数回の支払を得て、契約期間中、資産の使用権（the right of use）を借手（lessee）に移転する契約をいいます（IAS17：4）。リースは、ファイナンス・リースとオペレーティング・リースに分類されます。

2 ファイナンス・リース

　ファイナンス・リース（finance lease）とは、資産の所有に伴うリスクと経済価値を実質的に全て移転するリースをいいます（IAS17：4）。所有権が最終的に移転する場合も、移転しない場合もあります。

3 オペレーティング・リース

オペレーティング・リース（operating lease）とは、ファイナンス・リース以外のリースをいいます。

3 ファイナンス・リースとオペレーティング・リースの相違

ファイナンス・リースに該当する場合には、法的にはリースであっても、経済実質に鑑みれば、借手は、資金を借り入れて特定の資産を購入し使用し続けることと同視できますので、そのような会計処理を行うことになります。すなわち、リース債務（借入金）及びそれに係る支払利息と、リース資産及びそれに係る減価償却費等を、認識することになるのです。一方、オペレーティング・リースに該当する場合には、一般の賃貸借契約に準じた処理を行います。単純な仕訳処理として、下記をイメージすればよいでしょう（数値は参考値です）。

≪オペレーティング・リース（賃貸借処理）≫

(Dr)	支払賃借料	100	(Cr)	cash	100

≪ファイナンス・リース（売買処理）≫

（1） 開始日

(Dr)	リース資産	1,000	(Cr)	リース債務	1,000

（2） 支払日

(Dr)	リース債務	70	(Cr)	cash	100
	支払利息	30			

（3） 期末日

(Dr)	減価償却費	200	(Cr)	減価償却累計額	200

（4） 返却日

(Dr)	減価償却累計額	1,000	(Cr)	リース資産	1,000

4 ファイナンス・リース

1 該当要件

下記の状況のいずれかを満たす場合には、ファイナンス・リースに該当することになります。当該状況に該当するか否かは、法的形式よりも、取引の実質 (substance of the transaction) によって判断しなければならないことに留意する必要があります (IAS17:10)。

> ① リース契約により、リース期間の終了までに借手に資産の所有権が移転される場合
> ② 借手に当該資産の購入権が与えられており、かつ、その購入価額が選択権の行使日の公正価値よりも十分に低いと予想されるため、リース開始日において当該選択権の行使が合理的に確実視される場合（いわゆる割安選択購入権が与えられている場合）
> ③ 所有権が移転しないとしても、リース期間が当該資産の経済的耐用年数の大部分を占める場合
> ④ リース期間において最低リース支払料総額の現在価値が、当該リース資産の公正価値と少なくとも実質的に一致する場合
> ⑤ リース資産が特殊な性質のものであるため、その借手以外には大きな変更なしで使用することができない場合

①・②・③に該当する場合には、所有権移転ファイナンス・リース取引と認識されます。

③・④にみられるように、例えば米国基準の75%（リース期間／リース物件の耐用年数）以上、90%（最低リース料の現在価値の合計／リース物件の時価）以上、というような数値基準は存在しません（⇒*原則主義*）。経営者は自らの判断について、第三者の理解・納得を得られるように、妥当な

説明を行う必要が生じるのです。

2 借手の処理

　リース期間の開始時点で、リース資産の公正価値に等しい金額（リース開始日に算定する最低支払リース料の現在価値がそれより低い場合には、当該現在価値）で、財政状態計算書に、資産及び負債として認識しなければなりません（IAS17：20）➡ 3の仕訳（1）。

　最低リース料総額は、金融（財務）費用と負債残高の返済部分とに配分しなければなりません。金融費用は負債残高に対して一定の期間利子率となるようにリース期間にわたって配分しなければなりません（IAS17：25）➡ 3の仕訳（2）。

　減価償却できるリース資産の減価償却の方針は、所有している減価償却資産についての方針と首尾一貫していなければなりません（IAS17：27）➡ 3の仕訳（3）。なお、リース資産は減損の対象となります。

3 貸手の処理

　貸手は、ファイナンス・リースの対象である保有資産を財政状態計算書で認識するとともに、正味リース投資未回収額に等しい金額の債権（未収金）を表示します（IAS17：36）。法律上の所有に伴うリスクと経済価値は全て借手に移転しているため、経済実体としては、貸手は借手に融資をしていることになります。そのため、貸手が受け取るリース料は、元本の返済・投資資金の回収等として、金融収益として認識されるのです（IAS17：37）。当該金融収益は、貸手の正味リース投資未回収額に対して一定の期間利子率を反映する方法で認識します（IAS17：39）。

5 オペレーティング・リース

借手は、リース料を原則としてリース期間にわたり定額法によって費用認識しなければならず、貸手も、リース収益を原則としてリース期間にわたり定額法によって収益認識しなければなりません（IAS17：50，51）。

6 セール・アンド・リースバック

セール・アンド・リースバック（sale and leaseback）とは、保有資産を売却し、同時にリースバックを行うような取引をいいます。例えば、業績不振の企業が所有している自社ビルを第三者に売却し、リースバックすることにより使用し続けるような場合が想定できるでしょう。セール・アンド・リースバックの経済実体は、資産を担保とした資金調達といえ、ファイナンス・リースに該当するかオペレーティング・リースに該当するかで、借手の会計処理を異にしています。

1 ファイナンス・リースに該当する場合

売却代金が帳簿価額を超える額は、売手（借手）によって収益として即時に認識してはならず、当該収益を繰り延べ、リース期間にわたって配分しなければなりません（IAS17：59）。ファイナンス・リースである以上、実質的には資産を担保にした資金調達取引であるため、資産（担保）額以上の資金融通を受けたからといって、その差額を収益と認識するのは妥当でないからです。

2 オペレーティング・リースに該当する場合

オペレーティング・リースに該当する場合には、資産の公正価値と売却価額の関係により、借手の会計処理が異なります。

> ① 公正価値＝売却価額
> ➡損益を即時に認識します。
> ② 公正価値＜売却価額
> ➡公正価値を超えた金額は繰り延べ、資産の予想使用期間にわたって配分します。
> ③ 公正価値＞売却価額
> ➡損益を即時に認識します（ただし、売却損が発生する場合で、その損失がその後のリース料を市場価格以下とすることにより補填されるのであれば、当該損失は繰り延べ、資産の使用が予測される期間にわたって、リース料に比例して償却します）。

②の場合に仮に損益を即時認識したとすると、当事者間で通謀のうえ、当初の売却価額を高めに設定し後々のリース料も高めに設定することで、借手(売手)が容易に利益の先行計上を行いうることが、理解できるでしょう。

7 日本基準との相違

IAS第17号と日本基準との主な相違は、次のとおりです。

項　目	IFRS	日本基準(※)
リースの定義	貸手が一括払または複数回の支払を得て、契約期間中、資産の使用権を借手に移転する契約	特定の物件の所有者たる貸手が、当該物件に対し、合意された期間にわたりこれを使用収益する権利を与え、借手は、合意された使用料を貸手に支払う取引
ファイナンス・リースへの該当要件（経済的耐用年数基準・現在価値基準に限る）	【経済的耐用年数基準】 リース期間が当該資産の経済的耐用年数の大部分を占める場合 【現在価値基準】 リース期間において最低リース支払料総額の現在価値が、当該リース資産の公正価値と少なくとも実質的に一致する場合	【経済的耐用年数基準】 解約不能のリース期間が、当該リース物件の経済的耐用年数の概ね75％以上であること 【現在価値基準】 解約不能のリース期間中のリース料総額の現在価値が、物件を借手が現金で購入するものと仮定した場合の合理的見積金額の概ね90％以上であること

(※)「リース取引に関する会計基準」（企業会計基準委員会）等

8　今後の改訂

スケジュール

- ● 2009年3月　　　　　　DP公表
- ● 2010年8月　　　　　　ED公表　　　Comment期限：2010年12月
- ○ 2011年11・12月（4Q）　ED再公表予定
- ○ 2012年　　　　　　　　IFRS公表予定

主要な改訂内容

1 使用権モデル

　2010年8月に公表されたEDでは、ファイナンス・リースとオペレーティング・リースの区分を廃止し、使用権モデルに基づいて、全てのリース取引について単一の会計処理を要請することが提案されています。ここで使用権モデルとは、リース取引における借手は、契約における原資産（リース物件）を使用する権利と、その対価を支払う義務に基づいて、資産と負債を認識するというモデルをいいます。すなわち、全てのリースについて、オンバランス処理されるということです。借手は、リース取引開始日に、財政状態計算書上、①使用権資産（資産）・②リース支払債務（負債）を認識することになるのです。

　このような改訂は、取引が実質的にファイナンスに類似しているか否かに係らず、リース契約により生じる借手の"使用権"というものは、借手に将来の経済的便益の流入という効果をもたらし、過去・現在の要件も満たすことから、FWの資産の定義に該当するのではないかという議論から生じていると考えて良いでしょう。

　しかしながら、現実問題として、リース業界や船舶業界等をはじめとして多数の企業に与える影響が大きいため、様々な団体から反対意見が寄せられています。このような状況に鑑み、当初は2011年6月までに最終基準書を公表する予定でしたが、それが2012年に延期されるとともに、再度の公開草案の公表が予定されるに至りました。

2 貸手の処理

　貸手の処理についても、根本的に大幅な改訂が予定されています。貸手は、借手の信用リスクは考慮せず、リース契約の予想期間中・予想期間後における、原資産のリスクまたは便益に対するエクスポージャーに基づいて、どのような処理を行うのか判断します。具体的には、貸手が原資産の重要なリスクまたは便益を保持している場合には①履行義務アプローチに

より、保持していない場合には②認識中止アプローチにより認識・測定を行うことになります。

①履行義務アプローチによれば、リース契約は新たな権利を生み出し原資産は認識され続けることになり、②認識中止アプローチによれば、リース料を受け取る権利と交換に原資産の一部を移転していると擬制することになります。

具体的な関連項目の認識・測定は、次のとおりです。

≪履行義務アプローチ≫

科　目	当初認識時における測定	当初認識後の測定
リース料受取債権	リース料の現在価値 （リース上課されている利子を用いる）	償却原価
リース負債	取引価額 （＝リース料受取債権）	リース期間にわたって当該負債が充足されるにつれて、収益を認識する。

≪認識中止アプローチ≫

科　目	当初認識時における測定	当初認識後の測定
リース料受取債権	リース料の現在価値 （リース上課されている利子率を用いる）	償却原価
残存資産	帳簿価額（配分後）	再測定は行わない （除：減損）

3 その他

リース期間延長オプションについて、最長の起こりうるリース期間を①借手のリース料支払負債・②貸手のリース料受取権の算定に含めることや、変動リース料について、リース資産・負債の測定に際して期待結果を含めて報告日ごとに再評価することについても、提案されています。

練習問題39

　IAS17によれば、ファイナンス・リースの判定要件とされていないものはどれですか？　次のうちから選択しなさい。

1. リース契約により、リース期間の終了までに借手に資産の所有権が移転される場合
2. リース期間が当該資産の経済的耐用年数の75％以上を占める場合
3. リース期間において最低リース支払料総額の現在価値が、当該リース資産の公正価値と少なくとも実質的に一致する場合
4. リース資産が特殊な性質のものであるため、その借手以外には大きな変更なしで使用することができない場合

練習問題40

　A社は、X1年1月1日からB社より建物のリースを受けています。リース期間は10年、当該建物の経済的耐用年数は20年です。毎年の支払リース料はCU 200,000ですが、B社との交渉の結果、1年間は無償でリースを受けられることになりました。IAS17によれば、A社がX1年度の包括利益計算書上認識すべきリース費用として正しいものはれですか？　次のうちから選択しなさい。

1. 認識する必要はない
2. CU 100,000
3. CU 180,000
4. CU 200,000

練習問題 41

　IAS17によれば、セール・アンド・リースバック取引の認識・測定について、正しく説明しているものはどれですか？　次のうちから選択しなさい。

1. セール・アンド・リースバック取引のリース取引がファイナンス・リースに該当する場合には、借手（譲渡人）は、売却益は長期前受収益として、売却損は長期前払費用として繰り延べ、リース期間にわたって償却しなければならない。
2. セール・アンド・リースバック取引のリース取引がオペレーティング・リースに該当する場合で、譲渡資産の公正価値が売却価額と等しい場合には、借手（譲渡人）は、売却益が生じた際にはその売却益を繰り延べ、資産の予想使用期間にわたって償却しなければならない。
3. セール・アンド・リースバック取引のリース取引がオペレーティング・リースに該当する場合で、譲渡資産の公正価値が売却価額よりも小さい場合には、借手（譲渡人）は、売却価額が公正価値を超えた金額を繰り延べ、資産の予想使用期間にわたって配分しなければならない。
4. セール・アンド・リースバック取引のリース取引がオペレーティング・リースに該当する場合で、譲渡資産の公正価値が売却価額よりも大きい場合には、借手（譲渡人）は、売却損が発生する場合には全て、その損失を即時に認識しなければならない。

練習問題42

　公開草案によれば、借手（lessee）の処理について正しく述べているものはどれですか？　次のうちから選択しなさい。

1. リース取引における借手は、契約における原資産（リース物件）を使用する権利と、その対価を支払う義務に基づいて、資産と負債を認識する、という使用権モデルに基づいた処理を行わなければならない。当該モデルによれば、全ての取引が画一的にリースとして取り扱われるため、原資産の売買と判定される場合においても、リースの対象となり、借手は、リース取引開始日に、使用権資産とリース支払債務を認識することになる。
2. 使用権資産は、当初認識時には取得原価で測定され、その後の測定に際しては、減損テストを行う余地はない。
3. リース期間を延長するオプションの付随したリース取引に関しては、リース料支払債務の測定に際して、発生しない可能性よりも発生する可能性の方が高くなる最長の起こりうる期間を、リース期間として決定しなければならない。
4. 変動リース料については、その見積りに主観が伴うことから、合理的に測定できる場合にのみ、使用権資産・リース支払債務の測定に影響させれば良いこととされている。

練習問題43

　公開草案によれば、貸手（lessor）の処理については、原資産の重要なリスクまたは便益を保持している場合には「履行義務アプローチ」により、保持していない場合には「認識中止アプローチ」

によることとされています（原資産の売買に該当する場合を除く）。以下を前提とした場合、採用するアプローチと、その仕訳処理の結果、リース取引開始日における勘定科目とその残高の組み合わせとして、正しいものはどれですか？　次のうちから選択しなさい。

- リースの対象となる原資産：機械設備（貸手の帳簿価額：CU 10,000（認識中止アプローチを採用した場合において残存部分に配分される帳簿価額：CU 3,000）、リース料総額の現在価値：CU 14,000）。なお、他にリース取引や機械設備は存在せず、貸手の原資産の帳簿価額CU 10,000は、リース取引開始日における残高であると仮定する。
- 当初認識時のリース負債（＝リース料受取債権）の測定は、リース料総額の現在価値による。

1．履行義務アプローチ、機械設備（原資産）：CU 10,000
2．履行義務アプローチ、リース負債（履行義務）：CU 4,200
3．認識中止アプローチ、リース料受取債権：CU 9,800
4．認識中止アプローチ、リース費用：CU 3,000

第9章 借入費用
（IAS 第23号）

1 範囲・意義

　IAS 第 23 号によれば、適格資産の取得、建設または生産に直接起因する借入費用は、資産の取得原価を構成することになり、その他の借入費用は、費用として認識されます (IAS23：1)。資産化された借入費用は、減価償却（固定資産）や販売（棚卸資産）等を通して、費用や原価になります。

　資産の取得原価には、その資産を意図したように使用または販売できるようにするために必然的に発生した全ての費用が含まれるべきです。資産が開発中の期間においては、その資産の開発のために資金を供給しなければなりませんが、その資金調達にはコストがかかります。このような資金調達コストも、資産を意図したように使用または販売するための不可避な費用であるため、その取得原価に含めるべきである、という考え方に基づいています（⇒*FW：忠実な表現*）。

2 定義

1 借入費用

　借入費用（borrowing cost）とは、企業の資金の借入に関連して発生す

る利息及びその他の費用であり（IAS23：5）、適格資産に関する支出が行われなかったならば回避できた費用といえます（IAS23：10）。具体的には、①当座借越や長短借入金に係る利息、②社債の発行差額の償却額、③金融機関に対するアレンジメント・フィー等が挙げられます。

2 適格資産

　適格資産（qualifying assets）とは、意図した使用または販売が可能となるまでに相当の期間を必要とする資産をいい（IAS23：5）、具体的には、①棚卸資産（販売可能にするため相当の期間を必要とするもの）、②製造工場、③発電施設、④無形資産、⑤投資不動産等が、適格資産に該当する場合があります（IAS23：7）。一方で、金融資産や短期間で製造または生産される棚卸資産、取得時点において意図した使用または販売が可能な資産は、使用または販売が可能となるまでに相当の期間を必要としないため、適格資産には該当しません。なお、ここで相当の期間とは、1年超と考えるのが一般的です（⇒*原則主義*）。

3 資産計上すべき借入費用

1 特定目的借入金による場合

　適格資産を取得するという特定の目的のために資金を借り入れる場合、企業は、その資産化適格借入費用額を、当期中に発生した実際の借入費用額から、これらの借入による一時的投資による投資利益を控除して決定することになります（IAS23：12）。

2 一般目的借入金による場合

　一般目的で資金を借り入れ、その資金を適格資産の取得のために用いる場合、企業はその資産化適格借入費用額を、当該資産に関わる支出に資産

化率（capitalisation rate）を適用して決定しなければなりません。この資産化率は、特定目的借入金を除く、当期中の借入残高に対応する借入費用の加重平均でなければならないとされています（IAS23：14）。

設例 9-1　～資産化率の算定～

Q

A社は、新設備X（適格資産）の設備資金CU 1,000,000を、一般目的借入金（M銀行：CU 1,500,000 年利3％、S銀行：CU 500,000 年利2％）から充当している。この場合、資産化率は？

B/K	借入金	支払利息	実質利子率
M	1,500,000	45,000	3％
S	500,000	10,000	2％
合計	2,000,000	55,000	

A 2.75％

((1,500,000×3％)＋(500,000×2％))÷(1,500,000＋500,000)

4　借入費用の資産化の開始・中断・終了

1 資産化の開始

借入費用の資産化を開始する日は、以下の条件を全て最初に充足した日となります（IAS23：17）。

① 資産に関わる支出が発生していること
② 借入費用が発生していること
③ 意図した使用・販売を可能とするための必要な活動に着手していること

ここでいう活動には、物理的な建設の開始前の許可獲得に関連する活動のように、技術的及び管理的作業等も含まれます。しかしながら、資産の状態を何ら変えることのない単なる"保有"は、活動には含まれません（IAS23:19）。

② 資産化の中断

適格資産の活発な開発が中断されている期間中は、借入費用の資産化を中断しなければなりません（IAS23：20）。当該期間の費用は、単に部分的に完成した資産を保有する費用であり、資産化する適格性を欠くためです（IAS23:21）。

③ 資産化の終了

意図した使用または販売を可能とするために必要な活動が実質的に全て完了した時点で、資産化を終了しなければなりません（IAS23：22）。日常的な管理業務や小規模の修正のみが残留している場合でも、実質的に活動は完了したものと認識します（IAS23：23）。

5 日本基準との相違

日本には、直接的・一般的に借入費用の資産化について規定した会計基準はありませんが、IAS第23号と関連する日本基準との主な相違は、以下のとおりです。

項　目	IFRS	日本基準
対象となる借入費用	適格資産の取得等に直接起因する場合。業種等の限定はない。	固定資産を自家建設した場合に建設に要する借入資本の利子で稼動前の期間に属するもの[※1]、不動産開発事業を行っている場合に一定の条件を満たす支払利子[※2]、については原価算入できる。
一般目的借入金の取扱い	3②参照	N/A

（※1）「連続意見書　第三」（企業会計審議会）
（※2）「不動産開発事業を行う場合の支払利子の監査上の取扱いについてⅡ」（日本公認会計士協会）

練習問題44

　IAS23によれば、適格資産の取得、建設または生産に直接起因する借入費用は、資産の取得原価の一部を構成することとされていますが、この借入費用及び適格資産について、誤って述べているものはどれですか？　次のうちから選択しなさい。

1. 借入費用とは、企業の資金の借入に関連して発生する利息及びその他の費用をいい、具体例としては、当座借越・短期借入金及び長期借入金の利息や、借入のアレンジメントに際して発生する付随費用の償却額が挙げられる。
2. 資産化適格借入費用の金額は、当期中に発生した実際の借入費用額から、これらの借入による一時的投資に関わる投資利益を控除して決定する。
3. 適格資産とは、意図された使用または販売が可能となるまでに長期間を必要とする資産をいう。
4. 適格資産に該当しうる具体例としては、販売可能な状態にするために相当な期間を要する棚卸資産や、投資不動産が挙げられる。

練習問題45

　A社は、投資不動産T（適格資産）を取得するために（特定目的で）CU 500,000を借り入れましたが、Tを取得する前に、当該資金を他の企業に貸し付け、CU 800の利息を受け取り、その後にTを取得しました。当該借入金の利息として支払った金額がCU 1,000、アレンジメント・フィーの当年度償却額がCU 500であった場合、資産計上すべき借入費用の額はいくらになりますか？　次のうちから

選択しなさい。

1. CU 200
2. CU 700
3. CU 1,500
4. CU 2,300

練習問題46

　B社は、総合建設業を営んでおり、新規建設計画Xを企図しています。建設計画Xに必要となる資金については、外部金融機関から調達することにより対応します。1月10日に、当該計画Xに関する整地計画が開始され、1月15日には金融機関から全ての資金を借り入れ、同日から借入金の利息が発生しています。また、2月10日には計画に基づいて実際に建設作業が開始され、3月14日には当該建設計画に関する原料の購入・人件費の支払い等の支出が発生し始めています。
　この場合、借入費用の資産化を開始する時期はいつになりますか？　次のうち正しいものを選択しなさい。

1. 1月10日
2. 1月15日
3. 2月10日
4. 3月14日

練習問題47

　C社は、適格資産Y、適格資産Zを有しており、双方とも、全て外部金融機関からの借入により取得しています。適格資産Y（CU 20,000,000）の取得に際しては、×0年度にT銀行より借り入れた特定の借入金（CU 20,000,000）を充当しています。適格資産Z（CU 40,000,000）については、その取得のために特別に借入を行っていません。C社には、×0年度から、T銀行（CU 20,000,000：利率2.5%）以外に、S銀行（CU 50,000,000：利率3.0%）・J銀行（CU 30,000,000：利率2.0%）からの借入金があり、S銀行・J銀行からの借入金は、特定の目的のために借り入れたものではありません。

　この場合、×1年度における適格資産Zに関する借入費用の資産化額はいくらになりますか？　次のうち正しいものを選択しなさい（なお、×1年度の期間中、全ての借入金残高の変動（返済・貸付）はなく、借入費用の資産化は×0年度に開始し、×2年度に終了するものとします）。

1 ．CU 500,000
2 ．CU 1,040,000
3 ．CU 1,050,000
4 ．CU 2,100,000

第10章 資産の減損
（IAS 第36号）

1 目的・意義・プロセス

　IAS 第36号は、企業が資産に回収可能価額以上の帳簿価額を付さないことを保証するための手続を定めることを、目的としています(IAS36：1)。

　資産は、その帳簿価額が使用または売却によって回収される金額を超過する場合には、回収可能価額を超える価額を付されていることになります。このような場合には、資産は減損しているものとされ、企業は減損損失を認識することが必要となります。また一方で一定の場合には、その減損損失を戻し入れる必要もあります。資産が将来の経済的便益の流入であることから、その状況を適切に資産の測定に反映する必要があるからです（⇒ *FW：資産の定義*）。

　減損損失の認識・測定のプロセスは、大まかには下記のとおりです。

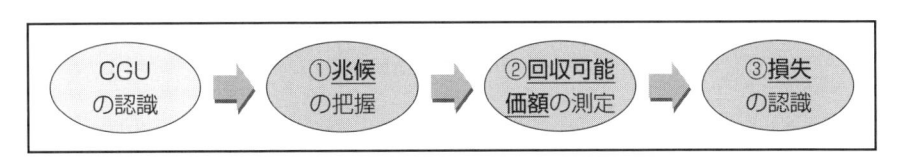

CGUの認識 → ①兆候の把握 → ②回収可能価額の測定 → ③損失の認識

2 資金生成単位（CGU）

　資金生成単位（CGU：cash-generating unit）とは、他の資産または資産グループからのキャッシュ・インフローとは概ね独立したキャッシュ・インフローを生成させるものとして識別される資産グループの最小単位をいいます（IAS36：6）。
　減損の兆候の把握や回収可能価額の測定は、原則的には個別資産（individual asset）ごとに行います。しかし、個別資産が他の資産と密接に結び付いて利用されている場合（ex. 一連の工場設備）等、それが不可能な場合には、特定の単位としてまとめて考慮します。以下で資産という場合には、このCGUの意味も含まれることに留意が必要です。なお、CGUを報告セグメント（「第30章 事業セグメント」4参照）よりも大きく認識することは許されません。

3 減損の兆候　～step ①～

　企業は、決算日現在で資産の減損の可能性を示す兆候（indication）があるか否かを評価しなければならず、兆候がある場合には、当該資産の回収可能価額を見積もらなければなりません（IAS36：9）。兆候があるか否かを評価する場合には、外部情報と内部情報の2つの観点から、少なくとも、以下の事項を検討する必要があります（IAS36：12）。

≪外部情報（external sources of information）≫
① 当期中に、時間の経過または正常な使用によって予想される以上に、資産の市場価値が著しく低下している。
② 企業が営業している技術的、市場的、経済的もしくは法的環境

において、または資産が利用されている市場において、当期中に企業にとって悪影響のある著しい変化が発生したか、または近い将来に発生すると予想される。
③ 市場利率または投資についてのその他の市場収益率が当期中に上昇し、かつ、これらの上昇が資産の使用価値の計算に用いられている割引率に影響して資産の回収可能価額を著しく減少させる見込みである。
④ 報告企業の純資産の帳簿価額が、その企業の株式の市場価値を超過している。

≪内部情報 (internal sources of information)≫

⑤ 資産の陳腐化または物的損害の証拠が入手できる。
⑥ 資産が使用されておりまたは使用されると予測される範囲もしくは方法に関して、当期中に企業にとって悪影響のある著しい変化が発生した、また発生すると予測される。
⑦ 資産の経済的成果が予想していたより悪化しているまたは悪化するであろうということを示す証拠が内部報告から入手できる。

　上記のとおり、兆候の判定基準は概括的なものになっており、例えば日本基準のように、時価が50％程度以上下落した場合というような明確な数値基準がないのが特徴といえます（⇒*原則主義*）。また、このことは、減損の兆候があると判断される場合が多くなる（適用が厳格になる）、ということをも意味しています（⇒*FW：忠実な表現*）。

4　回収可能価額の測定　～step ②～

　回収可能価額（recoverable amount）とは、資産または資金生成単位の売却費用控除後の公正価値と使用価値のいずれか高い金額をいいます（IAS 36：6）。

　売却費用控除後の公正価値(fair value less costs to sell)とは、通常、独立第三者間取引条件による拘束力のある売買契約に基づく価格から処分費用を控除したものをいい、拘束力のない売買契約はなくとも、活発な市場で取引されている場合には、処分費用控除後の当該市場での市場価格をいいます。

　使用価値（value in use）とは、当該資産の継続的な使用から発生するキャッシュ・インフロー及びキャッシュ・アウトフローと、最終的な処分から発生するキャッシュ・インフロー及びキャッシュ・アウトフローの合計（割引後）をいいます。

　使用価値の測定に際しては、将来キャッシュ・フローの見積りや、リスクフリー・レートで表される貨幣の時間価値等の要素を反映させる必要があります（IAS36：30）。将来キャッシュ・フローの見積りに際しては、以下の点に留意する必要があります。

① 経営者の最善の見積りを反映する
② 合理的な前提を基礎とする
③ 外部証拠に重点を置く
④ 将来予測期間は最長でも5年とする
　（5年超の期間について正当化できる場合には別途検討）
⑤ 基本的に一定のまたは逓減する成長率を使用した予算・予測に基づいてキャッシュ・フローを見積もる
⑥ 基本的に成長率は市場の長期平均成長率を超えてはならない

なお、割引率としては、貨幣の時間価値や（将来キャッシュ・フローの見積りが修正されていない）当該資産の固有リスクに関する市場評価を反映した、税引前の利率を用いることになります。

5 減損損失の認識　〜step ③〜

4で測定した資産の回収可能価額が帳簿価額を下回った場合には、当該資産の帳簿価額を、その回収可能価額まで減額しなければなりません（減損テスト）。当該差額は、当期損失として認識されます（IAS36：59）。

なお、当該資産が再評価されている場合には、再評価された資産の減損損失は、その減損損失が当該資産に関する再評価剰余金を超えない範囲では、その他の包括利益（OCI）で認識されます（再評価剰余金（OCI）の減額を行います）。減損損失が再評価剰余金を超える部分については、当初の帳簿価額を下回ることになりますので、当該超過部分を、当期損失として認識します（IAS36：60, 61）。

減損損失認識後の減価償却については、減損後の帳簿価額から残存価額を控除した金額を、残存耐用年数にわたって規則的に行います（IAS36：63）。

6 減損損失の戻入

過年度に認識された減損損失（除：のれん）については、各報告期末日において、もはや存在しないか、または減少している可能性を示す兆候があるか否かを評価しなければならず、そのような兆候がある場合には、資産の回収可能額の見積りを行わなければなりません（IAS36：110）。戻入の兆候は、次のとおりです（IAS36：111）。

≪外部情報 (external sources of information)≫

① 当期中に、時間の経過または正常な使用によって予想される以上に、資産の市場価値が著しく増加している。
② 企業が営業している技術的、市場的、経済的もしくは法的環境において、または資産が利用されている市場において、当期中に企業にとって有利な影響のある著しい変化が発生したか、または近い将来に発生すると予想される。
③ 市場利率または投資についてのその他の市場収益率が当期中に下落し、かつ、これらの下落は資産の使用価値の計算に用いられている割引率に影響して資産の回収可能価額を著しく増加させる見込みである。

≪内部情報 (internal sources of information)≫

④ 資産が使用されているかまたは使用されると予測される範囲もしくは方法に関して、当期中に企業にとって有利な影響のある著しい変化が発生した、または発生すると予測される。
⑤ 資産の経済的成果が予想していたより良好であるか、または良好であろうということを示す証拠が内部報告から入手できる。

　減損損失の戻入は、資産の回収可能価額の算定に用いられた見積りに変更があった場合にのみ行わなければならないことに留意が必要です。この場合には、一定の場合を除き、資産の帳簿価額をその回収可能価額まで増加されなければなりません (IAS36：114)。減損損失の戻入は、当期損益で認識されますが、再評価されている資産については、その他の包括利益で認識し、当該資産の再評価剰余金を増加させることになります (IAS36：119)。

7 日本基準との相違

IAS第36号と日本基準との主な相違は、次のとおりです。

項　目	IFRS	日本基準[※1]
減損の兆候	原則主義 (状況証拠として広く定義)	規則主義 (具体的な数値基準もある)
減損損失の認識	1段階アプローチ (回収可能性テストを実施しない)	2段階アプローチ (回収可能性テスト[※2]を実施)
将来CF見積期間	原則、最長5年 (場合によっては2～3年)	最長20年
減損損失の戻入	一定の場合、実施要	実施してはならない

(※1)「固定資産の減損に係る会計基準」(企業会計審議会)・「固定資産の減損に係る会計基準の適用指針」(企業会計基準委員会)

(※2) ①帳簿価額と②回収可能価額を比較する前段階として実施される、帳簿価額と③"割引前"CF合計額との比較。①が③を下回っている場合にはじめて、②を測定し、差額(①－②)が減損損失とされます。IAS第36号と比較して、フィルターが1つ増えるため、減損損失を認識する場面が減少します。日本基準では、見積り(割引等)に関する信頼性が低いことに鑑みた一方で、IFRSでは、割引計算に信頼性を置いていると把握できます(∵将来CF(≒株価)の算定が重要)。

練習問題48

IAS36によれば、以下の場合のある資産の減損損失の測定額として正しいものはどれですか？　次のうちから選択しなさい。

① 帳簿価額：CU 1,000,000
② 公正価値：CU 1,100,000
③ 使用価値：CU 850,000
④ 売却費用：CU 200,000

1．減損損失を認識する必要はない
2．CU 100,000
3．CU 150,000
4．CU 350,000

練習問題49

　A社は、土地Xを有しており、Xの当初認識後の測定については、再評価モデルによっています。Xの×1年期首（取得時）における帳簿価額はCU 100,000であり、×1年末における再評価額はCU 150,000でした。×2年度末にXに減損の兆候が認められ、その回収可能価額はCU 80,000と算定されました。×2年度における、A社の土地Xに関する減損損失（当期損失として認識される部分）の残高として正しいものはどれですか？　次のうちから選択しなさい。

1．N/A
2．CU 20,000
3．CU 50,000
4．CU 70,000

練習問題50

　IAS36によれば、回収可能価額（使用価値）の測定における、将来キャッシュ・フローの見積りの際に留意すべき点として、誤っているものはどれですか？　次のうちから選択しなさい。

1. 経営者の最善の見積りを反映し、合理的かつ支持し得る前提を基礎にしなければならない。
2. 財務活動からのキャッシュ・インフローや、法人所得税の受取りについては、将来キャッシュ・フローの見積りに含めてはならない。
3. 耐用年数終了時の資産の処分によって受け取るキャッシュ・インフローについては、将来キャッシュ・フローの見積りに含めなければならない。
4. 将来キャッシュ・フローの予測期間は、原則主義により企業の判断によるため、特に制限する必要はない。

練習問題51

IAS36によれば、一定の兆候が存在する場合には、減損損失の戻入を行わなければならないとされています。この減損損失の戻入について、誤って説明しているものはどれですか？ 次のうちから選択しなさい。

1. 当期中に、時間の経過または正常な使用によって予想される以上に、資産の市場価値が著しく増加していることは、減損損失の戻入の兆候に該当する。
2. 市場利率または投資についてのその他の市場収益率が当期中に下落し、かつ、これらの下落が資産の使用価値の計算に用いられている割引率に影響して、資産の回収可能価額を著しく増加させる見込みであることは、減損損失の戻入の兆候に該当する。
3. 資産が使用されているかまたは使用されると予測される範囲もしくは方法に関して、当期中に企業にとって有利な影響のある著しい変化が発生した、または発生すると予測されることは、

減損損失の戻入の兆候に該当する。
4．減損損失の戻入の兆候があり、回収可能価額の増加が認められた場合、減損損失は、当該資産の回収可能価額の算定に用いられた見積りに変更があった場合のみならず、時の経過に基づく回収可能価額の増加等の場合も含めて、当該資産の回収可能価額まで、戻入されなければならない。

練習問題52

　IAS36による減損の処理と日本基準による減損の処理について説明している下記のうち、最も妥当でないものはどれですか？　次のうちから選択しなさい。

1．IAS36においても日本基準においても、減損損失を認識する単位として資金生成単位（CGU）を適切に認識する必要がある。
2．減損の兆候については、IAS36では、内部情報・外部情報の区分を設けて規定されているが、個々の規定の内容は日本基準とほぼ同様のものになっており、減損の兆候ありと判定される場合は、いずれの基準によってもほとんど差異はない。
3．回収可能価額の算定に際しては、特に将来キャッシュ・フローの見積りについて、IAS36の方が、日本基準よりも厳しい制限が課されているといえる。
4．減損損失を認識するステップとしては、日本基準では、減損テストを実施する前にまず回収可能性テストを実施する2段階アプローチを採用しているが、IAS36では、減損の兆候があれば直ちに減損テストを実施する1段階アプローチを採用している。

第11章 鉱物資源の探査及び評価（IFRS第6号）

1 目的・範囲

　IFRS第6号は、鉱物資源の探査及び評価に関する財務報告を定めることを目的としており（IFRS6：1）、企業が自ら負担する探査及び評価に関する支出に適用されますが、①鉱物資源の探査及び評価以前に発生する支出、及び、②鉱物資源の採掘の技術的可能性及び経済的実行可能性が立証可能となった後に発生する支出には、適用されません（IFRS6：3）。

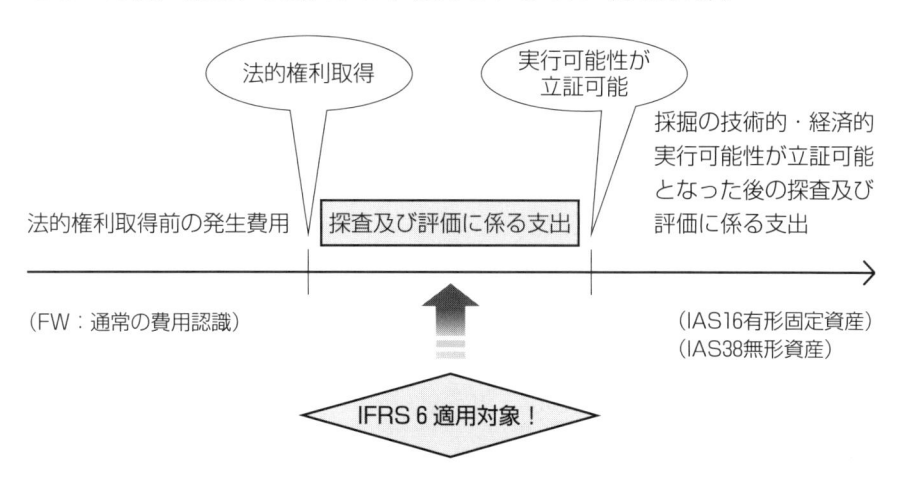

```
                 法的権利取得              実行可能性が
                                          立証可能
                                                        採掘の技術的・経済的
                                                        実行可能性が立証可能
                                                        となった後の探査及び
 法的権利取得前の発生費用  │探査及び評価に係る支出│      評価に係る支出
─────────────────────────────────────────────────────────────→
 （FW：通常の費用認識）                              （IAS16有形固定資産）
                                                     （IAS38無形資産）

                        ▲
                   ◇ IFRS 6 適用対象！◇
```

　従前は、鉱物資源の探査及び評価といった活動については、採掘産業に従事している企業にとって重要であるにもかかわらず、その会計処理を取

り扱う IFRS は存在しておらず、IAS 第 16 号（有形固定資産）や IAS 第 38 号（無形資産）の適用範囲からも除外されていました。IFRS 第 6 号は、その隙間を埋めるべく設定された個別財務報告基準といえるでしょう。

2 定義

探査及び評価資産（exploration and evaluation assets）とは、企業の会計方針に従って資産として認識される探査及び評価に関する支出をいい、探査及び評価に関する支出（exploration and evaluation expenditures）とは、鉱物資源の採掘の技術的実行可能性と経済的実行可能性が立証可能となる以前の、鉱物資源の探査及び評価に関連して企業に発生する支出をいいます。また、鉱物資源の探査及び評価（exploration for and evaluation of mineral resources）とは、企業が特定の箇所で探査を行う法的権利を取得した後の、鉱物、石油、天然ガス及び類似の再生不可能な資源を含む鉱物資源の調査、及び鉱物資源の採掘の技術的実行可能性及び経済的実行可能性に関する判断をいいます（IFRS6：Appendix A）。

3 探査及び評価資産の認識・測定及び表示

[1] 当初認識時の測定

探査及び評価資産は、当初認識時において、取得原価で測定しなければなりません（IFRS6：8）。鉱物資源の開発に関する支出は資産として認識してはならず（IFRS6：10、IAS38）、撤去及び復旧に関する支出は債務として認識しなければなりません（IFRS6：11、IAS37）（⇒*FW：資産・負債の定義*）。

取得原価を構成する探査及び評価に関する支出の例としては、次が挙げられます（IFRS6：9）。

① 探査権の取得
② 地勢的、地理的、地球化学及び地球物理学的研究
③ 探査向け掘削
④ トレンチ作業
⑤ 標本採取
⑥ 鉱物資源の採掘の技術的可能性及び経済的実行可能性の評価に関する活動

2 当初認識後の測定

　探査及び評価資産は、当初認識後において、原価モデルまたは再評価モデルを適用しなければなりません（IFRS6：12）。なお、利用者の経済的意思決定ニーズに対する目的適合性が高まる一方で信頼性が低下しない場合、または信頼性が向上する一方でニーズに対する目的適合性が低下しない場合には、企業は、探査及び評価に関する支出の会計方針を変更することができます（IFRS6：13）（⇒*FW：目的適合性・忠実な表現*）。

3 表示

　企業は、探査及び評価資産を、取得した資産の性質に応じて有形または無形に分類し、その分類を首尾一貫して適用しなければなりません（IFRS6:15）。
　探査及び評価資産の中には、車両及び掘削装置等、有形資産として扱われるものもありますが、掘削権等、無形資産として扱われる資産もあります。有形資産が無形資産を開発するときに用いられる場合、その用途に供された金額は、無形資産の原価の一部となります（次頁図表参照）。しかしながら、無形資産を開発するのに有形資産を使用するとしても、それにより有形資産が無形資産に変わるわけではないことに、留意が必要です（IFRS6：16）。

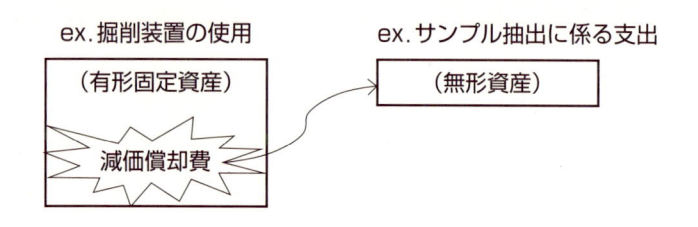

```
        ex.掘削装置の使用            ex.サンプル抽出に係る支出
         （有形固定資産）                （無形資産）
            減価償却費
```

4 探査及び評価資産の減損

　事実と状況から、探査及び評価資産の帳簿価額が回収可能金額を超過すると思われる場合には、当該探査及び評価資産について減損の評価をする必要があります。帳簿価額が回収可能金額を超過すると思われる場合には、IAS第36号に準拠して、減損損失を認識・測定し、表示・開示しなければなりません（IFRS6：18）。

　なお、探査及び評価資産に関する減損の兆候は以下のとおりであり、IAS第36号のそれとは異なりますので、留意する必要があります（IFRS6：20）（第10章参照）。

> ① 企業が特定の箇所を探査できる権利を有している期間が、その期間でまたは近い将来に終了する予定であり、かつ、更新が期待されていない。
> ② 特定箇所の鉱物資源の、更なる探査及び評価に関する実質的な支出に対する予算が確保されておらず、計画もされていない。
> ③ 特定箇所の鉱物資源の探査及び評価を行っても、鉱物資源の経済的実行を可能とする数量の発見につながらず、企業は、特定箇所のそのような活動の廃止を決定している。
> ④ 特定箇所の開発が進められていく可能性は高いが、探査及び評価資産の帳簿価額が、開発が成功してもまたは販売されても、完全に回収される可能性が少ないことを示す十分なデータが存在する。

練習問題53

　IFRS 6によれば、探査及び評価に関する支出として取得原価を構成しないものはどれですか？　次のうちから選択しなさい。

1. 鉱物のサンプルの採取に関する支出
2. 探査権の取得に関する支出
3. トレンチ作業に関する支出
4. 鉱物資源の開発に関する支出

練習問題54

　A社は、鉱物資源の探査を行っています。以下を前提とした場合、鉱物資源の探査に係るA社の無形資産として当初認識される金額（取得原価）はいくらですか？　次のうちから選択しなさい。
　① 探査・評価資産の測定：原価モデル
　② 探査のためのサンプル抽出費用：CU 500
　③ 探査向け掘削用の掘削装置の簿価：CU 3,000
　④ 掘削装置③の減価償却費：CU 300

1. CU 500
2. CU 800
3. CU 2,700
4. CU 3,200

練習問題55

　IFRS6によれば、探査及び評価資産について、減損の兆候があると認められない事象はどれですか？　次のうちから選択しなさい。

1．特定箇所を探査できる権利が、近い将来に終了することになった。
2．結局、鉱物発見に至らず、その探査活動の廃止が決定された。
3．探査及び評価に関する実質的な支出に対する予算を確保することができなくなった。
4．掘削設備が陳腐化した。

第12章 売却目的で保有する非流動資産及び非継続事業（IFRS第5号）

1 目的・範囲

　IFRS第5号は、売却目的で保有する非流動資産の会計処理、非継続事業の表示及び開示を規定することをその目的としています（IFRS5：1）。

　IFRS第5号は、企業が認識した非流動資産及び処分グループに適用されますが、ここで処分グループ（disposal group）とは、売却または他の方法により、単一の取引として処分される資産のグループ及びそれらの資産に直接関連し当該取引で移転される負債をいいます（IFRS5：Appendix A）。したがって、例えば特定の子会社等を処分グループとして認識した場合には、資産だけでなく"負債"も含まれる可能性があることに、留意する必要があります。

2 概要

　売却目的保有に分類された資産は、①帳簿価額か売却費用控除後の公正価値のいずれか低い金額で測定し、②減価償却は中止するとともに、③財政状態計算書上、区分表示されることになります。将来の経済的便益（cash

の回収を売却によって稼得することが予定されているため、継続的な使用により経済的便益（cash）を回収するために保有している資産とは、その性質を異にするからです。

また、非継続事業の経営成績は、包括利益計算書上、区分表示する必要があります。財務報告の利用者は、基本的には、今後継続していく事業から企業がキャッシュ・フローをいくら稼得できるかを判断することになりますので、今後継続しない事業を除外・区分して表示することは、利用者にとって有用といえるため、と考えて良いでしょう（⇒*FW：目的適合性*）。

3 売却目的保有非流動資産の分類

企業は、非流動資産（または処分グループ）の帳簿価額が、継続的使用よりも主として売却取引により回収される場合には、当該資産（または処分グループ）を売却目的保有に分類しなければなりません（IFRS5：6）。その適用要件は、以下のとおりです。

---
① 現況で直ちに売却することが可能であること、かつ、
　（available for immediate sale in its present condition）
② 売却の可能性が非常に高いこと
　（its sale must be highly probable）

ここで、②売却の可能性が非常に高いとは、基本的には、次（全て）の場合をいうとされています（IFRS5：8）。

① 適切な地位の経営者が当該資産の売却計画の実行を確約している。
② 買手を探し売却計画を完了させる活発な計画が開始されている。
③ 資産は積極的に売り込まれており、その販売価格は現在の公正価値との関係において合理的である。
④ 分類した日から1年以内で売却が完了する予定である。
⑤ 計画に重要な変更が行われたり、計画が撤回されたりする可能性が低いことが示唆されている。

4 売却目的保有非流動資産の測定・表示

1 測定

　売却目的保有に分類された非流動資産（または処分グループ）は、帳簿価額と売却費用控除後の公正価値のいずれか低い金額で、測定しなければなりません（IFRS5：15）。

　また、資産（または処分グループ）について、当初またはその後に行う売却費用控除後の公正価値までの評価減について、減損損失を認識しなければならず（IFRS5：20）、当該公正価値がその後において増加した場合、その評価益を認識しなければなりません（ただし、累計減損損失額を限度とします）（IFRS5：21）。

設例 12-1　～売却目的保有非流動資産の測定～

Q

　A社（12月決算）は、非流動資産を原価法（コスト・モデル）を用いて測定している。A社は、×1年12月31日に、当該非流動資産を、IFRS第5号に基づいて売却目的保有に分類した。分類当日の当該資産の簿価はCU 11,000、公正価値はCU 12,500、売却費用はCU 3,000と見積もられた。
　この場合に必要となる会計処理は？

> **A**
> (Dr) 減損損失　　　1,500^(※)　　(Cr) 非流動資産　　1,500
> 　　　(impairment loss)　　　　　　　　　(non-current asset)
> (※) 1,500：(11,000−(12,500−3,000))

　非流動資産が売却目的保有に分類されている間または売却目的保有に分類されている処分グループの一部である間は、企業は、当該非流動資産について減価償却（または償却）を中止します（IFRS5：25）。売却が予定されているため、そもそも、資産の通常の使用によってキャッシュ・フローを生み出そうとする（投下資本を回収しようとする）意図がないためです。

2 表示

　非流動資産(処分グループ)・非継続事業については、その処分による財務上の影響を財務諸表の利用者が評価できるように、表示しなければなりません（IFRS5：30）。財政状態計算書上、他の資産・負債と区分して表示し、当該資産・負債は、相殺して表示することが禁止されています（IFRS5：38）。

5　非継続事業

　非継続事業（discontinued operation）とは、既に処分されたかまたは売却目的保有に分類された企業の構成要素であり、以下の要件のいずれかを満たすものをいいます（IFRS5：32）。

> ① 独立の主要な事業分野または営業地域を表す
> ② 独立の主要な事業分野または営業地域を処分する統一された計画の一部である
> ③ 転売のみのために取得した子会社である

非継続事業については、次の事項を開示します（IFRS5：33）。

① 包括利益計算書上、以下の合計からなる単一の金額
  ・非継続事業の税引後損益
  ・売却費用控除後の公正価値で測定したことにより認識した税引後損益、または、非継続事業を構成する資産（処分グループ）を処分したことにより認識した税引後損益
② 非継続事業の営業・投資・財務活動に帰属する正味キャッシュ・フロー
③ 親会社の所有者に帰属する継続事業及び非継続事業からの利益

6 日本基準との相違

　IFRS第5号に該当する日本基準は、現状ではありません。売却目的で保有する非流動資産や非継続事業に関する認識・測定・表示・開示は、現行の日本基準では要請されていないのです。将来キャッシュ・フローに対する評価の重要性の捉え方が異なるため、と考えると理解しやすいかもしれません（企業会計基準委員会より「財務諸表の表示に関する論点の整理」（2009年7月）が公表されており、このような事項について検討されている状況にあります）。

練習問題56

　IFRS5によれば、資産を売却目的保有非流動資産に分類するための要件として、①現況で直ちに売却することが可能であること、②売却の可能性が非常に高いこと、が必要とされています。このう

ち、②の要件の内容として誤っているものはどれですか？　次のうちから選択しなさい。

1. 適切な地位の経営者が、当該資産の売却計画の実行を確約していること。
2. 分類した日から１年以内で売却が完了する予定であること。
3. 資産は積極的に売り込まれており、その販売価格は現在の公正価値との関係において合理的であること
4. 廃棄計画に重要な変更が行われたり、計画が撤回されたりする可能性が低いことが示唆されていること。

練習問題57

　A社は、非流動資産Xを有しており、原価モデルにより測定しています。A社は、×１年度末に、XをIFRS５に基づいて売却目的保有に分類しました。IFRS５により要請される会計処理を行う前の、×１年度末におけるXの帳簿価額はCU 50,000であり、公正価値はCU 51,000、売却費用はCU 3,000と見積もられました。×１年度末における、A社のXに関する会計処理について、正しく説明しているものはどれですか？　次のうちから選択しなさい。

1. 資産の評価益として、その他の包括利益（CU 1,000）を認識する必要がある。
2. 非流動資産Xに関して、×１年度中に認識された減価償却費を全て戻し入れる必要がある。
3. 減損損失（CU 2,000）を認識する必要がある。
4. 特に会計処理（仕訳）を行う必要はない。

練習問題58

　IFRS 5によれば、非継続事業の該当要件とされていないものはどれですか？　次のうちから選択しなさい。

1. 売買目的保有に分類された企業の構成要素である
2. 独立の主要な事業分野または営業地域を処分する計画の一部である
3. 独立の主要な事業分野または営業地域を表す
4. 転売する可能性も含めて取得した子会社である

練習問題59

　B社は、採算悪化に鑑みY事業を廃止することとし、IFRS 5に基づいて、×1年度末にY事業を処分グループとして認識し、非継続事業に分類しました。×1年度におけるY事業の税引後当期損失はCU 2,000,000であり、Y事業に属する資産を公正価値で再測定した結果生じた税引後損失は、CU 500,000でした。IFRS 5によれば、×1年度におけるY事業（非継続事業）の損失について要請される表示として、正しいものはどれですか？　次のうちから選択しなさい。

1. 当期損失CU 2,000,000、その他の包括利益（△）CU 500,000
2. 当期損失CU 2,000,000
3. 当期損失CU 2,500,000
4. その他の包括利益（△）CU 2,500,000

第13章 金融商品
$\begin{pmatrix} \text{IAS 第32号、第39号} \\ \text{IFRS 第7号、第9号} \end{pmatrix}$

1 金融商品に関する基準の体系・IAS第39号改訂プロジェクト

　金融商品に関するIFRSは、主に発行者側の基準としてのIAS第32号「表示」・IFRS第7号「開示」と、主に取得者側の基準としてのIAS第39号「認識及び測定」・IFRS第9号「分類及び測定」から構成されています。

　ISABとFASBでは、現在、IAS第39号が複雑で理解し難いこと等に鑑み、IFRS第9号へ置換するプロジェクトを進めています。このプロジェクトは大きく3つのフェーズ（①認識及び測定・②減損・③ヘッジ）に分類され、①の認識及び測定に関しては、2010年10月の改訂版IFRS第9号の公表をもって、完了しています。②減損・③ヘッジについては、公開草案が公表されていますが、詳細については**7・8**を参照してください。IFRS第9号は、2013年1月1日から強制適用されることになっていますが、この時期についても、再度議論される予定です。

2 IAS第32号　～金融商品：表示～

　IAS第32号は、負債または資本としての金融商品の表示等の原則を確立することを目的としています（IAS32：2）。

第 13 章　金融商品（IAS 第 32 号、第 39 号、IFRS 第 7 号、第 9 号）

1 金融商品の定義

　金融商品（financial instrument）とは、一方の企業にとっての金融資産と、他の企業にとっての金融負債または、資本性金融商品の双方を生じさせる契約をいいます（IAS32：11）。例えば、銀行へ預金した場合、預金者は銀行から現金を引き出す権利を有する一方で、銀行は、現金を支払う義務を負います。このような契約を金融商品といいます。なお、引当金や租税義務（未払法人税等）については、契約に基づくものでないことから、金融商品には該当しません。

2 金融資産の定義

　金融資産（financial assets）とは、以下のものをいいます。

① 現金
② 他の企業の資本性金融商品
③ 以下のいずれかの契約上の権利
   - 他の企業から現金または他の金融資産を受け取る
   - 金融資産または金融負債を企業にとって潜在的に有利な条件で他の企業と交換する
④ 企業自身の資本性金融商品で決済されるかまたは決済される可能性のある契約のうち、以下のいずれか
   - デリバティブ以外で、企業が企業自身の可変数の資本性金融商品を受け取る義務があるか、または、その可能性があるもの
   - デリバティブで、固定額の現金または他の金融資産と企業自身の固定数の資本性金融商品との交換以外の方法で決済されるか、または、その可能性があるもの

　具体的には、現金預金、受取手形、売掛金及び貸付金等の金銭債権、有価証券、デリバティブ取引により生じる正味の債権等が、金融資産に該当します。

3 金融負債の定義

金融負債(financial liability)とは、以下のものをいいます。

> ① 以下のいずれかの契約上の義務
> - 他の企業に現金または他の金融資産を支払う。
> - 金融資産または金融負債を企業にとって潜在的に不利な条件で他の企業と交換する。
> ② 企業自身の資本性金融商品で決済されるかまたは決済される可能性のある契約のうち、以下のいずれか
> - デリバティブ以外で、企業が企業自身の可変数の資本性金融商品を引き渡す義務があるか、または、その可能性があるもの。
> - デリバティブで、固定額の現金または他の金融資産と企業自身の固定数の資本性金融商品との交換以外の方法で決済されるか、または、その可能性があるもの。

具体的には、支払手形、買掛金、借入金、及び社債等の金銭債務並びにデリバティブ取引により生じる正味の債務等が、金融負債に該当します。

4 資本性金融商品の定義

資本性金融商品(equity instrument)とは、企業の全ての負債を控除した後の資産に対する残余持分を証する契約をいいます。

具体的には、プッタブル以外の普通株式(non-puttable ordinary shares)等が、資本性金融商品に該当します。なお、プッタブル金融商品とは、現金または他の金融資産と交換に、当該金融商品を発行者に売り戻す権利を保有者に与えているか、あるいは不確実な将来の事象または当該金融商品の保有者の死亡もしくは退職が発生した時に発行者に自的に売り戻される金融商品をいいます。

5 金融負債と資本性金融商品の区分

　発行者は、金融商品またはその構成部分を、当該認識時において契約の実質並びに上記定義に従って、金融負債、金融資産または資本性金融商品に分類しなければなりません（IAS32：15）。この区分は非常に重要となります。なぜなら、金融負債に分類すれば、各期末日ごとに公正価値で測定し直す場合もあり、その金融負債から生じる利息等を当期損益に認識することになりますが、資本性金融商品に分類すれば、当初認識時の測定からの公正価値の変動を認識する必要がなく、また、その資本性金融商品から生じる利息・配当等も資本取引として認識され、当期損益に影響を与えないからです。

　具体的には、下記フローに従って、資本性金融商品であるか、金融負債であるかを区分します。

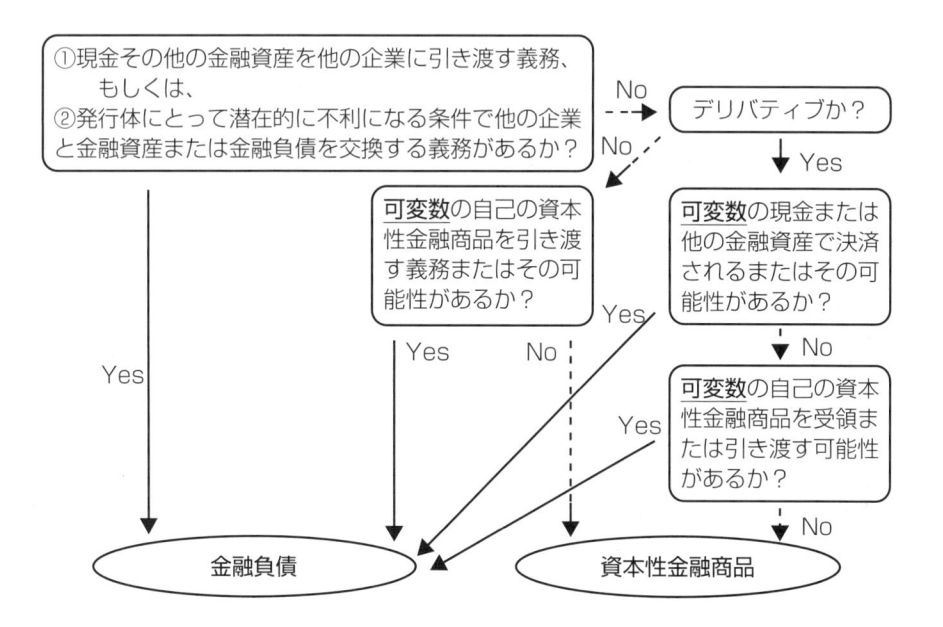

```
①現金その他の金融資産を他の企業に引き渡す義務、
  もしくは、                                          No
②発行体にとって潜在的に不利になる条件で他の企業    ----→  デリバティブか？
  と金融資産または金融負債を交換する義務があるか？   No
                                                            ↓ Yes

            可変数の自己の資本            可変数の現金または
            性金融商品を引き渡            他の金融資産で決済
            す義務またはその可            されるまたはその可
            能性があるか？                能性があるか？
                                Yes                ↓ No
   Yes         ↓ Yes      No              可変数の自己の資本
                                            性金融商品を受領ま
                                  Yes       たは引き渡す可能性
                                            があるか？
                                                    ↓ No
    ↓           ↓           ↓
  （金融負債）              （資本性金融商品）
```

　ここで2つのポイントは、まず、契約上の義務（contractual obligation）が存在するか否かです。①現金等を引き渡す義務（返済義務）や、②発行

者に潜在的に不利な条件での金融資産・負債の交換義務、といった契約上の義務が存在する場合には、金融負債に該当することになるのです。

次に、固定額の現金または他の金融資産と交換に、企業自身の資本性金融商品の固定数を発行または購入する義務がある場合に、資本性金融商品に該当することです。逆に、例えば固定金額に等しくなる可変数の資本性金融商品を発行するような義務においては、発行者は自己の資本性金融商品（株式）を通貨として用いているにすぎず、相手方は特定の金額を収受する権利を有しており株価の変動リスクを負わないため、本来の株主とは立場を異にするといえるからです（IAS32：BC13,14）。

なお、デリバティブ（derivative）とは、金融商品のうち、次の3つの特徴の全てを有するものをいい(IAS39：9)、例としては、先物契約、オプション契約、スワップ契約等が挙げられます

① その価値が、特定の基礎数値（金利、金融商品価格、コモディティ価格、為替レート、価格やレートに関するインデックス、信用格付け等の変数）の変動により変動する。
② 初期投資を全く要しないか、市場要因に対して同様の反応を見せる他の種類の契約に対して小さな初期純投資のみを必要とする。
③ 将来の一定の日において決済される。

設例 13-1 ～優先株式（preference shares）の分類～

Q
下記の場合、優先株式はそれぞれ金融負債・資本性金融商品のどちらに区分されますか？
① 償還（redeemable）優先株式
② 償還義務のない優先株式
③ 発行者に償還するか否かの選択権がある優先株式

A 契約の実態に鑑み、判定することになります。
①　金融負債（∵発行者は現金引渡義務を負う）
②　資本性金融商品（∵発行者は現金引渡義務を負わない）
③　資本性金融商品（∵発行者は現金を支払わないという選択が可能）

なお、①に係る配当は費用として当期損益に認識され、②・③に係る配当は、利益分配として、資本の部に直接借方計上されます（8 参照）。

6 複合商品の取扱い

転換社債は新株予約権付社債のように、金融商品の中には負債部分と資本部分の両方を含んでいるものもあります。このようなものを複合商品（compound instruments）といいますが、複合商品は、その実態を検討したうえで、構成部分を金融負債と資本性金融商品とに区分して別々に分類しなければなりません（IAS32：28）。具体的には、まず金融商品全体としての公正価値を測定し、そこから負債部分について算定した公正価値を控除することによって、資本性金融商品部分の金額を確定することになります（⇒*FW：資産・負債アプローチ*）。

設例 13-2　～複合商品の区分～

Q
A社は転換社債（額面 CU 500,000）を平価発行した。元本と金利の支払額を実効金利法で割り引いた転換権を有さない類似の普通社債の公正価値は CU 400,000 であった。発行時の負債・資本区分は？

A ①　転換社債（金融負債部分）：CU 400,000
②　転換社債（資本部分）：CU 100,000（500,000－400,000）

7 自己株式

　自己株式（treasury shares）は、資本から控除しなければならず、その購入・売却・発行または取消に関して、利得や損失を認識してはなりません（IAS32：33）。

8 利息、配当等の取扱い

　金融負債である金融商品に関連した利息配当、損失及び利得は、当期損益において収益または費用として認識しなければなりません。資本性金融商品の保有者に対する分配は、関連する税効果を控除した後に、資本の部に直接借方計上しなければなりません（IAS32：35）。

9 金融資産・負債の相殺

　次に該当する場合には、金融資産と金融負債を相殺し、純額を財政状態計算書に表示しなければなりません（IAS32：42）。

> ① 認識金額を相殺するための、強制力を有する法的権利を有する。
> ② 純額決済や、同時決済を実行する意図を有する。

3 IFRS第7号　～金融商品：開示～

　IFRS第7号は、利用者が、①企業の財政状態及び業績に対する金融商品の重要性、②企業が晒されている金融商品から生じるリスクの性質や程度、その管理方法を評価できるよう、企業に開示を求めることを目的としています（IFRS7：1）。

　同基準によれば、企業の判断による種類別の開示が要請されています。財政状態計算書においては、金融資産及び金融負債分類ごとの帳簿価額や

公正価値の変動額、分類変更の理由、担保の内容等、包括利益計算書においては、分類・性質ごとの収益・費用・利得・損失等の開示が要請されています。

1 公正価値の階層別開示

企業は、金融資産及び金融負債の種類ごとに、その種類の公正価値を、帳簿価額と比較できるような方法で開示しなければなりません（IFRS7：25）。この開示は、測定を行う際に用いたインプットの重要性を反映した公正価値のヒエラルキーを用いて、公正価値測定を分類しなければなりません（IFRS7：27A）。

≪インプットのレベル≫

Level 1	同一の資産または負債についての活発な市場における未調整の公表価格（ex. 株式市場における株価）
Level 2	当該資産または負債について、直接にまたは間接に観察可能な、Level 1に含まれる公表価格以外のインプット（ex. 金利スワップの公正価値測定に用いるLIBOR）
Level 3	当該資産または負債についての、観察可能な市場データに基づかないインプット（ex. 将来キャッシュ・フローの測定のために用いる企業の将来の事業計画）

複数のLevelのインプットを利用して公正価値を測定する場合がありますが、その場合には、最も低位（1よりも2が、2よりも3が低位）のインプットLevelが、公正価値ヒエラルキーのLevelとなります。

Levelが1よりも2の方が、2よりも3の方が、客観性及び信頼性が低くなりますので、より多くの開示が要請されることになります（例えば、Level3においては期首期末残高の調整表や、代替的な仮定を利用すると公正価値が大幅に変動する場合のその内容等です）。

2 リスクの開示

企業は、期末日現在で晒されていた金融商品から生じるリスクの内容及

び程度を、財務諸表の利用者が評価できるような情報を開示しなければなりません（IFRS7：31）。必要となる開示内容は、定性的開示と定量的開示に分類されます。定量的開示においては、経営の内部情報を基礎として、企業がリスクにさらされている範囲に関する定量的データの要約を開示しますが、当該事項が開示されていない範囲においては、下記のリスクについて開示する必要があります（IFRS7：34～42）。

①信用リスク （credit risk）	金融商品に関係する一方の当事者が他方の当事者の債務不履行により財務的な損失を被るリスク。
②流動性リスク （liquidity risk）	企業が金融負債に関連する債務を現金、またはその他の金融資産により決済するに際して、困難に直面するリスク
③市場リスク （market risk）	市場価格の変動により、金融商品の公正価値または将来キャッシュ・フローが変動するリスク（為替リスク・金利リスク・その他価格リスク）。

4 IAS 第39号　～金融商品：認識及び測定～

　IAS 第39号は、金融資産・負債、資本性金融商品の売買契約の一部について、認識及び測定に関する原則を定めることを目的としています（IAS 39：1）。しかしながら、**1**に記載のとおり、その複雑性等に鑑みIFRS 第9号に置換するプロジェクトが進行中で、分類及び測定については、IFRS 第9号への置換が既に完了しています（2013年1月1日より適用予定、早期適用可）。

1 分類、認識及び測定

金融資産・負債の分類、認識及び測定は、以下のとおりです。

(1) 当初認識時の測定

> 企業は金融商品の契約条項の当事者となった時に、金融資産(負債)を認識し(IAS39:14)、当該金融資産(負債)は、<u>公正価値</u>で測定される(IAS39:43)。

(2) 当初認識後の測定

≪金融資産≫

分　類	測　定 (当初認識後)	利得・損失 の認識
①損益を通じて公正価値で測定する金融資産 (FVTPL : financial assets at Fair Value Through Profit or Loss)	FV	当期損益
②満期保有投資 (HTM : Held-To-Maturity investment)	償却原価 (実効金利法)	当期損益
③貸付金及び債権 (L&R : Loans and Receivables)	償却原価 (実効金利法)	当期損益
④売却可能金融資産 (AFS : Available-For-Sale financial assets)	FV	OCI

≪金融負債≫

分　類	測　定 (当初認識後)	利得・損失 の認識
①損益を通じて公正価値で測定する金融負債	FV	当期損益
②償却原価で測定される金融負債	償却原価 (実効金利法)	当期損益

金融資産について、4分類されていますが、IFRS第9号では簡素化され、2分類とされています（**5**参照）。

2 認識の中止

金融資産・負債の認識の中止（譲渡等により財政状態計算書から外すこと）は、下記フローに基づいて実施されます。このフローから理解できるように、リスク・経済価値アプローチの概念と、支配の概念が混合している現状にあります。

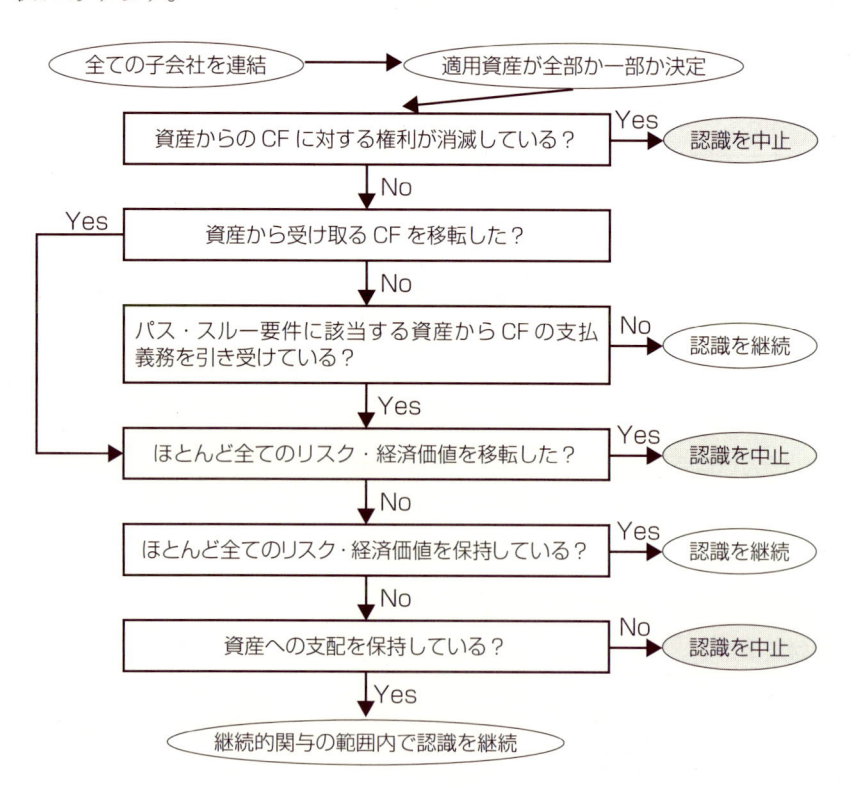

```
全ての子会社を連結  →  適用資産が全部か一部か決定
                              ↓
            資産からのCFに対する権利が消滅している？ ──Yes→ 認識を中止
                              ↓ No
 Yes        資産から受け取るCFを移転した？
  ↑                           ↓ No
  │         パス・スルー要件に該当する資産からCFの支払
  │         義務を引き受けている？                    ──No→ 認識を継続
  │                           ↓ Yes
  └─────   ほとんど全てのリスク・経済価値を移転した？ ──Yes→ 認識を中止
                              ↓ No
            ほとんど全てのリスク・経済価値を保持している？ ──Yes→ 認識を継続
                              ↓ No
            資産への支配を保持している？              ──No→ 認識を中止
                              ↓ Yes
            継続的関与の範囲内で認識を継続
```

5 IFRS 第9号 ～金融商品～

1 分類及び測定

　IFRS 第 9 号では、金融資産及び金融負債の分類を簡素化し、当初認識後において①償却原価で測定するもの、②公正価値で測定するもの、の 2 種類に区分することとされました。

2 金融資産の分類・測定

　金融資産は、①契約上のキャッシュ・フローを回収するために資産を保有することを目的とする事業モデルに基づいて資産が保有されていること、②金融資産の契約条件により、元本及び元本残高に対する利息の支払のみであるキャッシュ・フローが特定の日に生じること、の双方の条件が満たされる場合に、償却原価で測定します（IFRS9：4.2）。

　償却原価で測定されるものに分類されないものは、公正価値で測定することになります（IFRS9：4.1）。

　なお、当該分類に際しては、下記を考慮します。

> ① 金融資産の管理に関する企業の事業モデル
> ② 金融資産の契約上のキャッシュ・フローの特性

　分類のチャートは、次のとおりです。

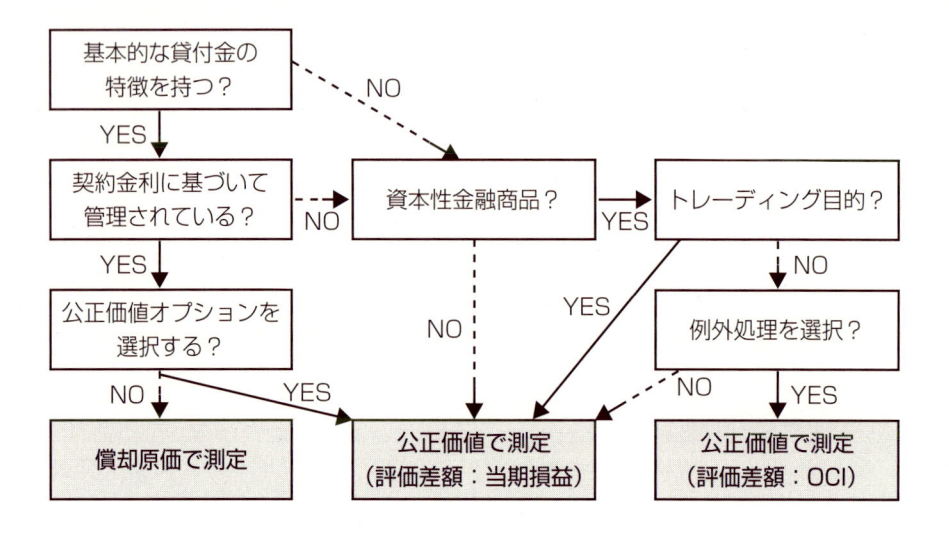

```
┌──────────┐
│基本的な貸付金の│----NO----┐
│ 特徴を持つ？ │          │
└────┬─────┘          │
    YES               ↓
┌──────────┐     ┌──────────┐     ┌──────────┐
│契約金利に基づいて│--NO-→│資本性金融商品？│--YES→│トレーディング目的？│
│ 管理されている？ │     └────┬─────┘     └────┬─────┘
└────┬─────┘          NO│  YES             │NO
    YES               │   │              ↓
┌──────────┐          │   │         ┌──────────┐
│公正価値オプションを│     │   │         │ 例外処理を選択？ │
│   選択する？   │     │   │         └────┬─────┘
└─┬──────┬─┘          │   │            NO│  YES
 NO    YES            ↓   ↓              ↓   ↓
┌──────┐     ┌──────────────┐     ┌──────────────┐
│償却原価で測定│     │  公正価値で測定  │     │  公正価値で測定  │
└──────┘     │(評価差額：当期損益)│     │ (評価差額：OCI) │
             └──────────────┘     └──────────────┘
```

(1) 償却原価で測定されるもの

「基本的な貸付金の特徴を有する」とは、元本と利息の支払を生じさせる契約条件であることをいいます。ここでいう利息は、特定期間の元本の貨幣の時間価値と信用リスクのみが反映されて決定されることが必要となります。例えば、利息に保証料が含まれてしまっているような場合には、基本的な貸付金の特徴を有しているとはいえないのです。

「契約金利に基づいて管理されている」とは、約定された金利を受け取ることのみを保有目的としているビジネスモデルであることをいいます。したがって、当該金融商品は保有・発行時に、契約に基づいて生成されるキャッシュ・フローの回収・支払に基づいて、管理・評価されていることが要請されます。例えば、満期保有目的の債券であっても、同時に途中売却によるキャピタル・ゲインをも目的としているような場合には、契約金利に基づいて管理されているとはいえないのです。

一方、償却原価で測定されるものであっても、例えば見合いの金融負債を公正価値で測定しているため、金融資産について償却原価で測定することが利得・損失の認識等における「会計上のミスマッチ」を生んでしまうような場合には、公正価値で測定することも認められています（公正価値

オプション)。

なお、CDO(collateralized debt obligation)等の金利支払や元本保証に優劣のある証券化商品等の金融商品については、最もリスクの少ないシニア部分についてのみ、償却原価で測定することとされます。メザニン(中位)部分やエクイティ(劣後)部分については、シニア部分の元本を保証しているものとみなされますので、上記要件を満たさず、公正価値で測定するものとされるのです。

(2) 公正価値で測定するもの

公正価値で測定する金融資産に係る公正価値の変動や利得・損失は、原則として、当期損益に認識します(IFRS9:5.4.1)。

例外的に、例えば戦略的に株式を持ち合っているような場合の株式(資本性金融商品)については、その公正価値の変動や利得・損失について、その他の包括利益で認識する方法を選択することができます(IFRS9:5.4.4)。この場合には、後日の売却によりその売却損益を当期損益にリサイクルすることは認められませんが、当該資本性金融商品から収受する配当金については、当期損益に認識することになります(IFRS9:5.4.5)。これは、株式を持ち合うという戦略投資が広く行われているわが国の状況に鑑みられた措置であるといえます。

③ 金融負債の分類・測定

金融負債の分類・測定についても、基本的には②と同様となります。金融負債については、公正価値で測定する場合、自己の信用リスクが高まるほど、(キャッシュ・フローを割り引くための)割引率が上昇し、ゆえに負債の測定額も減少してしまうという矛盾を抱えていたため、議論が生じていました。結論としては、負債の公正価値の変動のうち、自己の信用リスクの変動に係る部分については、その他の包括利益で認識することとされています。

6　日本基準との相違

IAS第32号、IFRS第9号と日本基準との主な相違は、以下のとおりです。

項　目	IFRS	日本基準(※)
金融資産・負債の表示	法形式に捉われず、実体を重視して区分（ex.優先株式でも負債の場合あり）	法的形式（会社計算規則等）に準拠して区分（ex.優先株式は資本）
有価証券（金融資産・負債）の分類	2区分 （①償却原価で測定するもの、②公正価値で測定するもの）	4区分 （①売買目的、②満期保有目的債券、③子会社・関連会社株式、④その他有価証券）
当初認識後の測定と公正価値等の変動分の認識	①償却原価：当期損益、②公正価値：当期損益（例外：その他の包括利益）	①時価：当期損益、②・③取得原価、④時価：純資産の部に直課
売却差額の認識	原則：当期損益（例外：その他の包括利益）	当期損益
配当金の認識測定	原則：当期損益（例外（OCI）処理の場合：当期損益）	当期損益

(※)「金融商品に関する会計基準」・「金融商品の時価等の開示に関する適用指針」（企業会計基準委員会）、「金融商品会計に関する実務指針」（日本公認会計士協会）等
　なお、「金融商品会計基準（金融資産の分類及び測定）の見直しに関する検討状況の整理」（2010年8月　企業会計基準委員会）、「金融商品会計基準（金融負債の分類及び測定）の見直しに関する検討状況の整理」（2011年2月　企業会計基準委員会）が公表され、IFRS第9号の改訂状況に鑑みた検討が、現在わが国でも進められています。

7　今後の改訂（減損（改訂プロジェクト Phase：2））

スケジュール

- ● 2009年11月　　　ED 公表　　　　Comment 期限：2010年6月
- ● 2011年1月　　　 ED（補足）公表　Comment 期限：2011年4月
- ○ 2011年9月（3Q）　IFRS 公表予定

主要な改訂内容

　ED では、減損の認識を、発生損失モデルから期待損失モデルへ変更することが企図されています。

≪発生損失モデル≫

> 　金融商品の当初認識時点以降に生じた、特定の減損事象または状況の変化に起因する、既に発生した損失に関連して、減損損失を認識・測定するモデル。
> ➡償却原価で測定されている金融商品について、損失事象が実際に発生した場合にのみ、減損損失を認識

≪期待損失モデル≫

> 　特定の減損事象に関係なく、信用損失に関する見積りを毎期見直したうえで反映する方法により、減損損失を認識・測定するモデル。
> ➡IFRS 第 9 号に基づき償却原価で測定されている金融商品について、予め将来予想される損失を、単一の減損モデルに基づいて認識

　発生損失モデルによると、上記のとおり、減損の客観的証拠（トリガー）がある場合にのみ減損損失が認識されることになりますが、それでは、①トリガーが発生するまで将来の予想信用損失が反映されない、②トリガーは企業ごとに異なる場合があり比較可能性の観点から問題があることから、毎期必ず将来の期待損失を測定することになる期待損失モデルへの変更が提案されているのです（⇒*FW：比較可能性*）。

　なお、期待損失モデルの主要な特徴は、次のとおりです。

① 金融資産の取得時点で、期待キャッシュ・フロー（取得時点における期待損失を反映したキャッシュ・フロー）に基づく当初実効金利に基づき、受取利息を認識する。
② 減損対象の金融資産の帳簿残高(約定金額－引当金)は、期待キャッシュ・フローを実効金利で割り引いた金額と同額になる。
③ 期待キャッシュ・フローは期待値により測定する（期待値：発生確率を勘案した確率加重平均）。
④ "キャッチ・アップ調整"を行う。
⑤ 過去の状況に基づいて、評価日現在の状況を見積りに反映させる。

キャッチ・アップ調整とは、金融資産の取得時点以降に期待キャッシュ・フローが変化した場合、その変化額を当初の実効金利で割り引いた金額相当を追加で損益認識することをいいますが、具体的にどのような影響が生じるかについては、次の事例で理解してください。

年度	契約上のCF	期待CF（当初）	期待CF（見直し）
X0	△100	△100	―
X1	4	4	(91.5)
X2	4	3	2
X3	104	100	95

① 貸付金：当初CU 100、年率4％で実行
② 当初の期待キャッシュ・フローは上表のとおり(実効金利：3％)。
③ X1年度に見直した結果、キャッシュ・フローが悪化することが見込まれた。見直し後のキャッシュ・フローを、当初の実効金利（3％）で割り引いた現在価値は、CU 91.5であった。

上記事例では、X1年度に、CU 8.5（100－91.5）の減損損失を認識することになります。

8 今後の改訂（ヘッジ（改訂プロジェクト Phase：3））

スケジュール

● 2010年12月	ED 公表	Comment 期限：2011年3月
○ 2011年12月（4Q）	IFRS 公表予定	

　現行の IAS 第39号のヘッジ会計では、①公正価値ヘッジ、②キャッシュ・フロー・ヘッジ、③在外営業活動体に対する純投資のヘッジ、の3つについて規定されています（③は、性質的にはキャッシュ・フロー・ヘッジと同義と理解してよいと思います）。

　ここで、公正価ヘッジとは、認識されている資産もしくは負債または認識されていない確定約定、あるいはそのような資産もしくは負債または認識されていない確定約定の特定された一部分の、公正価値の変動に対するエクスポージャーのうち、特定のリスクに起因し、かつ、損益に影響しうるもののヘッジをいい、株式（ヘッジ対象）の価格変動をヘッジするための先物やオプション（ヘッジ手段）等が例として挙げられます。また、キャッシュ・フロー・ヘッジとは、キャッシュ・フローの変動可能性に対するエクスポージャーのうち、①認識されている資産または負債に関連する特定のリスク（例えば、変動利付債券に係る将来の金利支払の全部または一部）または可能性の非常に高い予定取引に起因し、かつ、②純損益に影響しうるものに対するヘッジをいい、変動金利による借入金（ヘッジ対象）のキャッシュ・フローの変動リスクをヘッジするための固定金利へのスワップ（ヘッジ手段）等が例として挙げられます。

　ヘッジ会計を行うには、次の要件を満たす必要があります。

① ヘッジの開始時において、ヘッジ関係並びにヘッジの実施についての企業のリスク管理目的及び戦略の、公式な指定及び文書があること。
② ヘッジが、その特定のヘッジ関係について当初に文書化されたリスク管理戦略に沿って、ヘッジされたリスクに起因する公正価値またはキャッシュ・フローの変動を相殺するに際し、極めて有効であること。
③ キャッシュ・フロー・ヘッジについては、ヘッジ対象である予定取引は、実行の可能性が非常に高く、かつ最終的に純損益に影響しうるキャッシュ・フローの変動可能性に対するエクスポージャーを表すものでなければならない。
④ ヘッジの有効性が信頼性をもって測定できること。
⑤ ヘッジが継続的に評価され、指定されていた財務報告期間を通じて、実際に極めて有効であったと判断されていること。

そして、このような要件を充足する場合に、次のように認識・測定を行います。

≪公正価値ヘッジ≫

・ヘッジ手段：公正価値で再測定し、利得・損失は、純損益として認識
・ヘッジ対象：帳簿価額を修正し、差額（利得・損失）は純損益として認識

≪キャッシュ・フロー・ヘッジ≫

・ヘッジ手段：
　【有効部分】　➡その他の包括利益として認識
　【非有効部分】➡純損益として認識

主要な改訂内容

EDでは、主に下記のような変更が提案されています。

> ① ヘッジ適用要件の緩和
> 　従来は極めて高いヘッジの有効性が要件とされていたが、EDでは、有効であれば良いとされている（80%～125%の範囲という数値要件も削除）。
> ② 公正価値ヘッジの認識・表示方法の変更
> 　ヘッジ対象・手段ともに、その他の包括利益として認識。ただし、非有効部分については、純損益に振り替える。ヘッジ対象の変動額については、帳簿価額の修正でなく財政状態計算書上の独立した資産・負債として表示する。

この変更によれば、公正価値ヘッジもキャッシュ・フロー・ヘッジも同様に認識・表示されることになります。これは、この改訂が複雑なヘッジ会計を簡素化し、ヘッジ会計のそもそもの目的である、"純損益に影響を与える可能性のある特定のリスクから生じるエクスポージャーを管理するために金融商品を用いる企業のリスク管理活動の影響を財務諸表において表現すること"を、達成しようと試みていることを表しています。

練習問題60

> IAS32によれば、金融商品（金融資産・負債）とされるものはどれですか？　次のうち、正しいものを選択しなさい。
>
> 1.オペレーティング・リース
> 2.製品保証債務
> 3.売掛金

4. 貸倒引当金

練習問題61

　IAS32によれば、金融負債とされるものはどれですか？　次のうち、正しいものを選択しなさい。

1. 一定価格で自己の資本性金融商品を発行する総額決済契約
2. 固定元本の債券と交換に一定数量の資本性金融商品の引渡しを約束するワラント
3. 可変金額との交換で可変数の自己の資本性金融商品の引渡しを約束する売建プット・オプション
4. 第三者への債務の弁済について一定数の自社株式を引き渡す契約

練習問題62

　IAS32によれば、償還優先株式（redeemable preference share：3年後に償還予定と仮定）とその配当金は、どのように表示されますか？　次のうち、正しいものを選択しなさい。

1. 償還優先株式：非流動負債、配当金：資本より控除
2. 償還優先株式：資本、配当金：資本より控除
3. 償還優先株式：資本、配当金：金融費用
4. 償還優先株式：非流動負債、配当金：金融費用

練習問題63

　IFRS 7によれば、"企業が金融負債に関連する債務を現金またはその他の金融資産により履行するに際して、困難に直面するリスク"、として定義づけられるリスクはどれですか？　次のうちから選択しなさい。

1. 信用リスク（credit risk）
2. 支払リスク（payment risk）
3. 流動性リスク（liquidity risk）
4. 財務リスク（financial risk）

練習問題64

　IFRS 7によれば、公正価値の階層とその例示として、一致しているものはどれですか？　次のうち、正しいものを選択しなさい。

1. Level 1：ブラック・ショールズ式により算定したオプション評価額
2. Level 2：株式市場（取引所）における株価
3. Level 2：金利スワップの時価
4. Level 3：日本証券業協会が公表する価格

練習問題65

　IAS39によれば、金融資産の、①当初認識時の測定・②当初認識後の測定・③利得と損失の認識、について正しく説明しているものはどれですか？　次のうちから選択しなさい。

1. AFS　　　①FV　②FV　③当期損益
2. L&R　　　①償却原価　②償却原価　③当期損益
3. HTM　　　①FV　②償却原価　③当期損益
4. FVTPL　　①FV　②FV　③OCI

練習問題66

　IAS39によれば、金融資産の認識が中止されない場合は、次のうちどれですか？

1. 期日を過ぎて売掛金を回収した場合
2. 貸付金が全額貸し倒れた場合
3. 売掛債権から生じるキャッシュ・フローを受領する契約上の権利を、無条件で譲渡した場合
4. 保有する債券について証券貸借契約を締結した場合

練習問題67

　IFRS9によれば、金融商品の測定（・認識）について、正しく説

明しているものはどれですか？ 次のうちから選択しなさい。

1. 基本的な貸付金の特徴を有し、契約金利に基づいて管理されているものは、必ず償却原価で測定する。
2. 元本の返済期日が特定されていれば、基本的な貸付金の特徴を有しているといえるため、金利に保証料が含まれている場合でも、償却原価で測定することが可能である。
3. 公正価値で測定する場合、トレーディング目的で保有している金融資産であっても、例外処理を選択することで、変動差額をOCIで認識することができる。
4. 公正価値で測定する金融商品については、減損処理を行う必要はない。

練習問題68

　IFRS9によれば、公正価値で測定するものについて、正しく説明しているものはどれですか？ 次のうち、正しいものを選択しなさい。

1. 非上場株式は、原則として公正価値で測定するが、公正価値を信頼性をもって測定することができない場合には、取得原価で測定することができる。
2. トレーディング目的でない資本性金融商品については、公正価値の変動をOCIで認識することができ、その場合の売却損益は、リサイクリングによって、当期損益に認識されることになる。
3. トレーディング目的でない資本性金融商品について、公正価値の変動をOCIで認識する処理を選択した場合でも、当該資本性金融商品に関する受取配当金は、当期利益で認識する。

4．組込デリバティブは、常に分類して測定することが必要となる。

練習問題69

　A社（12月決算）は、戦略投資としてB社株式（売却可能金融資産：AFS）を50,000株保有しています。下記を前提とした場合、IFRS9によれば、X3年度における、A社のB社株式売却益（当期純利益に認識される金額）として正しいものはどれですか。
- A社は、持ち合い株式のような戦略投資については、公正価値の変動をその他の包括利益で認識する方法を選択している。
- A社は、B社株式をX1年1月20日に取得しており、取得価額（当初認識時の公正価値・1株当たり単価）はCU 100であった。
- B社株式の1株当たりの公正価値は、A社取得時より上昇しており、X1年度末：CU 250、X2年度末：CU 500、X3年度末：CU 600、であった。
- A社は、X3年3月10日に、B社株式の全てを1株当たりCU 510でC社に売却し、売却によりB社株式の認識を中止した。

1．—
2．CU 500,000
3．CU 13,000,000
4．CU 20,500,000

練習問題70

　IFRS9（公開草案：減損・ヘッジ）の内容について、誤って説明

しているものはどれですか？　次のうちから選択しなさい。

1. 期待損失モデルとは、金融商品の当初認識時以降に生じた特定の減損事象または状況の変化に関係なく、信用損失に関する見積りを毎期見直したうえで反映することにより、予め予測される損失を認識・測定するモデルをいう。
2. 金融資産の減損を期待損失モデルにより実施する場合には、発生損失が反映された期待キャッシュ・フローを当初の実効金利で割り引くことになるため、未発生の将来損失が適切に反映されるようになる。
3. 公正価値ヘッジとは、認識されている資産もしくは負債または認識されていない確定約定、あるいはそのような資産もしくは負債または認識されていない確定約定の特定された一部分の、公正価値の変動に対するエクスポージャーのうち、特定のリスクに起因し、かつ、損益に影響しうるもののヘッジをいう。
4. 公開草案によれば、公正価値ヘッジについては、ヘッジ対象・手段ともにその他の包括利益として認識することになるが、非有効部分については、純損益に振り替える必要があり、ヘッジ対象の変動額については、財政状態計算書上独立した資産・負債として表示する必要はなく、帳簿価額を修正することになる。

第14章 法人所得税
（IAS 第12号）

1 目的・範囲

　IAS 第 12 号は、法人所得税の会計処理について規定しています。資産（負債）の帳簿価額の将来の回収（決済）や当期の取引等に関して、当期及び将来の税務上の影響をどのように処理するかが、主な論点となります（IAS12 : Objective）。

2 定義

　IAS 第 12 号において、税金費用（収益）（tax expense（tax income））とは、ある期の純損益の計算に含まれる①当期税金と②繰延税金との合計額をいいます（IAS12 : 5）。日本の損益計算書で考えてみると、法人税、住民税及び事業税（①）と、法人税等調整額（②）を合わせたもの、と理解すればわかりやすいでしょう。

$$税金費用 = 当期税金費用 + 繰延税金費用$$

なお、当期税金とは、ある期の課税所得（欠損金）について納付すべき（還付される）税額をいい、繰延税金に関する項目の定義は、以下のとおりです。

繰延税金負債 (deferred tax liabilities)	将来加算一時差異に関連して、将来の期に課される税額
繰延税金資産 (deferred tax assets)	次の項目に関連して、将来の期に回収されることとなる税額 ①将来減算一時差異 ②税務上の欠損金の繰越 ③税額控除の繰越
一時差異 (temporary differences)	ある資産または負債の財政状態計算書上の帳簿価額と税務基準額との差額
将来加算一時差異 (taxable temporary differences)	当該資産または負債の帳簿価額が将来の期に回収または決済されたときに、その期の課税所得（税務上の欠損金）の算定上加算される一時差異
将来減算一時差異 (deductible temporary differences)	当該資産または負債の帳簿価額が将来の期に回収または決済されたときに、その期の課税所得（税務上の欠損金）の算定上減算される一時差異

3　認識

1　当期税金負債・資産

　当期及び過去の期間に係る当期税金は、未納額の範囲で負債として認識しなければならず、当期及び過去の期について支払済の額がそれらの年度の税額を超える場合には、当該超過額を資産として認識しなければなりません（IAS12：12）。近い将来に経済的便益（≒cash）が流出・流入するため、負債・資産として認識することになるのです（未払税金・未収税金）。

2 繰延税金負債・資産

2でみたように、税務基準額（tax base：資産または負債に税務上帰属するとされた金額）と会計上の簿価との差が、一時差異になります。そのため、繰延税金負債・資産の認識の要否判定や測定に際しては、まず、税務基準額がいくらなのかを明確にする必要があります。

税務基準額（資産・負債）の定義は、以下のとおりです。

> ≪資産の税務基準額≫
> 　資産の帳簿価額の回収時に、流入する<u>経済的便益（課税対象）</u>に対して、税務上<u>減算</u>される金額。
> 　（経済的便益≠課税対象の場合、税務基準額＝帳簿価額（差異0））
> ≪負債の税務基準額≫
> 　帳簿価額－税務上次期以降に損金算入される額

設例 14-1　～税務基準額（資産）の算定～

Q
利息収入が現金主義で課税される場合の、未収利息 CU 1,000に関する税務基準額は？
（1）帳簿価額の回収時：利息受取時
（2）流入する経済的便益（課税対象）：利息の受取額
（3）税務上減算される金額：0（∵(1)＝(2)）

A <u>0</u>
（将来加算一時差異：CU 1,000（帳簿価額 1,000－税務基準額 0））

設例 14-2 〜税務基準額（負債）の算定〜

Q
　利息費用が現金主義で損金算入される場合の、未払費用 CU 1,000に関する税務基準額は？
　• 次期以降（費用支払時）に損金算入される額：1,000

A 0（∵帳簿価額 1,000－1,000＝0）
　　（将来減算一時差異：CU 1,000（帳簿価額 1,000－税務基準額 0））

（1）繰延税金負債の認識

　設例 **14-1** の場合のように、例えば、<u>資産の帳簿価額＞税務基準額</u>の場合には、将来経済的便益が流入した際に税務上益金となる金額(1,000)は、損金となる金額(0)を超えることになります。したがって、当該差異は将来加算一時差異に該当し、このような将来加算一時差異については、原則として、繰延税金負債を認識しなければなりません（IAS12：15）。

> 将来支払う税金が増加⇒経済的便益（cash）が流出⇒負債！

（2）繰延税金資産の認識

　設例 **14-2** の場合のように、例えば、<u>負債の帳簿価額＞税務基準額</u>の場合には、将来経済的便益が流出した際に税務上損金となる金額(1,000)は、益金となる金額(0)を超えることになります。したがって、当該差異は将来減算一時差異に該当し、このような将来減算一時差異については、原則として、繰延税金資産を認識しなければなりません。

> 将来支払う税金が減少⇒経済的便益（cash）が流入（流出が減少）⇒資産！

また、繰延税金資産は、将来減算一時差異を利用できる課税所得が生じる可能性が高い範囲内で（回収可能性のある範囲内で）、認識しなければなりません（IAS12：24）。支払税金の減少という形での経済的便益は、損金算入額と相殺するに十分な課税所得を稼得できる場合にのみ、流入する（流出が減少する）からです。この可能性の高い場合についての詳細な規定はありませんが、次の内容等が規定されています（IAS12：28〜30,34）（⇒**原則主義**）。

> ① 同一の税務当局で、同一の納税企業体に十分な将来加算一時差異がある。
> ② 十分な将来加算一時差異がないが、十分な課税所得を稼得する可能性が高い場合や、課税所得を生じさせるタックス・プランニング（ex. 金融商品の売却等）の実行が可能である場合。
> ③ 繰越欠損金の存在は、将来課税所得が稼得されないという強い根拠となるが（∵今まで稼げていない）、十分な将来加算一時差異がある、課税所得を稼得する可能性が高い、当該欠損金が再発しそうもない特定原因によって発生したものである、タックス・プランニングの実行が可能である等の要件を考慮して、繰延税金資産の認識要否を判断する。

3 当期税金・繰延税金（費用・収益）

　原則として、収益または費用として認識し、当期の純損益に含めなければなりません（IAS12：58）。その税金が、同一の期間またはある異なる期間に純損益の外で認識される項目に関係するものである場合には、純損益の外で認識します（IAS12：61A）。要は、関連する取引・事象それ自身の会計処理と首尾一貫させましょう、ということです。

4 測定

　当期税金負債（資産）は、報告期間の末日において施行されたまたは実質的に施行されている法定税率や税法を使用して、税務当局に納付する（還付される）と予想される額で算定します（IAS12：46）。

　繰延税金負債（資産）は、報告期間の末日における法定税率または実質的法定税率や税法に基づいて、資産（負債）が実現する（決済される）期に適用されると予想される税率で算定します（IAS12：47）。ここで、繰延税金負債（資産）を割り引いてはならないことに留意する必要があります（IAS12：53）。繰延税金負債（資産）について、割引ベースで信頼度の高い数値を算定するためには、各々の一時差異の解消時についての詳細な予定表が必要になりますが、このことは非常に複雑であり、一般的には実行困難だからです（⇒*FW：比較可能性、検証可能性*）。

5 表示・開示

　企業は、相殺する権利を有し、かつ、純額決済を意図している場合等には、当期税金負債と資産を、相殺しなければならなりません（IAS12：71）。また、当期税金負債と資産を相殺する権利を有し、かつ、繰延税金負債と資産が同一の税務当局によって同じ納税企業体等に対して課された法人所得税に関するものである場合には、繰延税金負債と資産を相殺しなければなりません（IAS12：74）。

　経常的活動からの純損益に関する税金費用（収益）は、包括利益計算書に表示し（IAS12：77）、税金費用（収益）の主要な内訳は、別個に開示します（IAS12：79）。

6 日本基準との相違

IAS第12号と日本基準との主な相違は、次のとおりです。

項目	IFRS	日本基準[※]
税効果会計の方法	資産負債法	資産負債法
繰延税金資産の回収可能性の検討	課税所得の十分性（原則主義）	課税所得の十分性（規則主義）
未実現利益の消去に係る税効果算定に用いる税率	買手側の税率	売手側の税率
測定時の税率	資産が実現する期または負債が決済される期に適用されると予想される税率	回収・支払が行われると見込まれる期の税率
財政状態計算書の表示	非流動負債・資産に分類（IAS第1号）	流動負債・資産または固定負債・資産
包括利益計算書の表示	税金費用で一括記載	法人税、住民税及び事業税と、法人税等調整額に区分して表示

（※）「繰延税金資産の回収可能性の判断に関する監査上の取扱い」・「連結財務諸表における税効果会計に関する実務指針」（日本公認会計士協会）他

練習問題71

A社は、×1年度末において有形固定資産（会計上の簿価：CU 20,000）を有しています。当該資産の税務基準額はCU 15,000で、実効税率は40％です。IAS12によれば、A社の×1年度末における、当該資産に係る繰延税金の残高はどれですか？ 次のうち、正しいものを選択しなさい。

1. 繰延税金資産　CU 2,000

2. 繰延税金負債　CU 2,000
3. 繰延税金資産　CU 3,000
4. 繰延税金資産　CU 5,000

練習問題72

IAS12によれば、以下のうち組み合わせとして正しいものはどれですか？　次のうちから選択しなさい。
A. 利息収入が現金主義で課税される場合において、未収利息が発生している。
B. 有形固定資産項目について、税法上の減価償却累計額が、会計上の減価償却累計額よりも少ない
　①：将来減算一時差異
　②：将来加算一時差異

1. A−①、B−①
2. A−①、B−②
3. A−②、B−①
4. A−②、B−②

練習問題73

IAS12について、誤って説明しているものはどれですか？　次のうちから選択しなさい。

1. 税金費用は、当期税金費用と繰延税金費用から構成される。

2. 繰越欠損金の存在は、将来課税所得が稼得されないという強い根拠となるため、当該欠損金に関して繰延税金資産を認識することはできない。
3. 繰延税金資産と繰延税金負債を、相殺しなければならない場合がある。
4. 経常的活動からの純損益に関する税金費用（収益）は、包括利益計算書に表示しなければならない。

練習問題74

　税効果会計に関して、IAS12と日本基準との間に相違がないものはどれですか？　次のうちから選択しなさい。

1. 税効果会計の方法（資産負債法か繰延法か）
2. 繰延税金資産の回収可能性の検討に関する具体的なガイドラインの有無
3. 連結消去仕訳としての未実現利益の消去に係る税効果額の算定に際して使用する税率
4. 繰延税金資産・負債の財政状態計算書（貸借対照表）上の分類表示

第15章 従業員給付
（IAS 第19号）

1 目的・適用

　IAS 第 19 号は、従業員給付に関する会計及び開示を規定することを目的としており（IAS19：Objective）、IFRS 第 2 号（株式報酬）が適用されるものを除き、雇用主の全ての従業員給付に適用されます（IAS19：1）。

2 定義

　従業員給付（employee benefits）とは、従業員が提供した勤務と交換に、企業が与えるあらゆる形態の給付をいいます（IAS19：7）。例としては、賃金・給与、賞与、退職金、有給休暇、記念休暇、退職後医療給付等が挙げられます。

　IAS 第 19 号は、従業員給付について、①短期従業員給付、②退職後給付、③その他の長期従業員給付、④解雇給付に区分して、その認識・測定等について規定しています。

3 短期従業員給付

　短期従業員給付（short-term employee benefits）とは、従業員が関連する勤務を提供した期末後12か月以内に清算される従業員給付（解雇給付を除く）をいいます（IAS19：7）。

　短期従業員給付は、発生主義に基づいて、割引計算を行うことなく認識されます。**4**の退職後給付と異なり、保険数理上の仮定を用いないため、一般的にその測定は容易といえます。代表例としては、有給休暇が挙げられます。

　有給休暇は、累積型と非累積型に分類されますが、累積型の有給休暇の場合には、将来付与される有給休暇の権利を増加させる勤務を従業員が提供した時、非累積型の有給休暇の場合には休暇が発生した時に、その予想コストを認識しなければなりません（IAS19：11）。すなわち、累積型の有給休暇については、従業員が労働役務を提供したときに負債（有給休暇引当金）を認識する必要があるのです。有給休暇が消化された場合には、従業員の労働役務の提供がなくても実質的に給与を支払うことになりますので、企業から経済的便益が流出することになります。そして、その有給休暇の発生原因は、累積型の場合、過去の従業員の労働用役の提供である場合があるからです（⇒**FW：負債の定義、発生主義**）。

設例 15-1 〜有給休暇引当金の算定〜

Q

下記A社（12月決算）のX1年度末における有給休暇引当金の残高は？
① A社は100名の従業員を有し、それぞれに1年間で5日の有給休暇の権利を付与している。
② 期末に未使用の有給休暇は1年間だけ繰り越すことができ、有給休暇を消化する際には当年度の権利から使用する（後入先出法）。

③ A社の従業員1人の1日当たりの平均人件費は、全てCU 10,000であると仮定する
④ X2年度中に92名の従業員は4日を超えて有給休暇を消化せず、残る8名の従業員は平均6.5日の休暇を取ると合理的に見積もられる。

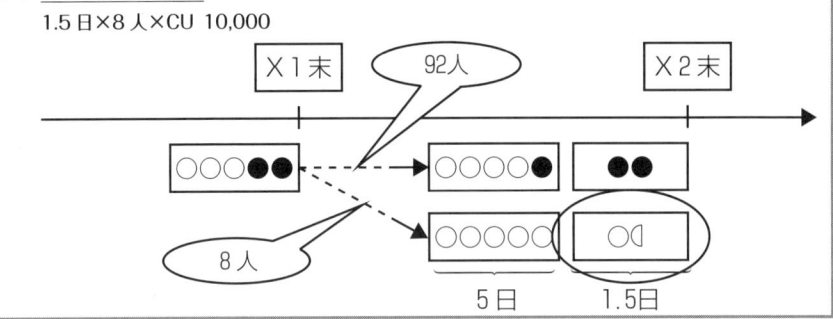

A CU 120,000
1.5日×8人×CU 10,000

```
        ┌X1末┐   ╱92人╲         ┌X2末┐
────────┼────┼──────────────────┼────┼──→
        │○○○●●│ ─→  │○○○○●│ │●●  │
                       │○○○○○│ │○○  │
        ╲8人╱           └──────┘ └────┘
                          5日     1.5日
```

4 退職後給付

　退職後給付（post-employment benefits）とは、雇用関係の終了後に支払われる従業員給付（解雇給付を除く）をいいます（IAS19：7）。また、退職後給付制度とは、企業が1名以上の従業員に対し退職後給付を支給する正式なまたは非公式の取決めをいいますので、明確に文書化されていない場合でも慣行等に基づき給付の実績があれば、負債・費用を認識する必要があります。

1 確定拠出制度と確定給付制度

　外部積立方式の退職後給付制度は、確定拠出制度と確定給付制度に分類されます。
　確定拠出制度（defined contribution plan）とは、企業が一定の掛金額を別個の事業体（基金）に支払い、たとえ基金が従業員の当期及び前期以前

の勤務に関連する全ての従業員給付を支払うために十分な資産を保有しない場合でも、企業がさらに掛金額を支払うべき法的債務または推定的債務を有しないものをいいます。その会計処理は、単に拠出額（要拠出額）について期間対応を図ったうえで費用認識を行う単純なものとなります。

一方、確定給付制度（defined benefits plan）とは、確定拠出制度以外の退職後給付制度のことであり、将来の給付額を雇用主が約束する退職後給付制度です。従業員保護の観点からは、確定拠出制度よりも望ましいものといえます。以下では、保険数理計算を余儀なくされる確定給付制度に係る退職給付債務・制度資産の認識・測定について、概説します。

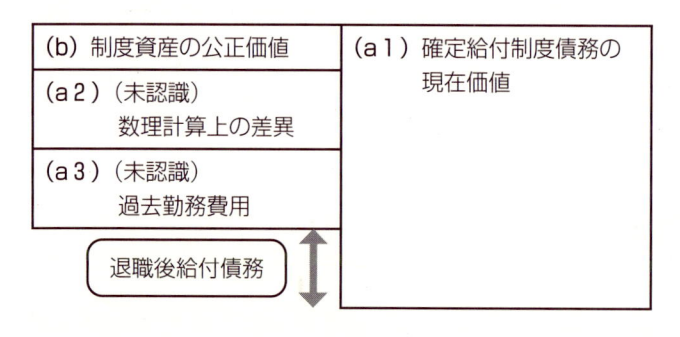

(b) 制度資産の公正価値	(a1) 確定給付制度債務の現在価値
(a2)（未認識）数理計算上の差異	
(a3)（未認識）過去勤務費用	
退職後給付債務 ↕	

2 確定給付制度

確定給付制度においては、確定給付制度債務（defined benefit obligation：a1）と、この債務の支払のために積み立てられた制度資産（plan assets：b）の差額に、未認識の数理計算上の差異（a2）・過去勤務費用（a3）を加除した純額を、負債または資産として、財政状態計算書に認識することになります。そして、(a1～3) と (b) の増減額の純額を、費用（または収益）として認識する、というのが一般的な処理です。

ここで留意しなければならない点は、退職後給付制度においては、実際の給付までの期間が長期にわたること、また、その給付までに不確定の要素が多いことから、割引計算を行う必要があることや保険数理技法（actuarial techniques）を用いて認識・測定を行う必要があることです。この点

が、特徴的といえます。

(1) 確定給付制度債務 (a1)・勤務費用等の算定

　まず、保険数理計算を用いて、将来の給付に関する見積額を算定します。当該算定に際しては、退職率や死亡率等の保険数理計算上の仮定 (actuarial assumptions) を用います。そして、予測単位積増方式 (projected unit method) により、当該見積額を各期に配分していくことになります。すなわち、退職後給付を受ける権利を、原則として給付算定式に応じるかたちで、従業員が労働役務を提供する都度獲得する、と擬制した方法により算定することになるのです。算定された各期の配分額を割引計算により現在価値とし、報告期末日現在の確定給付制度債務と、当期の勤務費用を算定します。

　前期末の確定給付債務に割引率を乗じて算定した費用は、利息費用となりますが、ここで使用する割引率は、原則として、期末日における優良社債の市場利回りを参照して決定する必要があります。優良社債について十分な市場のない国においては、国債の市場利回りを参照して決定します。

(2) 制度資産 (b)・期待運用収益の算定

　制度資産は、長期の従業員給付基金が保有している資産や適格保険証券から構成されます。退職後給付に備えるために外部に積み立てられている資産のことであり、日本における年金資産を想定するとわかりやすいでしょう。この制度資産は、期末日において公正価値で測定する必要があるとともに、制度資産から生じる運用収益を見積もり、当期の期待運用収益を測定することになります。

(3) 数理計算上の差異の認識方法

　上記 (1) の退職率・死亡率や、割引率・期待運用収益率等の保険数理計算上の仮定は、見積値であることから、多くの場合、実際値との差異が生じることになります。このような差異を、数理計算上の差異といいます

が、当該差異の認識方法として、IAS第19号は以下の3つの方法の選択適用を認めています。

①回廊方式 （corridor approach）	前期末における未認識の数理計算上の差異（利得または損失）の正味累積額が、前期末現在で制度資産があればその公正価値の10％、と、前期末現在の給付建債務の現在価値の10％、のいずれか大きい金額より大きい場合に、その超過額について、従業員の予想平均残存勤務期間で除した金額を、当期の費用（当期損益）として認識する方法
②全部認識方式 （full recognition approach）	数理計算上の差異の全てを、発生した期間で認識する方法（当期損益 or その他の包括利益）
③早期償却方式	数理計算上の差異について、回廊方式よりも早期に償却する結果となる、規則的な償却方法

　②の場合でその他の包括利益における認識を行った場合、リサイクルすること（当期損益へ振り替えること）は認められていません。なお、①・③の方式を採用した場合、遅延認識となりますが、このような遅延認識を容認する方式の廃止について、IASBとFASBとの改訂プロジェクトにおいて議論されていました（**8**参照）。

（4）　過去勤務費用の認識方法

　過去勤務費用（past service cost）とは、過去の期間における従業員の勤務に関して、当期中における退職後給付の導入・変更により生じた、確定給付制度債務の現在価値の変動額をいいます（IAS19：7）。新規に制度を導入した場合や給付水準を上げる改訂を行う場合にはプラスの差異（企業にとってマイナス）となり、給付水準を下げる場合にはマイナスの差異（企業にとってプラス）となります。過去勤務費用については、受給権が確定している部分については即時に認識し、未確定の部分については受給権が確定するまでの期間にわたって、毎期均等額を償却することになります。

(5) その他

制度の縮小（curtailments）や清算（settlements）が生じた場合には、その直前での確定給付制度債務と制度資産の公正価値を再測定し、その変動額や未認識の数理計算上の差異・過去勤務費用について、一時損益として認識します。

また、制度資産の公正価値の増加等により、期末時における確定給付負債がマイナスとなることもありますが、その場合には確定給付資産を認識することになります。しかしながら、一定の場合には、資産として認識できる額に上限が設定されています（アセット・シーリング）。なお、法律や契約で最低積立要件が設定されている場合には、更に上限が厳しくなったり、負債の追加認識が要請される場合もあります。

5 その他の長期従業員給付

その他の長期従業員給付（other long-term employee benefits）とは、従業員が関連する勤務を提供した期の末日後12か月以内に清算されない従業員給付（退職後給付及び解雇給付を除く）をいいます（IAS19：7）。例としては、長期勤務休暇や長期障害給付、勤務後12か月以上後に支払う賞与が挙げられます。

その他の長期従業員給付の会計処理は、**4**の退職後給付の場合に準じて行われますが、数理計算上の差異等で認められている遅延認識の方法は採用されず、発生時点で直ちに費用認識されることに留意が必要です。

6 解雇給付

解雇給付（termination benefits）とは、通常の退職日前に従業員の雇用

を終了するという企業の決定、または当該給付を見返りに自発的退職を受け入れるという従業員の決定のいずれかの結果として支払うべき従業員給付（退職後給付及び解雇給付を除く）をいいます（IAS19：7）。

解雇給付は、下記のいずれかを<u>明白に確約している場合</u>に、かつ、その場合にのみ負債（・費用）として認識しなければなりません（IAS19：133）。

① 1従業員または従業員グループの雇用を通常の退職日前に終了すること
② 自発的退職を勧奨するために行った募集の結果として解雇給付を支給すること

なお、明白に確約している場合とは、①解雇の詳細で正式な計画を有し（対象従業員の所在・概数、解雇給付額、実施時期等）、②撤回する現実的な可能性を有していない場合をいいます（IAS19：134）。

7 日本基準との相違

IAS第19号（退職後給付）と日本基準との主な相違は、以下のとおりです。

項　目	IFRS	日本基準[※]
給付金額の勤務期間への帰属方式	原則：給付算定方式（支給倍率等） 例外：後加重の場合、定額法	原則：期間定額基準
数理計算上の差異の認識方式	①回廊方式、②全部認識方式、③早期償却方式、を選択できる	原則：発生年度で費用処理または各期の発生額について平均残存勤務期間以内の一定の年数で按分した額を毎期費用処理（例外：定率法）。なお、当期の発生額を翌期から費用処理する方法可。

過去勤務費用	権利未確定部分：権利が確定するまでの期間にわたり定額法によって費用認識 権利確定部分：直ちに認識	原則：発生年度で費用処理または各期の発生額について平均残存勤務期間以内の一定の年数で按分した額を毎期費用処理（例外：定率法）。
割引率	原則：期末日現在の優良社債の市場利回りを考慮して決定 例外：債券について厚みのある市場が存在しない国では期末日の国債の市場利回りを使用	期末日現在の安全性の高い長期の国債、政府機関債及び優良社債の利回りを考慮して決定。 なお、割引率の変更が退職給付債務に重要な変動を及ぼさない（10％以内）場合には前期末の割引率を使用可。
アセット・シーリング	確定給付資産を計上する場合の資産計上額の上限規定及び最低積立要件が存在する場合の追加負債の認識等の規定あり	該当規定なし

（※）「退職給付に係る会計基準」（企業会計審議会）等
　なお、「退職給付に関する会計基準（案）」（企業会計基準委員会　2009年9月）が公表されており、①数理計算上の差異の遅延認識を廃止すること、②給付金額の勤務期間への帰属方式として、期間基準と給付算定式基準とを同位の選択制とすること、等が提案されています。

8　今後の改訂

スケジュール

- 2008年3月　　　　DP公表
- 2010年3月　　　　ED公表　　　　Comment期限：2010年9月
- 2011年6月　　　　IFRS公表

主要な改訂内容

　2010年3月に公表されたEDは、企業の財務諸表の利用者が、確定給付制度がどのように企業の財政状態及び財務業績や、将来キャッシュ・フローにどのような影響を及ぼすかについての理解を容易にすることを目的としています。具体的には、①給付を提供するコストの変動見積額の全てと、制度資産の価値の変動の全てを即時に会計処理することから、<u>遅延認識（回廊アプローチ等）の廃止</u>が、②給付のコストの異なる構成要素を明確に区分する新しい表示アプローチを使用することから、<u>確定給付制度債務及び制度資産の公正価値の変動に関する費用の表示の変更</u>が、③確定給付制度から生じるリスクについてより明確な情報を提供することから、<u>開示の拡充</u>が図られています。

1 遅延認識の廃止

　FWの資産・負債の定義に鑑み、制度資産の価値及び確定給付債務の全ての変動を即時に認識することが予定されています。具体的には、①数理計算上の差異の遅延認識の廃止、②権利未確定の過去勤務費用の一括認識等、が提案されています。

　数理計算上の差異等を遅延認識することは、負債の定義（過去事象から発生・現在の債務・将来経済的便益の流出が予想される）に該当するものを、負債として認識しないことを意味しますので、FWと整合しないことになるからです（⇒*FW：負債の定義*）。また、回廊アプローチと全部認識アプローチ・早期償却方式との選択適用を認めることは、企業間比較を困難にすることから、選択肢を無くすことにより一本化を試みているのです（⇒*FW：比較可能性*）。

2 費用の表示区分

　退職後給付に関する費用を、本来表示されるべき区分で表示すべきとされています。具体的には、

① 勤務費用	➡	純損益に表示
② 財務費用部分	➡	財務費用の一部として純損益に表示
③ 再測定部分	➡	その他の包括利益に表示

することが提案されています。

　現行のIAS第19号では、利息費用を人件費として認識することもできることから、本来の性質に見合った表示がされていないこと、また、様々な表示方法が認められていたことから企業間比較が困難であることが、改訂提案の主な理由です（⇒*FW：比較可能性*）。
（なお、2011年6月に改訂版IAS第19号が公表されています。上記EDの内容がほとんど織り込まれたものとなっています。）

練習問題75

　IAS19によれば、短期有給休暇の予想コストの認識は、いつ行われることになりますか？　次のうち、正しいものを選択しなさい。

1. 累積型の場合は、将来消化される有給休暇の権利が付与されたとき。非累積型の場合は、休暇が発生したとき。
2. 累積型の場合は、将来消化される有給休暇の権利が付与されたとき。非累積型の場合も同様。
3. 累積型の場合は、将来付与される有給休暇の権利を増加させる勤務を従業員が提供したとき。非累積型場合は、休暇が発生したとき。
4. 累積型の場合は、将来付与される有給休暇の権利を増加させる勤務を従業員が提供したとき。非累積型は、有給休暇を消化したとき。

練習問題76

　Ａ社は、50名の従業員を有し（今後も継続すると仮定する）、各従業員には１年について、10日の有給休暇の権利が付与されます。期末に未使用の有給休暇は１年間だけ繰り越すことができ、有給休暇を消化する際には、当年度の権利から使用します（後入先出法）。Ｘ１年度末現在の未使用の有給休暇の平均は、１従業員につき３日であり、Ｘ２年度中には、40名の従業員は８日を超えて有給休暇を消化せず、残る10名の従業員は平均12日の休暇を取ると予想されます。なお、従業員１人の１日当たり平均人件費は、全てCU 20,000であると仮定します。
　この場合、IAS19によると、Ｘ１年度末における有給休暇に関する負債・費用の認識額はいくらになりますか？　次のうち、正しいものを選択しなさい。

1．認識する必要はない
2．CU 400,000
3．CU 600,000
4．CU 2,000,000

練習問題77

　Ｂ社の取締役は、人員削減による経費節減の必要性について検討するために、６月29日に取締役会を開催しました。７月６日には、再度取締役会が開催され、人員削減計画が合意に至りました。７月20日には、他の執行役員や主要な上級管理職員にその計画が伝えられました。そして、８月１日には、関連する従業員に対して当該人

員削減計画が発表され、B社の過去の慣例からは、この時点で計画が確定し、事実上、撤回の可能性がなくなったといえます。この場合、解雇給付に関する負債・費用を認識すべき時期はいつになりますか？ 次のうち、正しいものを選択しなさい。

1．6月29日
2．7月6日
3．7月20日
4．8月1日

練習問題78

IAS19によれば、退職後給付（給付建制度）の給付建債務等の認識・測定に際して、数理計算上の仮定を設定することが必要となります。この仮定のうち割引率については、原則としてどのように設定することが必要になりますか？ 次のうち、正しいものを選択しなさい。

1．各報告末日から一定期間の優良社債の市場利回りを参照して設定
2．各報告末日から一定期間の国債の市場利回りを参照して設定
3．各報告末日現在の優良社債の市場利回りを参照して設定
4．各報告末日現在の国債の市場利回りを参照して設定

練習問題79

IAS19（2011年6月改訂前）によれば、退職後給付（給付建制度）の数理計算上の差異を退職給付費用として認識する方法として、認

められないものはどれですか？　次のうち、正しいものを選択しなさい（なお、当該差異は、重要性を有するものと仮定します）。

1．長期的に相殺されるため、多額の差異が発生しても、特に認識しない。
2．回廊方式（corridor approach）により認識する。
3．全部認識方式（full recognition approach）により認識する。
4．2．より早期に償却することになる、規則的な償却方法により、認識する。

練習問題80

　C社は、退職後給付制度（給付建制度）を有し、数理計算上の差異については、回廊アプローチにより処理している。下記①～⑤を前提とした場合、IAS19（2011年6月改訂前）によれば、X2年度におけるC社の数理計算による損失はいくらになりますか？　次のうち、正しいものを選択しなさい。

① 未認識の数理計算上の損失累計額
（X1年末：CU 4,000、X2年末：CU 5,000）
② 当期に発生した数理計算上の損失
（X1年度：CU 1,200、X2年度：CU 1,000）
③ 従業員の平均残存勤務期間（X1年末・X2年末：15年）
④ 制度資産のFV（X1年末：CU 25,000、X2年末：CU 19,000）
⑤ 給付建債務のPV（X1年末：CU 15,000、X2年末：CU 20,000）

1．CU 67
2．CU 100
3．CU 167

4．CU 200

練習問題 81

　D社は、各年の従業員の勤務に対して退職時の給与の3％の年金を支給する給付建制度を有している（従業員が当該給付を受ける権利は、3年間の勤務後に発生する）。D社は、X4年1月1日に、X2年1月1日から始まる各年の勤務については退職時の給与の4％の年金を支給すると、退職後給付規定を改訂した。

　下記①～④を前提とした場合、IAS19（2011年6月改訂前）によれば、D社において認識されるX4年度の過去勤務費用はいくらになりますか？　次のうち、正しいものを選択しなさい。

①　X4年1月1日現在、勤務3年未満の従業員に関する追加給付PV：CU 200
②　X4年1月1日現在、勤務3年以上の従業員に関する追加給付PV：CU 1,000
③　従業員の平均残存勤務期間：20年
④　従業員の権利が確定するまでの平均期間：2年

1．CU 60
2．CU 1,010
3．CU 1,100
4．CU 1,200

練習問題82

　未認識の数理計算上の差異について、①日本において今後採用されるかもしれない認識方法（「退職給付に関する会計基準（案）」によるもの）、②IAS19（2011年６月改訂後）の認識方法は、それぞれどのようになりますか？　次のうち、正しいものを選択しなさい。

1. ①その他の包括利益として一括認識　②その他の包括利益として一括認識
2. ①その他の包括利益として一括認識　②当期利益として一括認識
3. ①当期利益として一括認識　②当期利益として一括認識
4. ①毎期一定額を費用として認識　②その他の包括利益として一括認識

第16章 引当金、偶発負債及び偶発資産
（IAS 第37号）

1 目的

　IAS 第37号は、引当金、偶発負債及び偶発資産に適切な認識・測定基準が適用され、財務諸表利用者がその内容、時期及び金額について理解できるように十分な情報が注記されることを確実にすることを、目的としています（IAS37 : Objective）。

2 定義

1 引当金

　引当金（provision）とは、時期または金額が不確実な負債をいいます（IAS 37 : 10）。負債（liability）とは、「**第1章 概念フレームワーク**」で説明したように、①過去の事象から発生した企業の、②現在の債務で、その決済により、③経済的便益を有する資源が企業から流出する結果となることが予想されるものをいいます（IAS37 : 10）。すなわち、引当金も負債の一種であることから、FWの負債の定義に該当するもののみが、財政状態計算書に認識されるのです（⇒**FW負債の定義**）。

（1）過去の事象

過去の観点からは、債務発生事象という概念を理解する必要があります。債務発生事象（obligating event）とは、その債務を決済する以外に現実的な選択肢がない法的債務または推定的債務を生じさせる事象をいいます（IAS37：10）。例えば、原発事故の発生により、周辺住民に甚大な損害が生じた際に電力会社が行わざるを得ない補償の場合を考えてみると、原発事故による損害の発生が、債務発生事象として捉えられるでしょう。

（2）現在の債務

現在の観点からは、現在の債務の種類には2つ、すなわち、法的債務と推定的債務があることを理解する必要があります。

法的債務（legal obligation）とは、①契約、②法律の制定、③法律その他の運用、から発生した債務をいいます（IAS37：10）。例えば、製品保証契約による保証義務や、法律に基づく有害物質の除去義務等、一般的な事例を考えてみるとわかりやすいでしょう。

一方、推定的債務（constructive obligation）とは、下記のような企業の行動から発生した債務をいいます（IAS37：10）。

> ① 確立されている過去の実務慣行、公表されている方針または極めて明確な最近の文書によって、企業が外部者に対しある責務を受託することを表明しており、
> ② その結果、企業はこれらの責務を果たすであろう、という妥当な期待（valid expectation）を、外部者の側に惹起させている

例えば、環境保護方針を広く公表しており、その方針を永年守ってきた企業が土壌汚染を発生させてしまった場合の土壌浄化コストについて、当該企業は、推定的債務を負っているといえるでしょう。

2 偶発負債、偶発資産

偶発負債（contingent liabilities）とは、次のものをいいます（IAS37：10）。

第16章 引当金、偶発負債及び偶発資産
（IAS 第37号）

1 目的

　IAS 第 37 号は、引当金、偶発負債及び偶発資産に適切な認識・測定基準が適用され、財務諸表利用者がその内容、時期及び金額について理解できるように十分な情報が注記されることを確実にすることを、目的としています（IAS37 : Objective）。

2 定義

1 引当金

　引当金 (provision) とは、時期または金額が不確実な負債をいいます（IAS 37 : 10）。負債（liability）とは、「**第1章 概念フレームワーク**」で説明したように、①過去の事象から発生した企業の、②現在の債務で、その決済により、③経済的便益を有する資源が企業から流出する結果となることが予想されるものをいいます（IAS37 : 10）。すなわち、引当金も負債の一種であることから、FW の負債の定義に該当するもののみが、財政状態計算書に認識されるのです（⇒**FW 負債の定義**）。

(1) 過去の事象

過去の観点からは、<u>債務発生事象</u>という概念を理解する必要があります。債務発生事象（obligating event）とは、その債務を決済する以外に現実的な選択肢がない<u>法的債務</u>または<u>推定的債務</u>を<u>生じさせる事象</u>をいいます（IAS37：10）。例えば、原発事故の発生により、周辺住民に甚大な損害が生じた際に電力会社が行わざるを得ない補償の場合を考えてみると、原発事故による損害の発生が、債務発生事象として捉えられるでしょう。

(2) 現在の債務

現在の観点からは、現在の債務の種類には2つ、すなわち、法的債務と推定的債務があることを理解する必要があります。

法的債務（legal obligation）とは、①契約、②法律の制定、③法律その他の運用、から発生した債務をいいます（IAS37：10）。例えば、製品保証契約による保証義務や、法律に基づく有害物質の除去義務等、一般的な事例を考えてみるとわかりやすいでしょう。

一方、推定的債務（constructive obligation）とは、下記のような企業の行動から発生した債務をいいます（IAS37：10）。

---

① 確立されている過去の実務慣行、公表されている方針または極めて明確な最近の文書によって、企業が外部者に対しある責務を受託することを表明しており、
② その結果、企業はこれらの責務を果たすであろう、という妥当な期待（valid expectation）を、外部者の側に惹起させている

例えば、環境保護方針を広く公表しており、その方針を永年守ってきた企業が土壌汚染を発生させてしまった場合の土壌浄化コストについて、当該企業は、推定的債務を負っているといえるでしょう。

2 偶発負債、偶発資産

偶発負債（contingent liabilities）とは、次のものをいいます（IAS37：10）。

> ① 過去の事象から発生し得る債務のうち、完全には企業の支配可能な範囲にない、将来の1つ以上の不確実な事象の発生または不発生によってのみ、その存在が確認される債務
> ② 過去の事象から発生した現在の債務であるが、以下の理由により認識されていないもの
> ・債務決済のために経済的便益をもつ資源の流出が必要となる可能性が高くない
> ・債務の金額が十分な信頼性をもって測定できない

後記チャート **3**3 からもわかるように、引当金の認識要件を欠いているものと理解すると簡明でしょう。

なお、偶発資産（contingent assets）とは、過去の事象から発生し得る資産のうち、完全には企業の支配可能な範囲にない将来の1つ以上の不確実な事象の発生または不発生によってのみ、その存在が確認されるものをいいます（IAS37：10）。

3 認識

1 引当金

引当金は、次の要件を満たす場合に、認識されなければなりません（IAS37：14）。

≪引当金の認識要件≫

> ① 企業が過去の事象の結果として、現在の債務（法的または推定的）を有している
> ② 当該債務を決済するために、経済的便益を有する資源の流出が必要となる可能性が高い（probable=more likely than not）
> ③ 当該債務の金額について、信頼性のある見積りができる

ここで、②可能性が高いとは、事象が起こる確率が起こらない確率よりも高い場合をいいます（IAS37：23）。確率が50%超の場合、と換言してよいでしょう（more likely than not to occur）。一般的な可能性が高い場合（例えば80〜90%）よりも、認識範囲が広くなることに留意が必要です。

2 偶発負債、偶発資産

両者とも、認識してはなりません（IAS37：27,31）。偶発負債は、経済的便益の流出の可能性がほとんどない（remote）場合を除いて、開示（注記）する必要がありますが（IAS37：86）、偶発資産は、経済的便益の流入の可能性が高い場合にのみ、開示（注記）する必要があります（IAS37：89）。

3 引当金と偶発負債の区分

引当金と偶発負債の認識・測定と開示に関する判定図は、以下のとおりです（IAS37：IE B）。

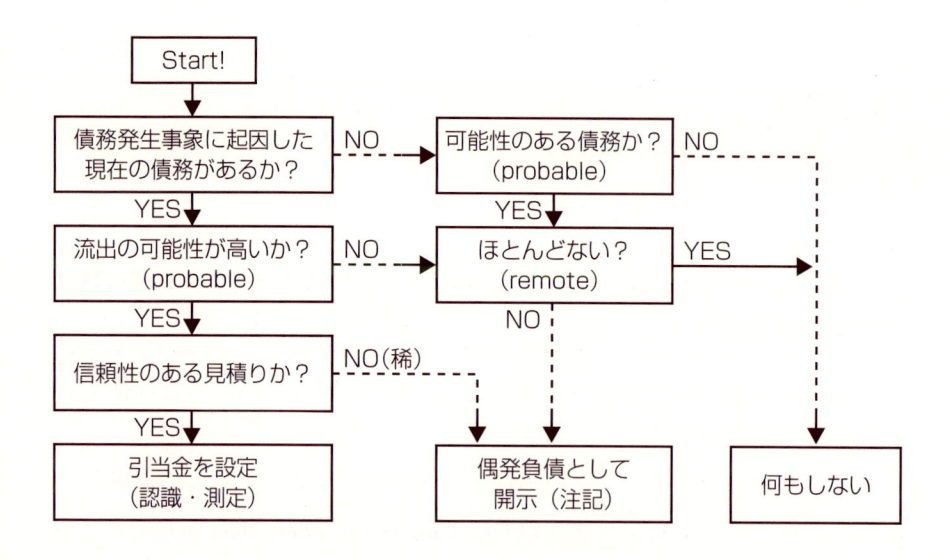

```
                    Start!
                      ↓
        ┌─────────────────────┐     ┌──────────────────┐
        │ 債務発生事象に起因した │ NO  │ 可能性のある債務か？│ NO
        │ 現在の債務があるか？  │────→│   (probable)     │─────┐
        └─────────────────────┘     └──────────────────┘      │
                  │YES                       │YES              │
                  ↓                          ↓                 │
        ┌─────────────────────┐     ┌──────────────────┐      │
        │ 流出の可能性が高いか？│ NO  │  ほとんどない？  │ YES   │
        │    (probable)      │────→│   (remote)       │──────┤
        └─────────────────────┘     └──────────────────┘      │
                  │YES                       │NO               │
                  ↓                          │                 │
        ┌─────────────────────┐              │                 │
        │ 信頼性のある見積りか？│ NO(稀)       │                 │
        └─────────────────────┘─────┐        │                 │
                  │YES              │        │                 │
                  ↓                 ↓        ↓                 ↓
        ┌─────────────────────┐   ┌──────────────────┐   ┌──────────┐
        │    引当金を設定     │   │  偶発負債として  │   │ 何もしない│
        │   （認識・測定）    │   │   開示（注記）   │   │          │
        └─────────────────────┘   └──────────────────┘   └──────────┘
```

4 測定

　引当金の測定は、期末日における現在の債務の決済に要する支出の最善の見積り（best estimate）により行います（IAS37：36）。当該見積りは、合理的な金額によることとされており（IAS37：37）、同種取引の経験や、独立した専門家の報告、報告期間後の事象等に基づいた経営者の判断により、決定されます（IAS37：38）。

見積方法	該当する場合
期待値方式： 全ての起こりうる結果を、それぞれの関連する確率によって加重平均する方法	測定対象の引当金が母集団の大きい項目に関係している場合 （ex. 返品）
最頻値方式： 見積られた個々の結果のうち、最も起こりそうなものとする方法	単一債務が測定される場合 （ex. 特定資産の修理）

設例 16-1 　～期待値・最頻値の算定～

Q
10,000個の製品を販売した下記企業Aの補償金額の期待値・最頻値は？
① 販売した製品の80%は、補償の必要なし
② 同15%には、軽微な不備があり、CU 200／個の補償が必要
③ 同5％には、重大な欠陥があり、CU 4,000／個の補償が必要

A 期待値：CU 2,300,000
　　　　　0×10,000×80%＋200×10,000×15%＋4,000×10,000×5%
　　最頻値：CU 0
　　　　　（∵最も生起しやすい事象は、①の補償なし）

なお、測定に際しては、リスクと不確実性を見積過程に織り込むこと(IAS 37：42)、時間価値が重要な場合には現在価値を用いること (IAS37：45)、将来事象の発生が客観的証拠をもって想定される場合には当該事象を織り込むこと(IAS37：48)、資産処分時に予想される利得は考慮しないこと(IAS 37：51) 等に、留意する必要があります。

5　その他論点

> ①　不利な契約（onerous contracts）
> 　企業が不利な契約（ex. 企業が特定の工場に関する土地等を賃借しているが、当該工場を既に閉鎖しているにもかかわらず、契約上、数年間解約不能となっている場合）を有している場合には、当該契約に係る現在の債務（ex. 解約不能期間の支払賃料）を、引当金として認識・測定しなければなりません。
> ②　リストラクチャリング（restructuring）費用
> 　一定事項を明確にした詳細な公式計画を有し、その実行について妥当な期待を惹起させている場合にのみ、推定的債務として認識できます（**第15章参照**）。

6　日本基準との相違

　IAS第37号と日本基準との主な相違は、次のとおりです。

項　目	IFRS	日本基準[※]
引当金の認識要件	①過去の事象の結果、現在の債務を有している ②資源の流出可能性が高い（50%超） ③信頼性のある見積り可能	①将来の特定の費用または損失 ②発生が当期以前の事象に起因 ③発生の可能性が高い（IFRSより高い確率） ④金額を合理的に見積もれる
推定的債務の引当金該当性	有り	概念自体なし
割引計算	影響が重要な場合必要	該当規定なし
不利な契約	契約による債務を履行するための不可避的な費用が、経済的便益の受取見込額を超過している場合、超過分について、引当金（債務）として認識・測定が必要	該当規定なし（一般要件や他基準により判断 ex. 工事損失引当金）
将来の修繕支出	現在債務性なく、引当金として認識できない（∵操業停止や廃売却した場合、修繕不要となる）。	一般要件を満たす場合には、(特別)修繕引当金として認識する。

(※)「企業会計原則（注解18）」（企業会計審議会）等

　なお、「引当金に関する論点の整理」（企業会計基準委員会　2009年9月）が公表されており、IFRSの改訂状況等に鑑み、①定義と範囲、②認識要件、③測定、④開示に区分したうえで、今後における基準の整理等に資するよう、検討されています。

7　今後の改訂

スケジュール

●	2005年6月	ED公表	
●	2010年6月	〃	Comment期限：2010年5月
○	2011年後半（H2）	ED公表予定	完全なIFRSに関するもの
○	2012年	IFRS公表予定	

主要な改訂内容

EDでは、引当金や偶発負債について、名称を非金融負債に変更することが提案されています。このように変更することで、概念フレームワークにおいて"負債"が定義され、そのうち"金融負債"についてはIFRS第9号で、それ以外の"非金融負債"についてはIAS第37号の新しい基準で網羅されることになり、概念的に整理される予定です。

1 認識

EDにおいては、引当金の認識要件のうち、蓋然性要件（発生の可能性が高いこと）を削除することが提案されています。そして、発生可能性については、認識の段階ではなく、測定の段階で反映させるべきと提案されているのです。

例えば、敗訴確率が20％の訴訟案件（請求額CU 10,000）について、現行のIFRSでは引当金として認識する必要がありませんが（20％＜50％）、改訂案では発生の可能性が高低にかかわらず、20％の確率を測定に反映されること、すなわち、CU 2,000（10,000×20％）の非金融負債を、財政状態計算書に認識することが必要とされるのです。財政状態計算書に少なからぬ影響を与えるとともに、適切な見積りをいかに行うか、実務上も悩ましいものといえるでしょう。

2 測定

EDにおいては、引当金の測定を、期待値方式へ一本化することが提案されています。すなわち、現行のIAS第37号が"最善の見積り"（＝期待値or最頻値）によるべきとしているところを、改訂案は、期末日において現在の債務の決済または第三者への移転のために"合理的に支払う金額"、すなわち期待値によるべきとし、現時点決済概念（current settlement notion）を採用しているのです。

これに対する概念としては、究極決済概念（future settlement notion）が

あります。これは、"将来において"債務を消滅させるために要求されることが見積もられる金額、すなわち最頻値による測定を求める考え方です。

期末日現在における、企業の資産・負債を認識・測定し、財務報告の利用者に資するべきとの根本原則に立ち返ると、あくまで、期末日現在における見積り（期待値）のみを測定基準として用いることが整合的であるといえます。そのため、改訂案では究極決済概念（最頻値）の採用可能性を排除することにした、と理解してよいでしょう（⇒*FW：有用性、比較可能性*）。

練習問題83

IAS37によれば、引当金の定義はどれになりますか？　次のうち正しいものを選択しなさい。

1. 時期または金額が不確実な負債
2. 時期及び金額が不確実な負債
3. 過去の事象から生じた発生しうる債務
4. 信頼性をもって測定できない負債

練習問題84

IAS37によれば、引当金の認識要件とされていないものはどれですか？　次のうち正しいものを選択しなさい。

1. 過去の事象の結果として現在の債務を有している
2. 債務の決済のために、経済的便益を有する資源が流出する可能性が高い

3．将来の特定の費用または損失である
4．債務の金額について信頼性のある見積りができる

練習問題85

　A社は、顧客に対し、購入後1年以内に製造上の欠陥が明らかになった製品の修理費用を負担することを保証しています。軽微な欠陥が発見される確率が15％で、その場合の修理費用がCU 2,000、重大な欠陥が発見される確率が5％で、その場合の修理費用がCU 10,000、と見積もられています。A社の、最善の見積りによる製品保証引当金の測定額として、妥当なものはどれですか？　次のうちから選択しなさい。

1．CU 300
2．CU 800
3．CU 2,000
4．CU 4,000

練習問題86

　B社は、現時点において環境保護法等が存在していないC国において、化学工場を操業しています。B社は、その操業により生じた環境汚染を浄化する責任を負う旨の環境保護方針を独自で有しており、当該方針を広く公表しているとともに、常に守ってきた実績を有しています。IAS37によれば、B社が引当金を認識すべき事象（債務発生事象）が発生した場合はどれですか？　次のうちから選択

しなさい。

1. 最近の調査により、B社の化学工場の操業が周辺領域に損害を与える可能性があると判明した場合
2. C国において、新たな環境保護法を制定する動きが生じた場合
3. B社の化学工場からの化学物質の流出が、周辺領域に環境的な損害を与えた場合
4. 3年後に、罰金の課されるような化学物質の流出が予想される場合

練習問題87

日本基準によれば引当金に該当するが、IAS37によれば引当金に該当しないものはどれですか？ 次のうち正しいものを選択しなさい。

1. 特別修繕引当金
2. リストラクチャリングに係る引当金
3. 有給休暇引当金
4. ポイント引当金

練習問題88

IAS37改訂案によれば、引当金の測定に関して認められる概念と、下記事例におけるその概念に基づいて測定される金額はどれですか？ 次のうち正しいものを選択しなさい。

≪事例≫
　損失の発生が見込まれる事例が、A・B・Cの3事例のみの場合で、A：発生確率10％・損失額CU 2,000、B：発生確率20％・損失額CU 1,000、C：発生確率60％・損失額CU 500、と見積もられる場合

1．究極決済概念：CU 500
2．現時点決済概念：CU 500
3．現時点決済概念：CU 700
4．究極決済概念及び現時点決済概念：CU 700・CU 500

第17章 株式報酬
（IFRS 第 2 号）

1 目的・範囲

　IFRS 第 2 号は、株式報酬取引に関する財務報告を定めることを目的としており（IFRS2：1）、原則として、全ての株式報酬取引に適用されます（IFRS2：2）。

2 株式報酬取引の定義・類型、認識・測定

1 株式報酬の定義・類型
　株式報酬取引の各類型の定義や詳細については後述しますが、事例としては、インセンティブ・プランとして、"ストック・オプション"を役員や従業員に付与した場合を想定すると、理解しやすいでしょう。
　IFRS 第 2 号は、株式報酬を、「企業が自らの資本性金融商品（株式あるいはストック・オプションを含む）を発行する対価として財貨またはサービスを受け取るか、または、企業が自らの株式その他の資本性金融商品の価格を基礎とする金額で財貨またはサービスの供給者に対する負債を負うことにより財貨またはサービスを取得する取引である」、と定義しています。財貨またはサービスの対価として、資本性金融商品を発行するのか（①持

分決済型株式報酬)、それとも、負債を負うことになるのか(②現金決済型株式報酬) といった観点から、性質として2種類の株式報酬が想定され、類型としては、①持分決済型株式報酬取引、②現金決済型株式報酬取引、③現金選択権付株式報酬取引(①と②の混合型)の3つに分類されています。

2 株式報酬取引の認識・測定

　IFRS第2号は、どの類型の株式報酬取引であっても、原則として財務諸表上で認識し、公正価値(fair value)で測定することを要求しています。

　前述した3類型の株式報酬の認識・測定についてまとめると、下表のようになります。株式報酬の類型いかんによって、認識方法や当初認識後の測定方法が異なるため、適正な財務報告を行うに際しては、まず株式報酬の類型を明確にする必要があります。

類　型	認　識	当初認識後の測定
(1) 持分決済型	財貨を獲得した時、またはサービスを受け取った時に、**資本**に対応する増加を認識する。	①受け取った財貨またはサービスの公正価値で直接測定する。 ②信頼性が無い場合、付与した資本性金融商品の公正価値を参照して、間接的に測定する。
(2) 現金決済型	財貨を獲得した時、またはサービスを受け取った時に、**負債**に対応する増加を認識する。	負債の公正価値で測定し、報告日ごとに再測定する。公正価値の変動による影響は、損益計算書に計上する。
(3) 現金選択権付	企業に負債が発生している場合には、その範囲で現金決済型として、そのような負債が発生していない場合には、その範囲で持分決済型として扱う。	

3 持分決済型株式報酬取引

　持分決済型株式報酬取引 (equity-settled share-based payment transaction) とは、企業が自らの資本性金融商品の対価として、財貨またはサービスを受け取る株式報酬取引をいいます。ストック・オプション (share option) を付与する場合や、自社株式を付与する場合が、代表的な事例といえます。例えば、権利行使価格 CU 100 を払い込んで自社の株式を取得した従業員は、株価が CU 300 であれば、当該株式を市場で売却し差額の CU 200 を収受できるため、株価を高めるべく更に労働サービスを提供する、といったインセンティブ効果が期待できるのです。なお、IFRS 第 2 号においてストック・オプションとは、「その保有者に、一定の期間内に予め定められた価格で会社の株式を取得することができる権利を与えるが、義務は課さない契約」と定義されています。

1 認識・測定

　持分決済型株式報酬取引については、企業は、受け取った財貨またはサービス、及びそれに対応する資本の増加を、受け取った財貨またはサービスの公正価値で直接測定しなければなりません。ただし、その公正価値を、信頼性をもって測定できない場合には、受け取った財貨またはサービス及びそれに対応する資本の増加を、付与した資本性金融商品の公正価値を参照して、間接的に測定しなければなりません (IFRS2 : 10)。

2 会計処理

設例 17-1 〜持分決済型株式報酬取引〜

Q
　A 社 (12月決算) は、×1年1月1日に、20単位のストック・オプション

（以下、SO という）を、100人の従業員に対して付与した。SO の公正価値（FV：1単位）は、×1年1月1日：CU 5,100、×1年12月末：CU 6,000、×2年12月末：CU 5,400、×3年12月末：CU 7,200と変動した。×4年1月末にSOは全て行使されたとする（×4年1月まで退職者は見込まれず、実際の退職者も発生しなかった）。A 社の×1年度・×2年度・×3年度の会計処理は？

A

(単位：CU)

【×1年度】
(Dr) 株式報酬費用 3,400,000　　(Cr) 資本 3,400,000[※1]
　　（※1）20単位×100人×5,100×1年／3年＝3,400,000

【×2年度】
(Dr) 株式報酬費用 3,400,000　　(Cr) 資本 3,400,000[※2]
　　（※2）20単位×100人×5,100×2年／3年－3,400,000＝3,400,000

【×3年度】
(Dr) 株式報酬費用 3,400,000　　(Cr) 資本 3,400,000[※3]
　　（※3）20単位×100人×5,100×3年／3年－(3,400,000＋3,400,000)
　　　　＝3,400,000

4 現金決済型株式報酬取引

　現金決済型株式報酬取引（cash-settled share-based payment transaction）とは、企業が財貨またはサービスの供給者に対して、当該企業の株式その他の資本性金融商品の価格（または価値）を基礎とする金額で現金または他の資産を移転する負債を負うことにより、財貨またはサービスを取得する株式報酬取引をいいます。代表的な制度としては、株式増加受益権（SAR：share appreciation rights）やファントム・ストック（仮想株式）制度（PPSP：performance phantom stock plan）が挙げられますが、当該取引は日本ではあまり馴染み深いものではないかもしれません。

　株式増加受益権（SAR）とは、一定の期間にわたる所定の水準からの株価の上昇に基づいて、現金の支払いを将来に受け取ることができる権利を

いいます。例えば、基準日における公正価値（株価）が CU 10,000 の SAR を１つ保有している従業員は、将来において公正価値（株価）が CU 30,000 になった場合には、差額の CU 20,000 を現金として受け取ることができます。ストック・オプションがグロスの概念に基づいた制度であるのと対照的に、SAR はネットの概念に基づいた制度であると整理できます。

1 認識・測定

現金決済型株式報酬取引については、企業は、取得した財貨またはサービス、及び発生した負債を、当該負債の公正価値（fair value）で測定します。負債が決済されるまで、企業は当該負債の公正価値を各報告日及び決済日に再測定し、公正価値の変動を当期損益に認識しなければなりません（IFRS2：30）。

2 会計処理

設例 17-2 〜現金決済型株式報酬取引〜

Q
設例17-1と全く同様の前提・条件で、A社がストック・オプションでなく、株式増加受益権（以下、SARという）を付与した場合の、A社の×１年度・×２年度・×３年度の会計処理は？

A
(単位：CU)

【×１年度】
(Dr) 株式報酬費用　4,000,000　　(Cr) 負債　4,000,000 (※1)
（※1）20単位×100人×6,000×1年／3年＝4,000,000

【×２年度】
(Dr) 株式報酬費用　3,200,000　　(Cr) 負債　3,200,000 (※2)
（※2）20単位×100人×5,400×2年／3年－4,000,000＝3,200,000

【×３年度】
(Dr) 株式報酬費用　7,200,000　　(Cr) 負債　7,200,000 (※3)
（※3）20単位×100人×7,200×3年／3年－(4,000,000＋3,200,000)
　　　＝7,200,000

以上から理解できるように、現金決済型株式報酬の会計処理は、持分決済型株式報酬のそれとは異なり、各報告期末日の公正価値に基づいて測定し直さなければいけない点が特徴的であるといえます。

5　現金選択権付株式報酬取引

　現金選択権付株式報酬取引(share-based payment transaction with cash alternatives)とは、契約条件において、企業が現金または他の資産で決済するか資本性金融商品の発行で決済するかの選択権が、企業または相手方のいずれかに与えられている株式報酬取引をいいます。相手方に選択権があるもの、企業に選択権があるものという区分と、従業員等に付与したもの、従業員等以外に付与したものという区分の、4類型に整理することができます。このうち、相手方に選択権があるものについては、企業が複合商品（「第13章　金融商品」参照）を付与しているものと同視できることになります。

1 認識・測定

　現金選択権付株式報酬取引は、企業に現金または他の資産で決済する負債が発生している場合には、その範囲で現金決済型株式報酬取引として、そのような負債が発生していない場合には、その範囲で持分決済型株式報酬取引として、会計処理しなければなりません（IFRS2：34）。

2 会計処理

設例 17-3 〜現金選択権付株式報酬取引〜

Q
　B社は、C社より、土地をCU 1,000,000,000で購入した。契約条件により、C社に決済方法の選択権が与えられている。当該株式報酬を資本性金融商品で決済する場合の公正価値はCU 1,100,000,000、現金で決済する場合の公正価値はCU 800,000,000、と見積もられた。B社の会計処理は？

A
(単位：CU)

(Dr)	資産（土地）	1,000,000,000	(Cr)	負債	800,000,000
				資本	200,000,000(※)

(※) CU 200,000,000：1,000,000,000－800,000,000

　上記から理解できるように、B社は、資本部分である資本性金融商品を、受け取った財貨（土地）の公正価値と負債部分の公正価値の差額として測定することになります。問題分に記載されている資本性金融商品の公正価値は、この場合、直接的な測定値としては使用しないため留意が必要です。このような処理は、FWで規定されているように、資本を総資産から負債を控除した残余の請求権（residual interest）、すなわち、単なる差額概念と定義づける、資産・負債アプローチの表れとして把握できると思われます（⇒*FW：資産・負債アプローチ*）。

6 日本基準との相違

　IFRS第2号と日本計基準との主な相違は、次のとおりです。

項目	IFRS	日本基準
持分決済型株式報酬取引の取扱い		
①稼得した財貨・サービスの相手勘定	資本	新株予約権
②権利不行使時の処理	N/A	権利失効部分について、失効が確定した期の利益として計上
③未公開企業の取扱い	N/A	公正な評価単価に代えて、本源的価値（自社株式の評価額－行使価格：intrinsic value）によることができる。その後、見直さない。
④公正価値を信頼性をもって見積もることができない場合	本源的価値により測定し、各貸借対照表日に再測定する。	N/A
現金決済型株式報酬取引の取扱い	4参照	N/A（基準の対象外）
現金選択権付株式報酬取引の取扱い	5参照	N/A（基準の対象外）

　日本基準は、その導入時に現金決済型・現金選択権付の株式報酬取引がほとんど利用されていなかったことに鑑み、ストック・オプションに代表される持分決済型の株式報酬取引のみをその適用対象としています。日本基準が新株予約権を暫定的なものとして位置づけていることに対して、IFRSでは、確定的資本説に基づき、一度提供された財やサービスは、その提供時に既に確定していると認識し、相手勘定としての資本も確定的に認識します。そのため、IFRSでは、財やサービスが一度提供された後に権利が失効したとしても、資本を取り崩しません。未公開企業における取扱いについて、日本基準では、ブラック・ショールズ式で利用されるボラティリティ（株価変動性）は過去の株価動向を基礎として算定されるため、過去の株価が存在しない未公開企業におけるボラティリティの算定は困難であるといった点等に鑑み、本源的価値による測定が容認されています。

一方で、IFRSでは、基本的に全ての株式報酬取引を公正価値、すなわち、ブラック・ショールズ式や二項モデル等の評価モデルを用いて算定した値で測定することが必要となります。

練習問題89

A社（12月決算）は、下記条件にてストック・オプション（以下、「SO」という）を発行しています。IFRS2によると、A社がX3年度に行うべき仕訳処理はどのようになりますか？ 次のうち、正しいものを選択しなさい。

- X1年1月1日に、10単位のSOを、300人の従業員に対して、3年間の勤務を権利確定条件として付与した。
- SO1単位当たりのFVは、×1年1月1日：CU 400、×1年12月31日：CU 500、×2年12月31日：CU 600、×3年12月31日：CU 500、であった。
- X1年1月1日に、従業員の退職率を20%（3年間）と見積もったが、X2年度には30%に見積りを修正し、実際の退職率も30%であった。

1. (Dr)　費用　CU 210,000　　(Cr)　資本　CU 210,000
2. (Dr)　費用　CU 280,000　　(Cr)　負債　CU 280,000
3. (Dr)　費用　CU 280,000　　(Cr)　資本　CU 280,000
4. (Dr)　費用　CU 320,000　　(Cr)　負債　CU 320,000

練習問題90

　B社（12月決算）は、下記条件にて株式増加受益権（以下、「SAR」という）を発行しています。IFRS 2によると、B社が×3年度に行うべき仕訳処理はどのようになりますか？　次のうち、正しいものを選択しなさい。

- X1年1月1日に、10単位のSARを、300人の従業員に対して付与した。
- SAR 1単位当たりのFVは、X1年1月1日：CU 300、X1年12月31日：CU 450、X2年12月31日：CU 350、X3年12月31日：CU 550、であった。
- X4年1月1日に、SARは全て行使された。
- X4年1月まで退職者は見込まれず、実際の退職者も発生しなかった。

1．(Dr)　費用　CU 450,000　　(Cr)　負債　CU 300,000
2．(Dr)　費用　CU 250,000　　(Cr)　資本　CU 300,000
3．(Dr)　費用　CU 750,000　　(Cr)　負債　CU 750,000
4．(Dr)　費用　CU 950,000　　(Cr)　負債　CU 950,000

練習問題91

　C社は、現金選択権付株式報酬取引（D社に決済方法の選択権が付与されている）により、D社より土地をCU 2,000,000で購入しました。当該株式報酬について、資本性金融商品で決済する場合の公正価値はCU 800,000、現金で決済する場合の公正価値はCU 1,100,000と見積もられる場合、C社の資本はいくらで測定されま

すか？

1. そもそも認識されない
2. CU 800,000
3. CU 900,000
4. CU 1,100,000

練習問題92

　IFRS2及び日本基準における、持分決済型の株式報酬取引の認識・測定方法を正しく説明しているものはどれですか？　次のうちから選択しなさい。

1. 日本基準によれば、未公開企業が発行する株式報酬取引については、公正な評価単価に代えて本源的価値で測定することができ、各貸借対照表日に再測定する。
2. IFRS2によれば、公正価値を信頼性をもって見積もることができない場合、本源的価値により測定し、その後、見直さない。
3. 日本基準によれば、権利不行使による失効部分については、失効が確定しても利益として認識してはならない。
4. IFRS2によれば、権利不行使による失効の場合であっても、累積した資本勘定を取り崩して利益を認識する必要はない。

練習問題93

　ブラック・ショールズ式における価格決定要因の変化方向とオプ

ション価格の関係について、正しく説明しているものはどれですか？　次のうちから選択しなさい。

1. ボラティリティが小さくなると、オプション価格は上昇する。
2. 権利行使価格が上昇すると、オプション価格は上昇する。
3. 配当金が減少すると、オプション価格は上昇する。
4. 残存期間が長期化すると、オプション価格は下落する。

第18章 保険契約
（IFRS 第 4 号）

1 経緯・目的

　IASB のプロジェクトの中で、各国において大きく異なる保険契約（保険会計）に関する会計実務を収斂することを目的としたものがあります。このプロジェクトは、Phase I と Phase II に分割されていますが、IFRS 第4号は、Phase I の完了に伴い、2004年3月に公表された財務報告基準です。IFRS 第4号の目的は、Phase II が完了するまで、全ての企業により発行される保険契約の財務報告について規定することにあります。

2 保険契約に関するプロジェクト

1 Phase I

　2004年の IFRS 第4号の公表により完了した Phase I で実施された事項は、下記のとおりです。

① 保険契約についての会計実務への限定的な改善を行った
② 保険契約についての多様な会計実務の継続を認め、Phase II で結論が逆になるかもしれないような大幅な変更を回避した
③ 保険者に保険契約に関する情報を開示することを要求した

197

2 PhaseⅡ

2010年7月に公開草案が公表されていますが、PhaseⅡで対処すべき事項は、下記のとおりです。

> ① 保険者に目的適合性のある情報提供を要請しうるよう、包括的なフレームワークを提供する
> ② IFRS第4号を置換することにより、現行の慣行の不整合及び弱点を解消する
> ③ 企業間、法域間及び資本市場間の比較可能性を提供する

3 定義

保険契約（insurance contracts）とは、ある主体（**1：保険者** insurer）が、他の主体（**2：保険契約者** policyholder）から、特定の不確実な事象（**3：保険事故** insured event）が保険契約者に不利益を与えた場合に、保険契約者に保証を行うことを同意することにより重大な保険リスクを引き受ける契約をいいます（IFRS4：Appendix A）。

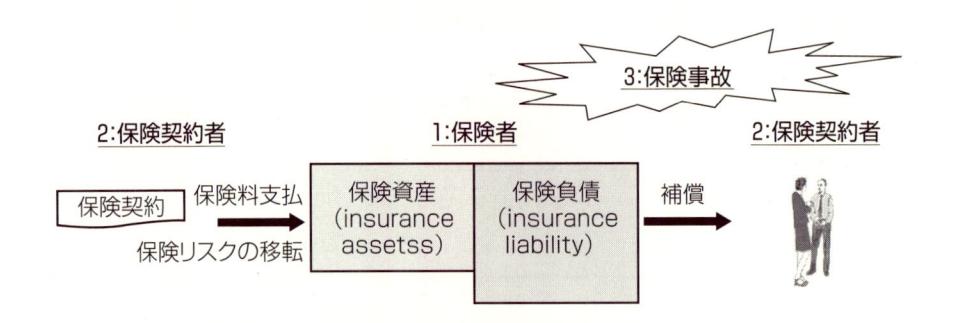

4 IFRS 第 4 号の内容

　IFRS 第 4 号は、保険者のみに適用される保険契約の財務報告基準であり、保険契約者は適用対象外となります。また、保険資産や保険負債に関する包括的な測定方法も定めていません。保険契約であるが故の特徴的なルールとしては、負債十分性テストや再保険資産の減損テストが挙げられます。

1 負債十分性テスト（liability adequacy test）

　保険者は、報告日毎に保険契約に基づくキャッシュ・フローに関する直近の見積りを用いて、認識した保険負債が十分か否かを検証しなければなりません（⇒*FW：負債の定義*）。将来キャッシュ・フローを見積もる観点から、保険負債の計上額が不十分であることを当該検証が示す場合には、その不足額は全て当期損益として認識しなければなりません。

2 再保険資産（reinsurance assets）の減損テスト

　再保険とは、保険者が高額の保険金の支払に備えて、保険契約者から引き受けた保険契約上の責任の一部または全部を、他の保険会社に引き受けてもらう契約をいいます。想定外の大震災が発生したような場合には、多くの保険事故が発生しますので、企業の継続性に問題が生じてしまうからです。

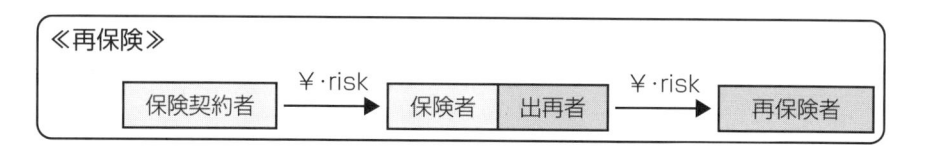

≪再保険≫

保険契約者 ──¥・risk──▶ 保険者｜出再者 ──¥・risk──▶ 再保険者

　出再者（cedant：再保険契約における保険契約者＝当初保険契約の保険者）は、再保険資産（reinsurance asset）が減損した以下の場合にのみ、帳簿価額を取り崩し、減損損失を当期損益として認識しなければなりません（⇒ *FW：資産の定義*）。

> ① 再保険資産の当初認識後に発生した事象の結果、出再者が契約期間中に支払われるべき金額の全てを受け取ることができないという明白な証拠があり、かつ、
> ② その事象が、出再者が再保険者から受け取る金額に対して信頼をもって測定することができる影響を有している場合。

5 公開草案（2010年7月）の内容

　公開草案では、保険契約の定義における重大な保険リスクの有無についての判断基準を提供しています。具体的には、保険事故が保険者に重要な追加給付を負担させる場合にのみ重大と判断することや、契約の引受手が損失を被る少なくとも1つのシナリオが存在し、追加給付を現在価値ベースで評価することが必要となること等が、提案されています。
　他には、①契約で特定されている保証（補償）内容に密接に関連しない要素はアンバンドリング（unbundling：分離）すること、②保険契約の当事者となった時点で保険契約負債または保険契約資産を認識すること、③保険者は保険契約を履行キャッシュ・フロー現在価値と残余マージンの合計額として測定すること等が提案されています。

6 日本基準との相違

　保険契約について包括的に規定した日本基準はありません。

7 今後の改訂

スケジュール

●	2010年7月	ED 公表	Comment 期限：2010年11月
○	2011年	ED 再公表予定	

主要な改訂内容

5 2 及び 5 に記載のとおりです。

練習問題 94

IFRS 4 の適用対象となるのはどれですか？ 次のうちから選択しなさい。

1．保険契約者
2．保険者
3．保険事故
4．保険契約者と保険者

練習問題 95

IFRS 4 によれば、保険契約・再保険契約について誤って説明しているものはどれですか？ 次のうちから選択しなさい。

1. 保険契約とは、保険者が保険契約者から、保険事故が保険契約者に不利益を与えた場合に、保険契約者に保証を行うことを同意することにより、重大な保険リスクを引き受ける契約をいう。
2. 保険契約の中には、保険金の支払である保証部分に加えて、保険者の裁量で保険契約者が追加給付として配当金を受け取れる性質のものがあるが、そのような性質を裁量権のある有配当性という。
3. 再保険契約とは、保険契約である保険者（再保険者）が他の保険者（出再者）に対し、出再者の発行した1つあるいはそれ以上の契約から生じた損失について補填を行うために発行する保険契約をいう。
4. 再保険契約により生じる再保険資産は、一定の場合には、IAS 36に従って減損しなければならない。

練習問題 96

IFRS4によれば、以下のうち適用対象者が実施してはならないものはどれですか？ 次のうちから選択しなさい。

1. 将来の保険契約から生じる将来の保険金支払に係る引当金の認識
2. 再保険資産の減損テスト
3. 負債十分性テスト
4. 保険契約に係る会計方針の変更

第19章 収益
（IAS 第18号、第11号、第20号、第41号等）

1 構成・目的

　現行の IFRS において、収益に関する個別財務報告基準は、IAS 第 18 号「収益」、第 11 号「工事契約」、第 20 号「政府補助金の会計処理及び政府援助の開示」、第 41 号「農業」として規定されています。現在、IASB と FASB との共同プロジェクトにおいて、収益に関する画一的な基準の策定について検討されていますが（**7**参照）、まず、現行の IFRS について概観します。

　IAS 第 18 号は、ある種の取引及び事象から生じる収益に関する会計処理を定めることを目的としており、収益に関する一般規定といえるでしょう。その他の規定は、個別のテーマを取り扱っています。第 11 号は工事契約に係る収益及び原価の会計処理を定めることを目的とし、第 20 号は政府補助金の会計処理と開示及びその他の政府援助に関する開示について規定し、第 41 号は農業活動に関連する会計処理及び開示について定めることを目的としています。解釈指針としての IFRIC 第 13 号は、マイレージやポイント等で馴染みのある、カスタマー・ロイヤルティ・プログラムについて規定しています。

2 IAS 第18号　〜収益〜

　IAS 第 18 号は、収益（revenue）を、持分参加者からの拠出に関連するもの以外で、持分の増加をもたらす一定期間の企業の通常の活動過程で生ずる経済的便益の総流入と定義づけています（IAS18：7）。したがって、例えば国のために回収した消費税等、企業の持分の増加をもたらさないものは収益として認識できないことに留意が必要です（IAS18：8）（⇒*FW：収益の定義（資産↑or負債↓）*）。収益は、受領したまたは受領可能な対価の公正価値により測定しなければなりません（IAS18：9）。IAS 第 18 号の適用対象は、①物品の販売、②役務の提供（除：工事契約）、③利息・ロイヤルティ・配当となります。

1 物品の販売

　物品販売取引における収益は、下記の全てが満たされたときに認識されます（IAS18：14）。

---

① 物品の所有に伴う重要なリスク及び経済価値を企業が買い手に移転したこと
② 販売された物品に対して、所有と通常結び付けられる程度の継続的な管理上の関与も実質的な支配も、企業が保有していないこと
③ 収益の額を、信頼性をもって測定できること
④ その取引に関連する経済的便益が企業に流入する可能性が高いこと
⑤ その取引に関連して発生したまたは発生する原価を、信頼性をもって測定できること

2 役務の提供

　役務提供取引における収益は、取引の成果を信頼性をもって見積もることができる場合、すなわち、以下の全ての要件が充足される場合に、報告期間末日現在のその取引の進捗度に応じて認識します（IAS18：20）。

---
① 収益の額を、信頼性をもって測定できること
② その取引に関する経済的便益が企業に流入する可能性が高いこと
③ その取引の進捗度を、報告期間の末日において信頼性をもって測定できること
④ その取引に発生した原価及び取引の完了に要する原価を、信頼性をもって測定できること

　なお、役務の提供に関する取引の成果を信頼性をもって見積もることができない場合には、収益は費用が回収可能と認められる部分についてのみ認識しなければなりません（IAS18：26）。

3 利息・ロイヤルティ・配当

　利息・ロイヤルティ・配当を生む企業資産を第三者が利用することにより生じる収益は、次の場合に、下表のとおり認識します（IAS18：29, 30）。

---
① その取引に関する経済的便益が企業に流入する可能性が高いこと
② 収益の額を、信頼性をもって測定できること

利　　　息	実効金利法により認識
ロイヤルティ	関連する契約の実質に従って発生基準で認識
配　　　当	支払を受ける株主の権利が確定したときに認識

　以上をまとめると、次のとおりとなります。

項目	物品販売	役務提供	利息配当等
① 重要なリスク及び経済価値が買手に移転	●	—	—
② 決算日現在の進捗度を信頼性をもって測定可能	—	●	—
③ 重要な継続的関与がない	●	—	—
④ 収益の額が信頼性をもって測定可能	●	●	●
⑤ 売手に経済的便益が流入する可能性が高い	●	●	●
⑥ 原価の額を信頼性をもって測定可能	●	●	—

3 IFRIC第13号 ～カスタマー・ロイヤルティ・プログラム～

　IFRIC第13号は、カスタマー・ロイヤルティ・プログラムについて規定しています。カスタマー・ロイヤルティ・プログラム（customer loyalty program）とは、企業製商品のまたは役務を購入するインセンティブを顧客に与えるために企業が利用している制度をいいます。航空会社のマイレージ制度や、家電量販店のポイント制度がその代表例といえます。なお、このような場合におけるマイレージやポイントを、特典クレジットといいます。
　このようなカスタマー・ロイヤルティ・プログラムについては、収益を繰延処理するか、もしくは費用（引当金）として認識するか等が論点となります。
　IFRIC第13号では、特典クレジットについて、①それが付与された当初の売上の独立した識別可能な構成要素として会計処理すること、②それに配分される対価は公正価値で測定すること、③企業が特典クレジットを自ら提供するような場合には収益を繰り延べて認識しなければならないこと、が合意されています。
　たとえば、成田－仁川間の航空券をCU 20,000で購入したが、そのう

ち公正価値で配分されて認識されたマイレージ分がCU 2,000であったとすると、役務提供時（顧客が搭乗し目的地へ到達したとき）に、CU 18,000（20,000－2,000）が収益として認識されることになります。残部のCU 2,000は繰り延べられますが、マイレージが一定量累積し、例えば羽田－函館間の航空券に交換されその役務が提供されたときに、初めて収益として認識されるのです。

一方で、現行の日本基準によった場合には、通常総額のCU 20,000で収益認識されマイレージ分は販売活動に関する費用と把握されますので、別途、ポイント引当金等の負債認識を行うことになります（総額主義）。

4 IAS 第11号 ～工事契約～

[1] 定義

工事契約（construction contracts）とは、単一の資産またはその設計、技術及び機能もしくはその最終的な目的や用途が密接に相互関連または相互依存している複数の資産の結合体の建設工事のために特別に交渉される契約をいいます（IAS11：3）。法的形式に捉われず、その経済実体に鑑み契約の分割や結合が必要となる場合がありますので、留意が必要です（IAS11：8, 9）。

≪工事契約の種類≫

固定価格契約	施工者が固定された契約価格、または単位出来高当たりの固定単価で請け負う工事契約（原価を基礎とする価格修正条項が付されるものもある）
コスト・プラス契約	許容可能な原価または他の方法で定められた原価に、その原価に対する一定率または固定の報酬額を加えたものが施工者に支払われる契約

2 収益・原価

　工事契約の収益の構成要素は、①工事契約で合意された当初の収益額、②建設工事の契約内容の変更、クレーム及び報償金のうち、収益となる可能性が高く、かつ、信頼性をもって測定できるものです（IAS11：11）。工事契約の原価の構成要素は、①特定の契約に直接関連する原価、②当該請負業務全般に起因し、かつ、その契約に配分できる原価、③契約の条件により発注者に個別に請求できるようなその他の原価となります（IAS11：16）。

　工事契約に関する収益・原価の認識は、工事契約の結果が信頼性をもって見積もることができる場合に、請負業務の報告期間の末日現在の工事の進捗度に応じて、すなわち、工事進行基準によって行います（IAS11：22）。

≪信頼性があると認められる要件≫

固定価格契約	① 収益の合計額が信頼性をもって測定できる。 ② 経済的便益がその企業に流入する可能性が高い。 ③ 契約完了に要する工事契約原価と末日現在における契約の進捗度の両方が信頼性をもって測定できる。 ④ 契約に帰属させることができる工事契約原価が、実際に発生した工事契約原価を従前の見積りと比較できるように、明確に識別でき、かつ、信頼性をもって測定できる。
コスト・プラス契約	① 経済的便益がその企業に流入する可能性が高い。 ② 契約に帰属させることができる工事契約原価が、個別に支払われるか否かにかかわらず、明確に識別でき、かつ、信頼性をもって測定できる。

　工事契約の結果や成果物が信頼性をもって測定できない場合には、収益は、発生した工事契約原価のうち回収可能性が高い部分についてのみ認識し、原価は、発生した期間に費用として認識しなければなりません（IAS11:32）。

　すなわち、原価以上の収益が認識されることはないのです（工事原価回収基準）。日本基準にいう工事完成基準とは相違しますので、留意する必要があります。

契約の結果を信頼性をもって見積もることを妨げていた不確実性が存在しなくなった場合には工事進行基準を適用し（IAS11 : 35）、総原価が総収益を超過する可能性が高いときは、予想される損失を直ちに費用として認識しなければなりません（IAS11 : 36）。また、収益・原価の見積りの変更による影響や、契約の結果の見積りの変更による影響は、会計上の見積りの変更として会計処理することになります（IAS11 : 38）。

5 IAS 第20号　〜政府補助金の会計処理と政府援助の開示〜

1 政府補助金の会計処理

　政府補助金（government grants）とは、政府による援助であって、企業の営業活動に関する一定の条件を過去において満たしたことまたは将来において満たすことの見返りとして、企業に資源を移転する形態をとったものをいいます（IAS20 : 3）。日本基準にいう国庫補助金や工事負担金等を想定すればよいでしょう。政府補助金は、公正価値により測定される非貨幣性資産による補助金を含めて、以下について合理的な保証が得られるまで認識してはなりません（IAS20 : 7）。

① 　企業が補助金交付のための付帯条件を満たすこと
② 　補助金が受領されること

　政府補助金は、補助金で保障されていることが意図されている関連コスト（例えば、特定の固定資産の購入に関する補助金であれば、その固定資産の減価償却費）を企業が費用として認識する期間（例えば、減価償却期間）にわたって、規則的に純損益に認識しなければなりません（IAS20 : 12）。当該認識に際して、IFRSでは、キャピタル・アプローチ（capital approach：補助金を純損益の外で認識するアプローチ）ではなく、<u>インカム・アプローチ</u>（income approach：補助金を1期または数期にわたり純損益に認識するア

プローチ）が支持されています（IAS20：12, 13）。①政府補助金は株主以外からの入金であり資本に直接認識すべきでないこと、②政府補助金が無償であることは稀であること、③法人税等の租税が費用とされるのであれば、財政政策の延長である政府補助金も純損益で処理するのが論理的であること等が、理由とされています。

　資産に関する政府補助金の表示は、繰延収益法または直接控除法によらなければなりません。すなわち、収益に関する補助金の表示は、別個に、または「その他の収益」のような一般的な科目名で、包括利益計算書の貸方項目として表示するか、または関連費用から当該補助金を控除して表示しなければならないのです。

　また、返還しなければならなくなった政府補助金は、会計上の見積りの変更として処理します。

（1）　資産に関する政府補助金の返還

　当該返還額は資産の帳簿価額を増額するかまたは繰延収益の残高から控除します。補助金がなかったならば現在までに当期損益として認識されてきたはずの累積追加減価償却費は、直ちに当期損益として認識することになります。

（2）　収益に関する政府補助金の返還

　当該補助金について認識された繰延収益の未償却部分を取り崩します。返還額が繰延収益を超過する場合における当該超過額または繰延収益がない場合における返還額は、直ちに当期損益として認識します。

2 政府援助の開示

　政府援助（government assistance）とは、一定の適格条件を満たした特定の一企業または一定範囲の企業に対し、経済的便益を供給することを目的とした政府の活動をいい（IAS20：3）、認識した政府援助に付随する未履

行の条件及びその他の偶発事象については、開示することが要請されています (IAS20:39)。ただし、以下については、商取引活動と政府援助の区分が困難なため、政府補助金の定義からは除外されます。

> ① 合理的に価値を定められない特定の政府援助
>   （補償の供与、無償の技術援助等）
> ② 企業の通常の商取引と区別することができない政府との取引
>   （売上の一部に貢献する政府の物資調達政策等）

6 IAS 第41号 ～農業～

　IAS 第 41 号は、生物資産(biological assets)や農作物(agricultural produce)が農業活動に関連する場合を対象としていますが、農業活動に関連する場合であっても、土地や無形資産には適用されません。また、収穫後の加工処理による製品（products that are result of processing after harvest）も、その対象外となります (IAS 第 2 号が適用されます)。したがって、例えば、乳牛（生物資産）や牛乳（農作物）は IAS 第 41 号の適用対象となりますが、チーズ（加工処理による製品）は適用対象とならないことに留意が必要です。
　生物資産は、当初認識時及び各報告期間の末日において、売却費用控除後の公正価値で測定され、農作物は、収穫時点において、売却費用控除後の公正価値で測定することになります (IAS41:12,13)。

7 日本基準との相違

　IAS 第 18 号・IAS 第 11 号と日本基準との主な相違は、次のとおりです。

項　目	IFRS	日本基準[※]
収益の認識	上記2[1]・[2]・[3]参照	実現主義 （売上高は、実現主義の原則に従い、商品等の販売または役務の給付によって実現したものに限る） 包括的な会計基準はない
工事契約（収益・原価）の認識	成果を信頼性をもって見積もることができる場合、工事進行基準を適用する。そうでない場合は、工事原価回収基準を適用する。	成果の確実性が認められる場合、工事進行基準を適用する。そうでない場合は、工事完成基準を適用する。
成果の信頼性・確実性の事後的な獲得	不確実性が解消した時点から工事進行基準を適用する。	事後的な成果の確実性の獲得のみをもって進行基準への変更は行わない。

[※]「企業会計原則」（企業会計審議会）、「工事契約に関する会計基準」・「同適用指針」・「ソフトウェア取引の収益の会計処理に関する実務上の取扱い」（企業会計基準委員会）等

なお、「我が国の収益認識に関する研究報告」（日本公認会計士協会　最終改正平成21年12月8日）が公表されており、現行のIFRSとの比較を通じて、総額表示と純額表示の論点、取引の識別の論点等について、検討されています。

8　今後の改訂

スケジュール

- ● 2008年12月　　　　DP公表
- ● 2010年6月　　　　 ED公表　　　　Comment期限：2010年10月22日
- ○ 2011年9月（3Q）　ED再公表予定
- ○ 2012年　　　　　　IFRS公表予定

主要な改訂内容

　EDでは、包括的・画一的な収益に関する基準の策定が企図されています。従来の第18号（移転モデル）と第11号（活動モデル）は整合性を欠

いており理解し難いことや、複雑な取引への対応も困難であること等が主な背景です。EDは、現行の収益認識基準と実務の不整合・欠点を除去し、収益認識に際して堅牢なフレームワークを提供すること、企業間の比較可能性を向上させること等を目的としています。

EDでは、FWにおける収益の定義とIFRSとの整合性を確保することを試みています。"認識"について、収益の定義は資産の増加または負債の減少とされていますが、契約上の資産・負債を擬制し、履行義務を充足したときには負債が減少し、純額で契約上の資産が増加するため、その資産の増加をもって収益を認識すべきとされているのです（⇒**FW：収益の定義（資産↑or負債↓）**）。そして、履行義務を充足したとき、すなわち顧客が支配を獲得したときはいつなのか、公開草案で検討されています。また、"測定"についても、確率論的な議論が突き詰められています。返品や補償の確率を可能な限り合理的に見積もって、収益の金額から分離して測定することが提案されています。

1 収益認識の5ステップ

EDでは、まず基本原則として、企業は、顧客への財またはサービスの移転を描写するように、その財またはサービスと引換えに企業が受け取る（または受け取ると見込まれる）対価を反映する金額により、収益を認識しなければならないとされています。そして、収益を認識するまでの過程を5つのステップに分けています。

≪基本原則を適用するための5つのステップ≫

Step 1　顧客との契約の識別

Step 2　契約における個々の履行義務の識別

Step 3　取引価格の決定

Step 4　取引価格を個々の履行義務に配分

Step 5　履行義務を充足した時点で収益を認識

(1)　Step 1　～顧客との契約の識別～

まず、顧客との契約を識別します。

通常は、顧客との単一の契約に基準を適用することになりますが、取引によっては、顧客との複数以上の契約を単一の契約に結合し、反対に、単一の契約を複数の契約に分割して、会計処理を行わなければならない場合があるとされています（⇒*FW：忠実な表現*）。なお、ここで顧客とは企業の通常の活動のアウトプットである財またはサービスを取得するため、当該企業と契約した当事者をいい、契約とは強制可能な権利及び義務を生じさせる、2者以上の当事者間における合意をいいます。法的観点のみでなく、経済的実体を重視することとなる契約の存在要件は、次のとおりです。

> ① 契約に商業的実態がある
> ② 各契約当事者が契約を承認しており、それぞれの義務を充足することを約束している
> ③ 企業が、移転される財またはサービスに関する各契約当事者の強制可能な権利を特定できる
> ④ 企業が、財またはサービスに関する支払条件と支払方法を特定できる

契約価格が相互依存的である場合には、契約を結合して、単一の契約として処理し、契約に含まれる一部の財またはサービスの価格が、その他の財またはサービスの価格と独立である場合には、単一の契約を分割して処理することになります。

≪相互依存的の場合の例示≫

> ① 契約が、同時またはほぼ同時に締結されている。
> ② 契約が、単一の商業的な目的を有するまとまりとして、交渉されている。
> ③ 契約が、同時または連続的に履行される。

≪独立の場合の例示≫

> ① 企業が、通常、同一または類似の財またはサービスを別個に販売する。
> ② ある財またはサービスを、契約に含まれるその他の財またはサービスと一緒に購入しても、顧客は著しい割引を受けることがない。

(2) Step 2　～契約における個々の履行義務の識別～

　次に、契約条項や商習慣を評価し、全ての約束した商品またはサービスを識別し、各々の約束した商品またはサービスを個々の履行義務として会計処理すべきか決定します。

　例えば、文書作成ソフトとその up grade 権及び support service の提供を一括して行う取引の場合には、それぞれ別個の履行義務を識別するのです。

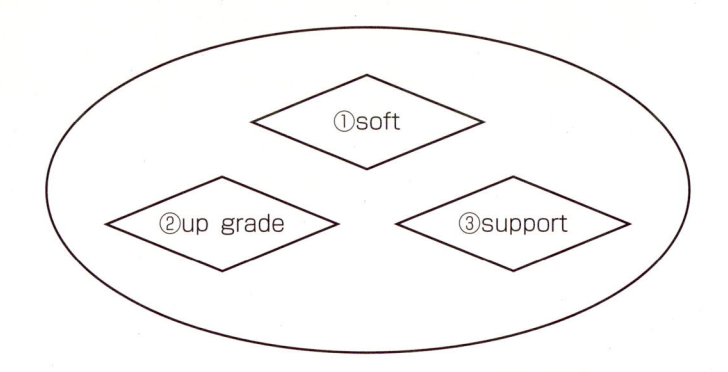

```
         ┌─────────────────────┐
         │      ◇①soft◇       │
         │                      │
         │ ◇②up grade◇  ◇③support◇ │
         └─────────────────────┘
```

(3) Step 3　～取引価格の決定～

　そして、契約条項や商習慣を評価し、顧客との契約に関する取引価格を決定します。当該取引価格は、企業が移転した商品またはサービスと交換に顧客から受け取ると期待される対価の確率加重金額としなければなりません。

　取引価格の決定にあたって、企業は、①回収可能性、②貨幣の時間価値、③非貨幣性対価及び④顧客への支払可能性のある対価による影響を検討しなければなりません。

(4) Step 4　～取引価格を個々の履行義務に配分～

　さらに、全ての個々の履行義務に対して契約開始時の個々の履行義務の基礎となる商品またはサービスの独立販売価格の相対比率で、取引価格を配分します。独立販売価格とは、企業が、商品またはサービスを独立して販売している場合には、対象商品またはサービスの観察可能な価格とされ、観

察できない場合には、企業は、独立販売価格を見積もらなければなりません。

例えば、(2)の例示の場合で、全てセットでCU 30,000で売却した場合を考えてみましょう。①ソフトを単独で販売した場合の価格がCU 30,000、②up grade 権がCU 10,000、③supportの提供がCU 10,000と仮定すると、下記のように配分額を算定することになります。この配分額が、各々の履行義務に関する収益認識額となります。

履行義務	契約書記載額	独立販売価格	配分額
①	20,000	30,000	18,000
②	5,000	10,000	6,000
③	5,000	10,000	6,000
	30,000		30,000

(5) Step 5　～履行義務を充足した時点で収益を認識～

最後に、顧客に約束した商品またはサービスを移転することにより、識別した個々の履行義務を充足した時点で収益を認識することになります。この、商品またはサービスの移転時期は、顧客が当該商品またはサービスの支配を獲得した時点とされています。この支配概念を導入することにより、FWとの整合性が図られます。資産とは、現在（顧客が）支配しているものだからです。また、現在のIAS第18号で採用されているリスク・経済価値アプローチを、支配アプローチに変更することになりますが、これは、IFRS第10号（連結財務諸表）における支配概念の拡大（整理）についても（第21章参照）、その根本概念は同様です。全ての改訂は、FWに通じる、といっても過言ではないかと思われます。

また、ここで支配とは、財やサービスの使用を指図し、その財やサービスから便益を受け取る企業の能力をいい、支配を獲得している指標として、次の4点が挙げられていますが、今後の議論の行方に興味がそそられるところです。

> ① 顧客は、資産に対する無条件の支払義務を負っている。
> ② 顧客は、資産に対する法的な所有権を有している。
> ③ 顧客は、資産を物理的に占有している。
> ④ 財やサービスのデザインまたは機能が顧客に固有のものである。

なお、工事進行基準の適用を継続しうるか否かについては、連続的な移転、という観点から、以下のように提案されています。

> 建設、製造、特別仕様のソフトウェア等の資産の開発に関する契約は、顧客が資産の開発に応じて当該資産を支配する場合にのみ、財またはサービスの連続的な移転として、収益認識する。

> 財またはサービスが連続的に移転する場合には、企業は、①インプット法・②アウトプット法・③時の経過、のうち財やサービスの顧客への移転を最も良く描写する方法を選択する。

このインプット法（発生したコスト・労務時間・機械使用時間に基づいて収益認識を行う方法）によることができれば、現行の工事進行基準を適用した場合と、概ね相違ない結果が導かれることになります。なお、この論点については議論が重ねられており、再公表EDでは大幅に変更される可能性があります。

2 その他の論点

EDにおけるその他の主要な論点としては、①製品保証義務の取扱いや、②返品の可能性のある取引、③本人・代理人の区分に留意が必要です。

（1） 製品保証義務

　製品保証の目的が、顧客に対して製品が顧客に移転した時点の製品の<u>潜在的な欠陥</u>の保証を与えるものであれば、その保証は製品を移転すべき履行義務以外に履行義務を生じさせませんが、契約で特定された製品を移転すべき履行義務を企業が充足したかどうか評価することが求められます。

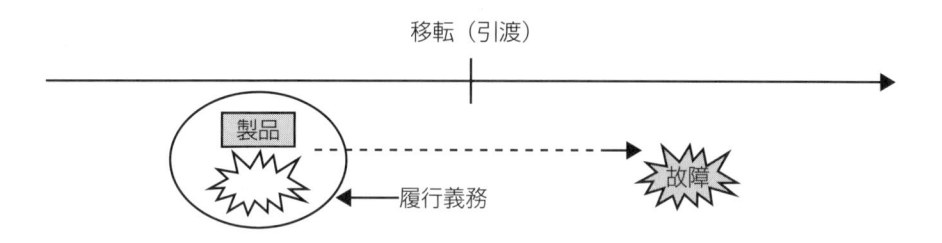

　製品保証の目的が、顧客に対して製品が顧客に移転した後に発生する故障の保証を付与するものであれば、その保証は約束した製品を移転すべき履行義務以外に、保証サービスの履行義務を生じさせるため、企業は約束した製品と約束した保証サービスとの間で、独立販売価格の相対比率で取引価格を配分することになります。

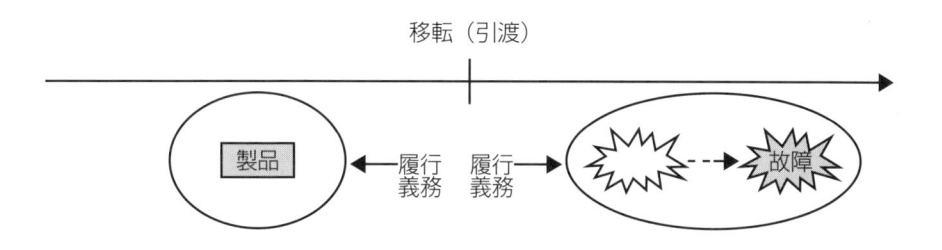

　法令上の義務と合わせてまとめると、次頁の表のとおりとなります。

保証等の種類	別個の履行義務？	会計処理（認識）
潜在的欠陥に対する保証	×	潜在的欠陥部分を見積もり、当該部分を履行義務（≠売上）として認識、残部を売上として認識する。
移転後不良に対する保証	○	取引価格を製品引渡義務と保証義務に分配し、保証部分については、保証義務の充足時点で収益を認識する。
法令上の義務（損害賠償等）	×	補償支払義務は履行義務ではなく、IAS第37号で引当金として認識する。

(2) 返品の可能性のある取引

　取引価格のうち顧客に返金することが見込まれる金額については、返品が予想されない商品についての収益と区分し、収益として認識せず、返金負債として認識することが提案されています。

　例えば、1,000個の商品（売価CU 100・原価CU 70、引渡後8日間返品可能）を販売し、返品確率として、10個の場合が25％、20個の場合が25％、無い場合が50％と合理的に見積もられた場合には、CU 99,250の売上とCU 750[※]の返金負債が認識されることになります。

（※）$(0 \times 0.5 + 10 \times 0.25 + 20 \times 0.25) \times 100$

(3) 本人・代理人の区分

　本人か代理人かで、収益の測定等が下記のように異なってきます。

	収益の測定	履行義務
本　人	総額	企業が自ら財やサービスを顧客に提供すること
代理人	純額	他の当事者が財やサービスを提供するよう手配すること

　なお、代理人を示す兆候としては、①契約の履行について他の当事者が第一義的な責任を負っている、②在庫リスクがない、③価格設定権がない、④対価が手数料という形式をとる、⑤顧客の信用リスクを負わない、といった点が挙げられています。

練習問題 97

　IAS18によれば、収益認識要件について正しく述べているものはどれですか？　次のうちから選択しなさい。

1. 物品販売取引に関する収益を認識するには、その取引の進捗度を報告期間の末日において信頼性をもって測定できること、という要件を充足する必要がある。
2. 物品販売取引に関する収益を認識するには、物品の所有に伴うリスク及び経済価値の全てを企業が買い手に移転したこと、という要件を充足する必要がある。
3. 役務提供取引に関する収益を認識するには、提供された役務に対して、継続的な管理上の関与も実質的な支配も企業が保持していないこと、という要件を充足する必要がある。
4. ロイヤルティに関する収益は、関連する契約の実質に従って、発生基準で認識しなければならない。

練習問題 98

　IFRIC13に規定されている、カスタマー・ロイヤルティ・プログラムについて、誤って述べているものはどれですか？　次のうちから選択しなさい。

1. カスタマー・ロイヤルティ・プログラムとは、顧客が商品または役務を購入した場合に企業が売上取引の一環として顧客に対して一定のポイントを付与し、顧客が一定の条件を満たすことを条件に、そのポイントと交換に商品または役務を無料または

割引額で購入できるようにすることにより、企業が自社の商品または役務を購入するよう顧客に対してインセンティブを与えるために利用するプログラムをいう。
2. IFRIC13によれば、特典クレジットについては、それが付与された当初の売上から独立した識別可能な構成要素として会計処理するものとされている。
3. IFRIC13によれば、特典クレジットに配分される対価については、独立販売価格で測定するものとされている。
4. IFRIC13によれば、特典クレジットに配分された対価は、企業が顧客に特典を引き渡す義務を履行するまで負債として繰り延べるものとされている。これは、特典クレジットは、当初売上取引の一環として顧客に対して付与されたものなので、それとは対照的に売上取引と独立して発生するマーケティング費用とは相違するものであるため、販売費として処理することは適切ではない、という考え方に基づいた認識方法といえる。

練習問題99

　IAS11によれば、工事契約に関する会計処理等について誤って述べているものはどれですか？　次のうちから選択しなさい。

1. 工事契約とは、仕事の完成に対して対価が支払われる請負契約のうち、土木、建築、造船や一定の機械装置の製造等、基本的な仕様や作業内容を、顧客の指図に基づいて行うものをいう。
2. 工事契約が形式的には単一の契約であるが、その単一の契約が多数の資産を対象としており、個々の資産について個別の見積書が作成されるような場合には、取引の実態に鑑み、個々の資産について別個の工事契約として分割することになる。

3．工事契約の結果や成果物が信頼性をもって測定できない場合には、工事原価回収基準を適用する。
4．契約の結果を信頼性をもって見積もることを妨げていた不確実性が存在しなくなった場合には、工事進行基準を適用する。

練習問題100

A社は、X1年度期首に、資産に関する政府補助金CU 400を収受し、自己資金と合わせて、CU 1,000の機械（減価償却：定額法・耐用年数10年・残存価額０）を購入した。IAS20によれば、直接控除法または繰延収益法を採用した場合、X3年度もしくはX3年度末の残高として、正しいものはどれですか？　次のうちから選択しなさい。

1．【直接控除法】　繰延収益　　CU 280
2．【直接控除法】　減価償却費　CU 60
3．【繰延収益法】　繰延収益　　CU 120
4．【繰延収益法】　減価償却費　CU 180

練習問題101

IAS41が適用されるものはどれですか？　次のうちから選択しなさい。

1．チーズ
2．ぶどう園の土地
3．ワイン

4．羊毛

練習問題102

公開草案によれば、契約の識別（Step 1）について誤って述べているものはどれですか？　次のうちから選択しなさい。

1. 契約価格が相互依存的である場合には、契約を結合して、単一の契約として処理する。
2. 相互依存的である場合とは、例えば、契約が同時またはほぼ同時に締結されている場合や単一の商業的な目的を有するまとまりとして交渉されている場合をいう。
3. 契約に含まれる一部の財またはサービスの価格が、その他の財またはサービスの価格と独立である場合には、単一の契約を分割して処理する。
4. 独立である場合とは、例えば、企業が通常同一または類似の財またはサービスを同時に販売する場合をいう。

練習問題103

公開草案によれば、取引価格の決定（Step 3）について誤って説明しているものはどれですか？　次のうちから選択しなさい。

1. 企業は、回収可能性について、顧客の信用リスクを参照したうえで、取引価格の決定にあたって企業が受け取ると期待される対価の確率加重金額に反映させなければならない。

第 19 章　収益（IAS 第 18 号、第 11 号、第 20 号、第 41 号等）

2．1．によると、顧客から収受しうる契約上の対価が CU 200、顧客に対する信用リスク（債権が全く回収されない確率とする、以下同様）が10％であると予想される場合、売上高は CU 180となる。
3．対価に対する無条件の権利を確定した後の信用リスクの評価の変動は、収益以外の損益として認識する。
4．3．によると、顧客から収受しうる契約上の対価が CU 300、契約時の信用リスクが10％であり、対価に対する無条件の権利を確定した後に、信用リスクが20％に変動したと見積られた場合、企業は売上高を CU 240に調整する必要がある。

練習問題 104

　A 社は、アプリケーションソフト X を、アップグレード権及び１年間の無料サポートサービスを付して販売している。契約書の内訳上は、本体価格：CU 13,000、アップグレード権：CU 7,000、サポートサービス料：－、特別値引：CU △4,000とされていますが、独立販売価格は、本体価格：CU 16,000、アップグレード権：CU 8,000、サポートサービス料：CU 1,000、と見積もられました。公開草案（Step 4）に従って、取引対価を個々の履行義務に配分する場合、配分額はいくらになりますか？　次のうちから選択しなさい。なお、計算上端数が生じる場合には、小数点以下第１位を四捨五入して計算すること。

1．本体価格：CU 10,240　アップグレード権：CU 5,120　サポートサービス料：CU 640
2．本体価格：CU 10,667　アップグレード権：CU 5,333　サポートサービス料：－
3．本体価格：CU 12,800　アップグレード権：CU 6,400　サポー

トサービス料：CU 800
4．本体価格：CU 13,333　アップグレード権：CU 6,667　サポートサービス料：－

練習問題 105

　公開草案によれば、顧客が"支配"を獲得したときが、財またはサービスの移転時、すなわち履行義務の充足時とされています（Step 5）。この、"支配"を獲得している指標のうち、誤っているものはどれですか？　次のうちから選択しなさい。

1．顧客が資産に対する無条件の支払義務を負っている。
2．顧客が資産に対する法的な所有権を有している。
3．顧客が資産を物理的に占有している。
4．財やサービスのデザインまたは機能が企業に固有のものである。

練習問題 106

　B社は、製品Zの製造・販売を行っており、製品Zについて製品保証を行っています。B社の製品保証は、移転した時点の製品の潜在的な欠陥の保証を与えるもの（品質保証的な製品保証）であり、製品が顧客に移転した後に発生する故障の保証を付与するもの（保険的な製品保証）ではありません。
　B社は、X1年度中に製品Zを100,000個売り上げましたが（販売単価：CU 500、製品原価：CU 400）、過去の実績をもとに見積もった当該販売分に関する欠陥製品の見込数は、500個の場合：20％、

200個の場合：10％、0個（発生しない）の場合：70％、でした。また、製品Ｚの販売に関して、①製品引渡義務と②保証義務を別個の履行義務と仮定した場合に見込まれる各々の独立販売価格は、①CU 490、②CU 10でした。

　この場合、公開草案によれば、Ｘ１年度におけるＢ社の売上高の金額として正しいものはどれですか？　次のうちから選択しなさい。なお、Ｘ１年度においてＢ社には、製品Ｚ以外の販売取引はなく、欠陥製品については全て製品を取り替えなければならないものと仮定します。

1．CU 49,000,000
2．CU 49,952,000
3．CU 49,940,000
4．CU 50,000,000

第20章 企業結合
(IFRS 第 3 号)

1 目的・適用範囲

　IFRS 第 3 号は、報告企業が企業結合及びその影響について財務諸表で提供する情報の目的適合性、信頼性、及び比較可能性を改善することを目的としています (IFRS3:1)。IFRS 第 3 号は、企業結合の定義を満たす取引またはその他の事象に適用されますが、①ジョイント・ベンチャーの設立、②事業を構成しない資産または資産グループの取得、③共通支配下の企業または事業の結合は、適用範囲外とされます (IFRS3:2)。

2 定義

1 企業結合・事業

　企業結合 (business combination) とは、取得企業が 1 つまたは複数の事業に対する支配を獲得する取引またはその他の事象をいいます (IFRS3:Appendix A)。また、ここで事業 (business) とは、投資家・所有者・構成員・参加者等に対し、配当・低コスト・その他の経済的便益という形でのリターンを直接的に提供する目的で実施され管理される、活動及び資産の統合された組み合わせをいいます (IFRS3:Appendix A)。

組み合わせ、とされているように、資産単体では事業を構成しないことに留意する必要があります。たとえ大規模な製造設備が1つあったとしても、事業とはいえないのです。

2 取得企業・被取得企業・支配

　取得企業（acquirer）とは、被取得企業に対する支配を獲得する企業をいい、被取得企業（acquiree）とは、企業結合において取得企業が支配を獲得する事業をいいます（IFRS3 : Appendix A）。また、支配（control）とは、ある企業の活動からの便益を得るために、その企業の財務及び営業の方針を左右する力（power）をいいます（IFRS3 : Appendix A）。企業結合に関する会計処理を行う主体として、まず取得企業を識別することが必要となります。なお、連結等における支配概念については、**第21章**を参照してください。

3 条件付対価

　条件付対価（contingent consideration）とは、特定の将来の事象が発生した場合や条件が満たされた場合に、被取得企業の旧所有者に対し、被取得企業に対する支配との交換の一部として、取得企業が追加的な資産または資本持分を移転する義務をいいます（IFRS3 : Appendix A）。例えば、取得したある事業から一定以上の利益が生じた場合に、一定額・率の便益を、対価に上乗せして支払うような場合や（earn out）、訴訟事件が不利に解決した場合に一定額の補償分を対価から控除するような場合を想定するとわかりやすいでしょう。

4 のれん

　のれん（good will）とは、企業結合で取得した、個別に識別されず独立して認識されない他の資産から生じる将来の経済的便益を表す資産をいいます（IFRS3 : Appendix A）。

識別可能であれば、それは無形資産として認識する必要があり（第6章参照）、原則として償却されることになりますので、識別可能か否か、すなわち、無形資産かのれんかの判定は、重要であるといえます。また、資産という積極的な定義づけがされていることも、日本基準が差額と消極的に位置付けていることと相違しているといえます。将来の経済的便益であるため、資産の定義に該当する以上、資産として積極的に認識すべきとの考え方に立脚しているといえるのです（⇒*FW：資産の定義*）。

3 企業結合の識別

　取得企業が取得した資産と引き受けた負債が事業を構成する場合にのみ、企業結合として認識され、IFRS第3号の適用対象となります。前述のとおり、事業はインプットとアウトプットを創出するためのプロセスで構成されることになりますので、資産一式を取得しただけでは、企業結合にはなりません。一方で、のれんが存在する場合には、超過収益力（＝アウトプット－インプット）を認識したと同視でき事業であると推定され、原則としてIFRS第3号の適用対象となります。

4 取得法

　取得企業は企業結合について、取得法（acquisition method）を適用して会計処理を行わなければなりません。取得法は、パーチェス法と同義であり、通常の場合、対価を支払う購入案件が想定されます。
　取得法の適用に際しては、①取得企業の識別、②取得日の決定、③被取得企業の資産・負債等の認識・測定、④のれん・割安購入益の認識・測定、の4つが要求されます。各Stepに論点がありますので、全体を俯瞰しつ

つ、各々の Step の段階の論点を理解していく必要があります。

1 取得企業の識別

結合企業のうち1社を取得企業として識別しなければなりません（IFRS 3：5）。基本的には、IAS 第27号の指針（支配獲得の有無）を用いて判断しますが、それでも明確でない場合には、下記の要因等を考慮し、該当する場合には通常取得企業となります。

- 主に現金等を移転するか負債を引き受けることで実行された企業結合は、現金等を移転するかまたは負債を引き受けた企業か
- 主に資本持分を交換することで実行された企業結合は、資本持分を発行する企業か
- 結合企業のうち、資産・収益等の相対的規模が著しく大きい企業か
- 3社以上の企業結合において、企業結合を主導した企業か

2 取得日の決定

取得日（acquisition date）は、取得企業が被取得企業に対する支配を獲得した日となります。支配を獲得した日とは、一般的に取得企業が対価を移転し、被取得企業の資産を取得し負債を引き受けた日、すなわち実行日をいいます。みなし取得日に関する規定がないことに、留意が必要です。

3 資産・負債等の認識・測定（原則）

認識	取得企業は、取得日において、取得した識別可能な資産、引き受けた負債及び被取得企業の全ての非支配持分を、認識しなければなりません（資産・負債は、FW の定義を満たす必要があります）。
測定	取得企業は、識別可能な資産及び引き受けた負債を、取得日の公正価値で測定しなければなりません。

4 資産・負債等の認識・測定（例外）

(1) 認識に対する例外

偶発負債（第16章参照）については、たとえその発生可能性が高くないとしても、認識することになります。M&Aにおいては、訴訟に負けた場合の損害賠償金等の偶発負債も対価に含まれる場合が多いことを念頭におくと、理解しやすいでしょう。

(2) 測定に対する例外

① 再取得された権利（reacquired right）：関連する契約の残存期間に基づいて測定（本来は、市場参加者の予測や、その権利が更新される可能性も考慮したうえで、公正価値を測定します）。

なお、再取得された権利とは、例えば技術ライセンス契約により取得企業の技術を使用する権利のように、取得企業が以前に被取得企業に対して付与していた取得企業の資産を使用する権利を再取得する場合の当該権利のことをいいます。

② 株式報酬・売却目的保有資産：IFRS第2号・IFRS第5号に従って測定します。

(3) 認識・測定に対する例外

① 補償資産(indemnification assets)：補償される項目と同様の規準で認識・測定(ただし、回収不能額に対する評価性引当金の認識は必要)。

企業結合における売手が、全てのまたは一部の特定の資産・負債に関連した偶発事象または不確実性に関して、取得企業に契約上補償する場合がありますが、補償資産とは、その場合における補償分をいいます。例えば、訴訟を受けている企業を取得するに際して、特定の金額を超えた損失に対して、売手が買手を補償する場合を想

定してみるとわかりやすいでしょう。
② 法人所得税・従業員給付：IAS 第 12 号・IAS 第 19 号に従って認識・測定します。

5 のれん・割安購入権の認識・測定

のれんは、基本的に、①対価及び既存の資本持分の取得日における公正価値と非支配持分の合計と、②被取得企業の資本の公正価値の差額、として算定されます。①－②がプラスであればのれんとして認識され、マイナスであれば、割安購入による利得として取得日において当期利益に認識しなければなりません。負債の定義を満たさないからです（⇒**FW：負債の定義**）

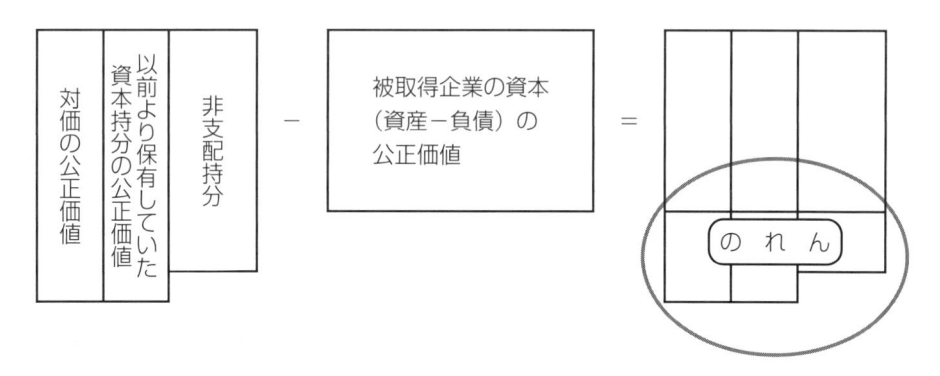

対価の公正価値 ／ 以前より保有していた資本持分の公正価値 ／ 非支配持分の公正価値 － 被取得企業の資本（資産－負債）の公正価値 ＝ のれん

　IFRSは、連結を親会社株主の視点ではなく、企業集団全体から把握する経済的単一体説によっています。したがって、のれんについても、親会社取得分のみから発生するものを認識するのではなく（購入のれん）、非支配持分（少数株主）に帰属する部分も合わせて全ての部分について認識すべきことになります（全部のれん）。
　しかしながら、のれんは減損の対象となるため、全部のれん方式を採用した場合に、仮に減損事象が発生し減損処理を行うことになった際には多

大な影響が生じます。そのため、理論的には矛盾するのですが、購入のれん方式によることも容認されています（IFRS3 : 19）。

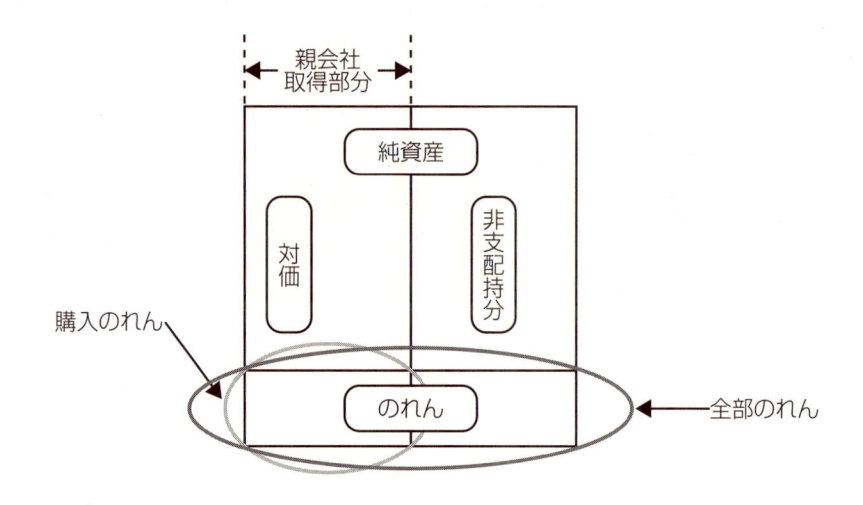

[図：親会社取得部分、純資産、対価、非支配持分、のれん、購入のれん、全部のれん]

① 条件付対価も、公正価値で測定し対価の一部と認識する必要があります。
② 取得関連費（acquisition-related costs）は、持分証券の発行費用等を除いて、期間費用として認識しなければなりません。
③ 測定期間（measurement period）とは、取得企業が企業結合に関して認識した暫定的な金額を修正することができる期間をいいます。例えば取得日に無形資産の公正価値の測定作業が完全に終了しなかった場合、この測定期間内（1年間未満）に、暫定的に測定した金額を遡及修正することになります。

5 日本基準との相違

IFRS第3号と日本基準との主な相違は、次のとおりです。

項　目	IFRS	日本基準(※)
のれんの認識	全部のれん方式 購入のれん方式	購入のれん方式
のれんの処理	償却せず、減損対象	20年以内のその効果の及ぶ期間にわたって規則的に償却し、減損対象でもある
取得関連費用	原則、発生時費用認識	対価性があれば、取得原価認識
条件付対価	公正価値で測定し、取得対価に含める（のれんを修正しない）	条件付対価の交付が確実になり、時価も合理的に決定可能となった時点で、取得原価として追加認識（のれんを修正する）

(※)「企業結合に関する会計基準」（企業会計基準委員会）等

練習問題107

　IFRSと日本基準における連結・企業結合に関する概念・処理について、正しく説明しているものはどれですか？　次のうちから選択しなさい。

1. IFRSでは経済的単一体説を採用しているため、親会社説から導かれるような会計処理は、全く規定されていない。
2. 日本基準によれば、のれんは償却しないことになる。
3. IFRSによれば、割安購入益（負ののれん）は、取得日において純損益に認識しなければならない。
4. 段階取得時における支配獲得分の取得原価については、現行のIFRSによってもIFRSの旧基準によっても、各取得時の公正価値の合計ではなく、支配獲得時の公正価値で測定することになる。

練習問題 108

　　IFRS 3 によれば、取得法について誤って説明しているものはどれですか？

1. 各企業結合においては、結合企業のうち 1 社を取得企業として識別しなければならず、取得企業を識別するためには、IAS27（連結及び個別財務諸表）の指針を使用しなければならない。それでも不明確な場合には、諸要因を考慮して取得企業を決定することになるが、例えば、主に現金等を移転することで実行された企業結合は、現金等を移転する企業が、通常は、取得企業として識別されることになる。
2. 企業結合において、取得日とは取得企業が被取得企業に対する支配を獲得した日をいい、支配を獲得した日とは、一般に、取得企業が法的に対価を移転し、被取得企業の資産を取得し負債を引き受けることを約束した日、すなわち契約日をいう。
3. 企業結合とは、取得企業が 1 つまたは複数の事業に対する支配を獲得する取引またはその他の事象をいうが、IFRS 3 は、ジョイント・ベンチャーの設立については適用されない。
4. 事業とは、投資家等に対し配当等のリターンを直接的に提供する目的で実施され管理される、活動及び資産の統合された組み合わせをいうが、開発段階にある活動も、事業に含まれる場合がある。

練習問題109

　IFRS 3によれば、企業結合の際の取得法（被取得企業の資産・負債の認識・測定）について、誤って述べているものはどれですか？次のうちから選択しなさい。

1. 取得企業は、取得日時点において、のれんとは区別して、取得した識別可能な資産、引き受けた負債及び被取得企業の全ての非支配持分を、認識しなければならない。
2. 取得企業は、取得した識別可能な資産及び引き受けた負債を、取得日の公正価値で測定しなければならない。
3. 取得企業が取得した資産・負債は、取得日時点でFWにおける資産・負債の定義を満たすものでなければならないため、被取得企業が資産・負債として認識していなかったものが、取得に際して認識されることはない。
4. 取得に際しては、経済的便益を含む資源の流出が必要とされる可能性が高くないとしても、過去の事象から生じた現在の債務であり、信頼性をもって公正価値を測定できる場合には、IAS 37にかかわらず、いわゆる偶発負債として認識する場合がある。

練習問題110

　IFRS 3によれば、下記①～⑤を前提とした場合、のれんの測定額として認められるものはどれですか？　次のうち、正しいものを選択しなさい。なお、取得企業（A社）は、被取得企業（B社）を、2段階（1回目：20%、2回目：40%）に分けて取得しています。

① B社の総資産の取得原価：CU 4,000、公正価値：CU 7,000
② B社の総負債の取得原価：CU 3,000、公正価値：CU 4,000
③ A社の1回目取得時の資本持分（1回目取得時の取得原価：CU 2,000・公正価値：CU 3,000、2回目取得時の公正価値：CU 4,000）
④ A社の2回目取得時の対価（取得原価：CU 5,000、公正価値：CU 8,000）
⑤ 被支配持分（40%）の公正価値：CU 7,500

1. CU 10,200
2. CU 17,000
3. CU 17,500
4. CU 18,500

練習問題111

　IFRS 3によれば、条件付対価について誤って述べているものはどれですか？　次のうちから選択しなさい。

1. 条件付対価とは、特定の将来の事象が発生した場合や条件が満たされた場合に、被取得企業に対する支配との交換の一部として、取得企業が追加的な資産または資本持分を移転する義務、をいう。
2. 企業結合に際して特定の条件が満たされた場合に、被取得企業の所有者が取得企業に以前に移転した対価の返還を受ける権利を与えることもあり、この場合も、条件付対価といえる。
3. 取得企業が被取得企業との交換に際し移転する対価には、条件付対価契約から発生する全ての資産または負債が含まれ、取得

企業は条件付対価の取得日における公正価値を、被取得企業との交換で移転された対価の一部として認識しなければならない。
4. 測定期間中に、取得日後に発生した事象により、条件付対価の公正価値が変動した場合には、条件付対価の額を修正しなければならない。

練習問題112

IFRS 3 及び日本基準によれば、測定期間について誤って説明しているものはどれですか？ 次のうちから選択しなさい。

1. IFRS 3 によれば、測定期間とは、取得企業が起業結合に関して認識した、暫定的な金額を修正することができる取得日後の期間をいうが、当該測定期間は 1 年間を超えることはできない。
2. IFRS 3 によれば、測定期間内において取得日現在の割安購入益を認識・測定するための追加的な情報を入手した場合、認識した暫定的な金額については、遡及修正することになる。
3. IFRS 3 によれば、測定期間内において被取得企業の識別可能資産について認識された暫定的な金額が減少した場合、のれんが増加することになる。
4. 日本基準においては、測定期間について特に規定されていない。

第21章 連結財務諸表及び個別財務諸表（IAS 第27号）

1 目的・範囲

　IAS 第27号は、親会社が個別財務諸表及び支配下の企業のグループについての連結財務諸表で提供する情報の**目的適合性**、**信頼性及び比較可能性**を高めることを、目的としています（IAS27：IN4）。なお、個別財務諸表に関する部分は、子会社等に対する投資についての個別財務諸表上での会計処理について規定していますが、この章では説明を割愛します。

2 原則・定義

　IAS 第27号は、親会社の支配下にある企業集団の連結財務諸表の作成及び表示に適用されます。その株式等が公開市場で取引されていない親会社である場合等を除いて、親会社は、子会社に対する投資を連結する連結財務諸表を表示しなければなりません（IAS27：9, 10）。

1 連結財務諸表

　連結財務諸表（consolidated financial statements）とは、単一の経済的実体の財務諸表として表示される企業集団の財務諸表をいいます（IAS27：4）。

この定義から、IFRSが親会社説でなく、経済的単一体説に立脚していることが理解できます。なお、親会社説とは、親会社の視点から、連結財務諸表を把握し、親会社の個別財務諸表を修正したものとする考え方をいい、経済的単一体説とは、連結財務諸表を、企業集団全体から把握する考え方をいいます。

2 子会社

子会社（subsidiary）とは、他の企業（親会社）により支配されている企業（含：パートナーシップ等の法人格なき事業体）をいいます。

3 支配

支配（control）とは、ある企業の活動からの便益を得るために、その企業の財務及び営業の方針を左右する力をいいます。

4 非支配持分

非支配持分（non-controlling interest）とは、子会社に対する持分のうち、親会社に直接または間接に帰属しないものをいいます。経済的単一体説に立つと、この非支配持分も企業集団の一員として把握されますが、親会社説に立った場合には、親会社以外の株主として連結財務諸表の作成主体外として把握されます。現行の日本基準では、少数株主持分として認識されています。

3 連結の範囲

1 子会社の範囲

次の要件を満たす場合に、当該会社は子会社とされます（IAS27：13）。

① 議決権の過半数を直接または間接に所有している場合（支配が存在していると推定）
② 議決権の過半数を所有していない場合で、以下の力を有するとき（支配が存在していると推定）
  ・他の投資企業との合意により、議決権の過半数を支配
  ・法令または契約により、財務及び経営方針を左右できる
  ・取締役会または同等の経営機関（取締役会等）の構成員の過半数を選解任でき、当該取締役会等が企業を支配している
  ・取締役会等の過半数の投票権があり、当該取締役会等が企業を支配している

潜在的議決権（potential voting rights：ストック・オプションや転換社債等）の影響も考慮します。経営者の意図や、行使等を行う場合の財務能力も度外視して判断しますので、特徴的といえます。

2 連結の範囲

連結財務諸表には、親会社の全ての子会社を含めなければなりません（IAS27：12）。単に、子会社がベンチャー・キャピタルやファンドであるからという理由では、連結の範囲からは除外されません。また、日本基準のように、重要性による除外規定や、利害関係者の判断を著しく誤らせるおそれがあることによる場合や、一時的に保有する場合の除外規定はありません。

4 会計方針の統一

連結財務諸表は、類似の状況における同様の取引及び事象に関し、統一された会計方針を用いて作成されなければなりません（IAS27：24）。日本基準のように、資産の評価方法等に関する例外規定や、IFRS以外の基準

の採用に関する例外規定はありません。

5 会計期間の統一

　連結財務諸表の作成に用いる親会社及び子会社の財務諸表は、同日現在で作成しなければなりません。親会社の報告期間の末日が子会社と異なる場合には、子会社は、実務上不可能な場合を除いて、連結のために、親会社の財務諸表と同じ日現在で追加的な財務諸表を作成することになります（IAS27：22）。なお、ここで実務上不可能（impracticable）な場合は、極めて限定的に解釈されることに留意が必要です。仮に実務上不可能であると判断して、会計期間を統一しない場合であっても、子会社の報告期間の末日と親会社の報告期間の末日との差異は3か月を越えてはならないこととされています（IAS27：23）。

6 その他

　連結財政状態計算書において、非支配持分は、親会社の所有者の持分とは区別して資本に表示しなければなりません（IAS27：27）。包括利益は、親会社の株主と非支配持分に帰属し、非支配持分が負の残高となる場合であっても、親会社の所有者と非支配持分とに帰属させます（経済的単一体説）（IAS27：28）。

　支配の喪失を伴わない持分の増減は、資本取引として会計処理され（IAS27：30）、支配の喪失を伴う場合には、子会社であった会社に対する残余投資は支配喪失日の公正価値で測定することになります（IAS27：36）。日本基準とは異なる処理が求められていますが、IFRSでは、投資の性質が変更されたと把握するためです。

7 日本基準との相違

IAS 第 27 号と日本基準との主な相違は、以下のとおりです。

項　目	IFRS	日本基準(※)
連結範囲	全ての子会社を連結	重要性がない、支配が一時的である、または利害関係者の判断を著しく誤らせるおそれのある子会社は、除外可
会計方針	類似の状況における同様の取引・事象に関しては統一	一定の場合、統一しないこと可
会計期間	実務上不可能な場合には、差異が3か月以内であれば、一致させないこと可 相違する期間に生じた重要な取引・事象の影響を調整	差異が3か月以内であれば、一致させないこと可 相違する期間に生じた重要な取引による影響を調整
子会社の欠損	非支配持分も負担	親会社のみが負担
支配の喪失を伴わない持分の増減	資本取引	のれんまたは子会社株式売却損益を認識
支配の喪失を伴う持分の減少	残余投資は公正価値評価	残余投資は簿価評価

(※)「連結財務諸表に関する会計基準」・「連結財務諸表における子会社及び関連会社の範囲の決定に関する適用指針」・「連結財務諸表作成における在外子会社の会計処理に関する当面の取扱い」(企業会計基準委員会)、「親子会社間の会計処理の統一に関する当面の監査上の取扱い」(日本公認会計士協会)等

8 改訂状況

スケジュール

- 2008年12月　　ED（10）公表　　Comment 期限：2009年3月
- 2011年5月　　IFRS 公表　　IFRS 第10号「連結財務諸表」他

主要な改訂内容

　IAS 第 27 号は支配の概念を用いて子会社（連結対象）の範囲を規定していましたが、不動産証券化に用いられるビークルやファンド等、自動操縦概念に基づいて運営されるような特別目的事業体(SPE：special purpose entity) を連結対象とするか否かについては、実質的にリスク・経済価値アプローチにより判断する旨、SIC 第 12 号において規定されていました。支配アプローチとリスク・経済価値アプローチが混在していたこのような状況に鑑み、両者を統合し、全ての組織に共通的な支配の定義を導入することが企図されていました。2011 年 5 月には最終基準として確定し、IFRS 第 10 号「連結財務諸表」が公表されたのでした。なお、当該改訂プロジェクトは、IASB と FASB の共同プロジェクトとして実施されていましたが、FASB は連結基準を当面改訂しないことを決定したため、IFRS 第 10 号は IASB 単独で公表されています。

　IFRS 第 10 号においても、従前の IAS 第 27 号と同様に、他の企業を支配している親会社は、連結財務諸表を作成することが要請されていますが、「支配」の概念を基礎とし、「リスク・経済価値」（変動リターン）は、支配の 1 指標と位置付けられたのでした。すなわち、IFRS 第 10 号においては、支配概念が拡大されて整理されたことになります。

≪支配の 3 要素≫

> ① 投資先へのパワー（投資先における関連性のある活動を左右する現在の能力をもたらす権利を、投資者が有していること）
> ② 投資先への関与から生じる変動リターン（variable return）に晒されているかまたはそれに対する権利を有していること
> ③ 投資先へのパワーを通じて、投資者のリターンの金額に影響を与えることができること（パワーとリターンとの連係）

パワーを生じさせる権利が議決権から得られる場合、保有する議決権を考慮することによって判断しますが、議決権から得られない場合には、他の要素(ex.契約上の取決め)も考慮して判断します。また、本人と代理人との関係から理解できるように、支配はパワーと同義ではないことに留意が必要です。被投資企業の活動を指示するため、複数の投資企業が共に行動しなければならない場合には、それらの企業は集合的に支配していることになりますので、IFRS第11号「共同アレンジメント」やIAS第28号「関連会社及びジョイント・ベンチャーに対する投資」に準拠して処理されることになります。

　支配しているかどうかの判断指標としては、下記が挙げられています。

① 投資先の目的・デザイン
② 投資先の関連性のある活動や関連する活動についての決定が、どのように行われるか
③ 投資者の権利が、投資先の関連性のある活動を左右する現在の能力をもたらすか
④ 投資者が、投資先への関与から生じる変動リターンに晒されているか、またはそれに対する権利を有しているか
⑤ 投資者が、投資先へのパワーを通じて、投資者のリターンの金額に影響を与えることができるか

　具体的には、下記のような場合は、支配していることになるといえます。

議決権50%超	パワー：○
議決権50%以下	①他の議決権保有者と契約上の取決めにより過半数 etc：○
〃	②株式保有が分散、投資者が他者より相当多くの議決権 etc：○
〃	③議決権＋契約上の権利で、製造工程を指図可能 etc：○

しかしながら、あくまで日本基準で規定されている議決権 40％以上 50％未満の場合の基準等は、改訂後も存在しません。このことから理解できるように、IFRS において原則主義に基づいた経営者の適切な判断が求められることは、いうまでもありません（⇒*原則主義*）。

練習問題113

IAS27（2011年5月改訂前）によれば、定義として正しいものはどれですか？　次のうちから選択しなさい。

1. 連結財務諸表とは、親会社の視点から、財務諸表として表示される企業集団の財務諸表をいう。
2. 子会社とは、他の企業（親会社）により所有されている企業をいい、パートナーシップ等の法人格のない事業体は、子会社には含まれない。
3. 支配とは、自らのためリターンを生み出すように他の企業の活動を左右するパワーを有していることをいう。
4. 非支配持分とは、子会社に対する持分のうち、親会社に直接または間接に帰属しないものをいう。

練習問題114

IAS27（2011年5月改訂前）と日本基準との相違について、正しく述べているものはどれですか？　次のうちから選択しなさい。

1. 連結の範囲について、IFRS では全ての子会社を連結することに

なるが、日本基準では、重要性の無い子会社に限って、連結範囲から除外することができる。
2. 会計方針については、IFRS も日本基準も、原則として親会社の会計処理に統一することが要請される。
3. 会計期間については、日本基準では親会社と連結子会社の決算日の差異が3か月以内であれば一致させないことができるが、IFRS では、差異の期間にかかわらず、実務上不可能な場合であれば一致させないことができる。
4. 議決権割合の算定に際して、潜在的株式については、IFRS では現時点で行使可能であるものは考慮するが、日本基準では特に規定はない。

練習問題 115

2011年5月に公表された新規 IFRS や改訂された IAS として、誤っているものはどれですか？ 次のうちから選択しなさい。

1. IFRS10「連結財務諸表及び個別財務諸表」
2. IFRS11「共同アレンジメント」
3. IFRS12「他の企業への関与の開示」
4. IAS 28「関連会社及びジョイント・ベンチャーに対する投資」

練習問題 116

2011年5月に公表された IFRS10によれば、支配の要素として定義されていないものはどれですか？ 次のうちから選択しなさい。

1. 投資先へのパワー
2. 投資先への関与から生じる変動リターンに晒されているかまたはそれに対する権利を有していること
3. 投資先へのパワーを通じて、投資者のリターンの金額に影響を与えることができること
4. 投資先への潜在的議決権

練習問題117

2011年5月に公表されたIFRS10によれば、以下のうち、支配していると解釈される余地のないものはいくつありますか？ 次のうちから選択しなさい。

- 議決権は5％しか有していないが、契約により製造工程を指図する権利を有している場合
- 議決権は10％（200,000株）しか有していないが、他の株主が皆少数の株式しか所有しておらず、他に最大で保有している株主が、0.1％（200株）しか保有していない場合
- 議決権は20％しか保有していないが、契約により他の株主(40％保有)が同様の議決権行使を行うことを余儀なくされている場合
- 議決権を55％保有している場合

1. 0個
2. 1個
3. 2個
4. 3個

第22章 関連会社に対する投資（IAS 第28号）

1 範囲

　IAS 第28号は、関連会社に対する投資の会計処理に適用されます。ただし、①ベンチャー・キャピタル企業、②ミューチュアル・ファンド、ユニット・トラスト及び投資連動保険ファンドを含むその他の類似の企業によって保有される関連会社に対する投資のうち、IFRS 第9号・IAS 第39号により当初認識時において純損益を通じて公正価値で測定されているものには適用されません（IAS28：1）。

2 定義

　IAS 第28号における主要な用語の定義は、以下のとおりです（IAS28：2）。

1 関連会社
　関連会社（associate）とは、投資企業が重要な影響力を有し、かつ、投資企業の子会社でもジョイント・ベンチャーに対する持分でもない企業（パートナーシップ等の法人格のない事業体を含む）をいいます。

2 重要な影響力

重要な影響力（significant influence）とは、被投資企業の財務及び営業の方針に対する支配または共同支配ではないが、それらの方針の決定に関与する力をいいます。

3 持分法

持分法（equity method）とは、投資を最初に原価で認識し、それ以降、被投資企業の純資産に対する投資企業の持分の取得後の変動に応じて修正する会計処理方法をいいます。

3 関連会社の範囲

下記の要件を満たす場合に、重要な影響力を有していることになり、当該会社は関連会社とされます（IAS28：6）。

> ① 議決権の20%以上を直接または間接に保有している場合、明らかな反証がない限り、重要な影響力を有すると推定
> ② 議決権の20%未満を直接または間接に保有している場合、明らかな反証がない限り、重要な影響力を有していないと推定（他の企業が議決権の大部分または過半数を所有していたとしても、企業が重要な影響力を有することを必ずしも妨げない）

また、重要な影響力は、通常以下の1つまたは複数によって証拠づけられます（IAS28：7）。

> ① 取締役会等への参加
> ② 配当等の方針決定過程への参加

③ 被投資企業との重要な取引
④ 経営陣の人事交流
⑤ 重要な技術情報の提供

4 原則

　IAS第28号は、関連会社に対する投資について持分法によって会計処理することを要請しています。ただし、以下の場合を除きます（IAS28：13）。

① IFRS第5号に従って、売却目的保有に分類される場合
② 投資を保有する親会社が連結財務諸表を表示しなくてもよいことを許容しているIAS第27号の例外を適用している場合
③ 下記の事項の全てが適用される場合
　(a) 投資企業が100％子会社、または他の企業が一部を所有している子会社であり、議決権を付与されていない者を含む他の所有者は、当該投資企業が持分法を適用していないことについて知らされており、そのことに反対していない
　(b) 投資企業の持分証券・負債証券が公開市場で取引されていない
　(c) 投資企業が、公開市場で証券発行目的で証券委員会や他の規制当局に対し財務諸表を提出しておらず、提出する過程にもない
　(d) 投資企業の最上位または中間の親会社が、国際財務報告基準に準拠した公表用の連結財務諸表を作成している

　また、IAS第27号と同様に、重要性による除外規定や、利害関係者の判断を著しく誤らせるおそれがあることによる場合や、一時的に保有する場合の除外規定はありません。

5 会計方針の統一

投資企業の財務諸表は、類似の状況における同様の取引及び事象に関し、統一した会計方針を用いて作成しなければなりません（IAS28：26）。IAS第27号と同様に、日本基準のような資産の評価方法等に関する例外規定や、IFRS以外の基準の採用に関する例外規定はありません。

6 会計期間の統一

投資企業の報告期間の末日が関連会社と異なる場合には、関連会社は、実務上不可能な場合を除いて、投資企業のために、投資企業の財務諸表と同じ日付で財務諸表を作成することになります（IAS28：24）。なお、IAS第27号と同様に、ここで実務上不可能（impracticable）な場合とは、極めて限定的に解釈されることに留意が必要です。仮に実務上不可能であると判断して、会計期間を統一しない場合であっても、関連会社の報告期間の末日と投資企業の報告期間の末日との差異は3か月を越えてはならないこととされています（IAS28：25）。

7 持分法の適用

関連会社に対する投資は、関連会社に該当することとなった日から、持分法を用いて会計処理されます。関連会社の識別可能な資産・負債のネットの公正価値に対する投資会社の持分が、投資原価を下回る部分は、のれんとして投資の帳簿価額に含め、償却しないことになります。一方、上回る部分は収益とします（IAS28：23）（**第20章「企業結合」**参照）。関連会社

のその他の包括利益の変動は、投資企業のその他の包括利益の変動として認識し、関連会社が債務超過となった場合、投資と同視される長期貸付金等に対しても損失を認識し、更なる損失の持分部分は、場合によっては負債（投資損失引当金等）として認識することになります（IAS28：29, 30）。

持分法を適用した後に、投資企業は関連会社に対する純投資に対する追加の減損損失を認識する必要があるかどうかを、IAS第36号「資産の減損」ではなく、IAS第39号「金融商品：認識及び測定」に従って判断しなければなりません（IAS28：31）。

投資企業は、関連会社に対して重要な影響力を喪失した日から持分法の適用を停止し、関連会社であった会社に対する残余投資は、投資の性質が変更されたとみなされるため、重要な影響力を喪失した日の公正価値で測定することになります（IAS28：18）。

8 日本基準との相違

IAS第28号と日本基準との主な相違は、以下のとおりです。

項　目	IFRS	日本基準[※]
持分法の範囲	全ての関連会社	非連結子会社も対象 重要性がない、支配が一時的である、または利害関係者の判断を著しく誤らせるおそれのある関連会社は、除外可
会計方針	類似の状況における同様の取引・事象に関しては統一	一定の場合、統一しないこと可
会計期間	実務上不可能な場合には、差異が3か月以内であれば、一致させないこと可 相違する期間に生じた重要な取引・事象の影響を調整	直近の財務諸表を利用 相違する期間に生じた重要な取引による影響を調整

のれん	償却せず、減損対象	20年以内の効果の及ぶ期間にわたって規則的に償却し、減損対象にもなる
重要な影響力の喪失	残余投資は公正価値評価	残余投資は簿価評価

(※)「持分法に関する会計基準」・「連結財務諸表における子会社及び関連会社の範囲の決定に関する適用指針」(企業会計基準委員会) 等

9 改訂状況

第21章で記載したとおり、2011年5月にIFRSの改訂・公表がなされています。関連会社に対する投資については、IAS第28号が「関連会社及びジョイント・ベンチャーに対する投資」と変更され、その開示については、他の関与形態と合わせて、新しく策定されたIFRS第12号「他の企業への関与の開示」の中で規定されることになりました。2011年5月改訂の主要な内容については、**第21章及び第23章**を参照してください。

練習問題118

IAS28によれば、関連会社の範囲について誤って説明しているものはどれですか? 次のうちから選択しなさい。

1. 関連会社とは、投資会社が重要な影響力を有し、かつ、投資企業の子会社でもジョイント・ベンチャーに対する持分でもない企業をいい、重要な影響力とは、被投資企業の財務及び営業の方針に対する支配または共同支配ではないが、それらの方針の決定に関与する力をいう。

2. 議決権の20%以上を直接または間接に保有している場合、明らかな反証がない限り、重要な影響力を有していると推定される。
3. 議決権の20%未満を直接または間接に保有している場合、明らかな反証がない限り、重要な影響力を有していないと推定される。
4. 例えば、C社がE社の議決権の70%を有しており、D社がE社の議決権の30%を有している場合、C社がE社を支配していることになるため、D社がE社に重要な影響力を有していると判断することはできない。

練習問題119

IAS28によれば、持分法について誤って説明しているものはどれですか？　次のうちから選択しなさい。

1. 持分法とは、投資を最初に原価で認識し、それ以降、被投資会社の純資産に対する投資企業の持分の取得後の変動に応じて修正する会計処理方法をいう。
2. 持分法の適用において、関連会社の識別可能な資産及び負債の正味公正価値に対する投資会社の持分が、投資原価を上回る部分は、収益として認識される。
3. 持分法の適用において、関連会社の識別可能な資産及び負債の正味公正価値に対する投資会社の持分が、投資原価を下回る部分は、のれんとして投資の帳簿価額に含めて償却する。
4. 重要な影響力が失われて、持分法適用会社が関連会社でなくなった場合には、関連会社であった会社に対する残余投資は、関連会社でなくなった日の公正価値で測定することになる。

練習問題120

　X社は、以下の投資を有しています。IAS28（2011年5月改訂前）によれば、X社はこれらの投資をどのように分類すべきですか？正しいものを選択しなさい。

① A社の議決権の65%を占めるA社株式を保有している。
② B社の議決権の21%を占めるB社株式を保有している。他にY社が、B社に対して69%の議決権を有しており、Y社がB社に関する重要な意思決定を事実上行っている。X社はB社と重要な取引も無く、同社取締役会の意思決定や配当決定方針等にも全く関与できない状況にある。
③ C社の議決権の10%を占めるC社株式を保有している。X社は、C社に対して3名の取締役を派遣しており、C社の取役は合計で8名である。なお、X社とC社の経営陣の人事交流は盛んに行われている。

1．A社：子会社、B社：子会社、C社：関連会社
2．A社：子会社、B社：関連会社、C社：金融商品
3．A社：子会社、B社：金融商品、C社：関連会社
4．A社：関連会社、B社：関連会社、C社：金融商品

練習問題121

　Z社は、A社に対する投資（議決権の30%を所有）について、持分法を適用して処理しています。また、同時にA社に対してCU1,000の貸付を行っています。IAS28（2011年5月改訂前）によれば、Z社の連結財政状態計算書上認識されるA社に対する投資につい

て、X2年度末の残高はいくらになりますか？　正しいものを選択しなさい。

① X1年度期首に、Z社はA社の議決権の30％を占めるA社株式をCU 6,000で取得するとともに、CU 1,000の貸付を実行した。取得時のA社の純資産の公正価値はCU 15,000であった。

② X1年度にZ社はCU 5,000の利益を稼得したが、配当は実施しなかった。

③ X2年度に、Z社は異常な規模の災害に見舞われ、その主要な生産工場が滅失してしまい、CU 40,000の損失を計上し債務超過となってしまった。

1．CU △3,000
2．CU △2,000
3．0
4．CU 4,500

第23章 ジョイント・ベンチャーに対する投資（IAS 第31号）

1 適用

　IAS 第31号は、原則として、ジョイント・ベンチャーの活動が行われる組織または形態を問わず、共同支配投資企業及び投資企業の財務諸表におけるジョイント・ベンチャーに対する持分の会計処理及びジョイント・ベンチャーの資産、負債、収益及び費用に関する報告に適用されます(IAS 31：1)。

2 定義・形態

　IAS 第31号に定義される主要な事項は、次のとおりです（IAS31：3）。

①ジョイント・ベンチャー (joint venture)	複数の当事者が共同支配により、ある経済活動を行う契約上の取決めをいいます。
②共同支配 (joint control)	ある経済活動に対する<u>契約上</u>合意された支配の共有をいい、その活動に関連する戦略的な財務上及び営業上の決定に際して、支配を共有する当事者（③共同支配投資企業）の一致した合意を必要とする場合にのみ存在します。
③共同支配投資企業 (venturer)	ジョイント・ベンチャーの当事者のうち当該ジョイント・ベンチャーを共同支配しているものをいいます。
④ジョイント・ベンチャーへの投資企業 (investor in a joint venture)	ジョイント・ベンチャーの当事者のうち、当該ジョイント・ベンチャーを共同支配していないものをいいます。

　IAS 第 31 号では、ジョイント・ベンチャーの形態を、①共同支配の営業活動、②共同支配の資産、③共同支配企業の 3 つに分類して規定しています。いかなる形態のジョイント・ベンチャーであっても、まず共同支配（契約上の取決め）が存在しなければ IAS 第 31 号の対象となりません。

3　共同支配の営業活動

　共同支配の営業活動は、法人やパートナーシップ等の設立を伴うことなく、共同支配投資企業の自己所有の資産及びその他の資源を使用して営業活動を行うことを特徴とします。例えば、航空機の製造・販売プロジェクトにおいて、共同支配投資企業 A が航空機の製造業務を担当し、共同支配投資企業 B が資金調達を行い、共同支配投資企業 C が完成した航空機の販売活動に責任を持つような場合が、例として考えられるでしょう。
　共同支配投資企業は、共同支配の営業に対する持分について、財務諸表上以下の項目を認識します。

第 23 章　ジョイント・ベンチャーに対する投資（IAS 第 31 号）

> ① 共同支配投資企業の支配する資産及び生じた負債
> ② 共同支配投資企業に生じた費用及び、ジョイント・ベンチャーによる商品の販売または役務の提供から得た収益のうち持分相当額

4　共同支配の資産

　共同支配の資産は、法人やパートナーシップの設立を伴うことなく、共同支配投資企業が資産を共同支配し、共同支配投資企業の便益のために当該資産を使用することを、特徴とします。例えば、複数の石油精製企業が、複数国にわたって石油パイプラインを共同支配し、その使用に伴う費用のうち合意された割合を各々が負担するような場合が、例として考えられるでしょう。

　共同支配投資企業は、共同支配の資産に対する持分に関して、財務諸表上以下の項目を認識します。

> ① 資産の性質に従って分類された共同支配の資産のうち持分相当額
> ② 共同支配投資企業に生じた負債
> ③ ジョイント・ベンチャーに関連する他の共同支配投資企業と共同で生じた負債のうち持分相当額
> ④ ジョイント・ベンチャーの生産物のうち持分にかかる売却または使用から得た収益及びジョイント・ベンチャーによって生じた費用のうち持分相当額
> ⑤ ジョイント・ベンチャーに対する持分に関して生じた費用

5 共同支配企業

　共同支配企業は、各共同支配投資企業が持分を有する法人やパートナーシップの設立を伴うことを、その特徴とします。他の2形態と異なる形態のJVといえます。共同支配企業は、共同支配投資企業の間の契約上の取決めによってその経済活動が共同支配されていることを除いては、他の企業と同一の方法で運営されます。

　共同支配投資企業は、共同支配企業の持分について、①比例連結法、または、②持分法により、会計処理を行う必要があります。なお、③売買目的として分類される共同支配企業に対する持分は、IFRS第5号に従って会計処理することになります。

　比例連結法（proportionate consolidation method）とは、共同支配投資企業の財務諸表において、共同支配企業の資産、負債、収益及び費用の各科目に対する共同支配投資企業の持分相当額を、科目ごとに類似の項目と合算するかまたは独立科目として報告する、会計処理及び報告の方法をいいます（IAS31：3）。

　なお、共同支配を喪失した場合、その残余投資は、共同支配企業でなくなった日の公正価値で測定し直すことになります。投資の性質が変更されたものと、認識するからです。

6 日本基準との相違

　IAS第31号に該当する日本基準はありません。

7 改訂状況

スケジュール

● 2007年9月	ED（9）公表	Comment期限：2008年1月
● 2011年5月	IFRS公表	IFRS第11号「共同アレンジメント」他 （ただし、IASBの単独改訂）

主要な改訂内容

2011年5月に公表されたIFRS第11号「共同アレンジメント」（joint arrangement）では、共同アレンジメントを複数の当事者が共同支配を有するアレンジメントと定義し、共同支配（joint control）は、アレンジメントに対する契約上合意された支配の共有であり、関連性のある活動に関する意思決定が支配を共有している当事者の全員一致の合意を必要とする場合にのみ存在するとしています。主要な改訂点は、下記2点です。

1 共同アレンジメントの類型

共同支配を有する共同アレンジメントは、①共同事業（joint operation）、②共同支配企業（joint venture）に2分類されました。旧IAS第31号による共同支配の営業活動と共同支配の資産が、概ね同様の会計処理を行うことになっていたことに鑑みると、特に違和感はないでしょう。

共同事業とは、アレンジメントに対する共同支配を有する共同事業者が、当アレンジメントに関する資産に対する権利及び負債に対する義務を有している共同アレンジメントをいい、共同支配企業とは、アレンジメントに対する共同支配を有する共同支配投資企業が、当アレンジメントの純資産に対する権利を有している共同アレンジメントをいいます。なお、共同支配を有しているか否かは、①アレンジメントを手段的に支配しているか、②意思決定に当事者全員一致の合意が必要とされるか、の検討により判断されます。

2 共同アレンジメントの会計処理

上記類型ごとの会計処理は、下表のとおりとなります。

アレンジメント類型	共同事業者・共同支配投資企業	左記以外の参加者
①共同事業	共同事業に対する持分に係る資産・負債・収益・費用を、該当するIFRSに従って認識・測定	共同事業に係る資産・負債への権利・義務を有する場合、共同事業者と同様の処理
②共同支配企業	共同支配企業に対する持分を投資として認識し、IAS第28号に従って持分法で会計処理	共同支配企業に対する持分をIFRS第9号に従って金融商品として会計処理(重要な影響力あれば持分法)

　改訂のポイントは、共同支配企業における共同支配投資企業の会計処理として比例連結法が認められなくなったことです。例えば、全ての当事者の合意を得ない限り、共同支配企業の現金を自由に利用できない場合を考えてみましょう。この場合に、比例連結法を採用して、共同支配企業の現金を比例持分に応じて連結財政状態計算書に認識してしまうと、支配していない現金が資産として認識されてしまうことになりますが、これでは、FWとの整合性を確保できないためです(⇒*FW：資産の定義*)。なお、会計処理の選択肢を廃止することで、企業間比較を容易にする効果もあります(⇒*FW：比較可能性*)。

練習問題122

(旧)IAS31によれば、ジョイント・ベンチャー(以下、JV)の説明として誤っているものはどれですか？　次のうちから選択しなさい。

1. IAS31にいうJVは、複数の共同支配投資企業が契約上の取決めによって拘束されている、共同支配を確立させる契約上の取決

めがあるといった特徴を有しているが、共同支配を確立させる契約が存在しないからといって、常にIAS31にいうJVに該当しないということにはならない。

2．JVの形態としての共同支配の営業活動は、法人やパートナーシップ等の設立を伴うことなく、共同支配投資企業の自己所有の資産及びその他の資源を使用して営業活動を行うことが特徴であるといえる。共同支配投資企業は、共同支配の営業活動に対する持分について、その支配する資産及び負債、発生した費用・収益のうち持分相当額を、財務諸表において認識しなければならない。

3．JVの形態としての共同支配の資産は、法人やパートナーシップ等の設立を伴うことなく、共同支配投資企業が資産を共同支配し、共同支配投資企業の便益のために当該資産を使用することが特徴であるといえる。共同支配の資産の例としては、複数の石油生産企業が石油パイプラインを共同支配しており、パイプラインの利用に伴う費用のうち合意された割合を負担する場合、が挙げられる。

4．JVの形態としての共同支配企業は、各共同支配投資企業が、持分を有する法人やパートナーシップの設立を伴うことが特徴であるといえる。当該共同支配企業に対する持分については、奨励はされないが、持分法を適用して処理することも認められている。

練習問題123

　(旧)IAS31によれば、下記①～③を前提とした場合、A社の連結財政状態計算書上の有形固定資産の残高はいくらになりますか？　以下のうち、正しいものを選択しなさい。なお、A社は、共同支配企業に対する持分の会計処理としては、比例連結法を採用しています。

① A社の個別財政状態計算書における有形固定資産の残高は、CU 10,000,000である。
② A社は、B社・C社とともに、航空機を製造し、販売する営業活動を行うことと契約上取り決めており、このJVは、IAS31にいう共同支配の営業活動に該当する。A社は、当該JVに関して販売活動を担当しているが、使用されている有形固定資産CU 5,000,000は、全て製造活動を担当するB社の所有物であり、当該JVにおいてもB社が支配している。
③ A社は、D社・E社・F社・G社とともに、鉱物採掘を目的とした法人（H社）を設立しており、このJVは、IAS31にいう共同支配企業に該当する。H社の有形固定資産残高はCU 100,000,000であり、H社に対するA社の出資割合は、20%である。

1. CU 10,000,000
2. CU 15,000,000
3. CU 30,000,000
4. CU 35,000,000

練習問題124

2011年5月に公表されたIFRS11によれば、共同アレンジメントの類型として正しいものはどれですか？ 次のうちから選択しなさい。

1. 共同事業・共同支配企業
2. 共同事業・共同支配投資企業
3. 共同資産・共同支配企業
4. 共同資産・共同支配投資企業

練習問題125

2011年5月に公表されたIFRS11によれば、法人形態の共同アレンジメントの会計処理方法として、採用しえないものはどれですか？ 次のうちから選択しなさい。

1. 共同支配投資企業：比例連結法
2. 共同支配投資企業：持分法
3. 共同支配投資企業以外の参加者：金融商品として認識・測定
4. 共同支配投資企業以外の参加者：持分法

第24章 外国為替レート
（IAS 第21号）

1 範囲・意義

　IAS 第21号は、企業の財務諸表に外貨建取引及び在外営業活動体を計上するための方法と財務諸表を表示通貨に換算するための方法を規定することを目的としています。いかなる為替レートを適用し、為替レート変動の効果をどのように報告するかが、主な論点です（IAS21：1）。IAS 第21号は、①外貨建取引・残高の会計処理、②連結等により含められる在外営業活動体の業績及び財政状態の換算、③表示通貨への換算に適用されます（IAS21：3）。

2 機能通貨

　まず、換算を行う際に基軸となる通貨を決定する必要がありますが、IAS 第21号では、"機能通貨"という概念が規定されています。
　機能通貨（functional currency）とは、企業が営業活動を行う主たる経済環境の通貨をいい（IAS21：8）、企業が営業活動を行う主たる経済環境とは、通常、企業が主に現金を創出し支出する環境をいいます（IAS21：9）。
　したがって、例えば、日本に本社がある企業であっても、主に US＄で

営業取引を行っているような場合には、機能通貨は円ではなく、US＄となることに留意が必要です（その場合、円は外貨（foreign currency items：機能通貨以外の通貨）となります）。

機能通貨を決定する際には、まず、次の要因が考慮されます(IAS21：9)。

≪Ⅰ．主要決定要因≫

> ① 財貨及び役務の販売価格に大きく影響を与える通貨（販売価格が表示され、決済される通貨）であるか
> ② 競争力及び規制が財貨と役務の販売価格を主に決定することになる国の通貨であるか
> ③ 労務費、材料費や財貨や役務を提供するためのその他の原価に主に影響を与える通貨であるか

また、下記の要因も、企業の機能通貨となる証拠を提供するものとされています（IAS21：10）。

≪Ⅱ．追加的決定要因≫

> ④ 財務活動（負債や資本性金融商品の発行）により資金が創出されるときの通貨かどうか
> ⑤ 営業活動からの受取金額が、通常留保される通貨かどうか

在外営業活動体[※]の機能通貨の決定及びその機能通貨が報告企業のそれと同じかどうかの判断の際には、次の要因も考慮されます（IAS21：11）。

(※) その活動が、報告企業とは異なる国または通貨に基盤を置いているかまたは行われている報告企業の子会社、関連会社、ジョイント・ベンチャーまたは支店

> (a) 在外営業活動体の活動が相当程度の自主性をもって営まれているというのではなく、報告企業の延長線上で営まれているかどうか
> (b) 報告企業との取引が、在外営業活動体の活動の高いまたは低い割合を占めているかどうか
> (c) 在外営業活動体からのキャッシュ・フローが、報告企業のキャッシュ・フローに直接影響を与え、すぐ送金できるようになっているか
> (d) 在外営業活動体の活動によるキャッシュ・フローが、報告企業が活用できる資金がなくても、既存のそして通常予定される債務の返済に十分かどうか

　上記指標が絡み合い、機能通貨が明らかにならない場合には、基本となる取引・事象や状態の経済的効果を最も忠実に表す機能通貨を決めるために、経営者は適切な判断を行う必要があります（IAS21：12）（⇒**FW忠実な表現、原則主義**）。

設例 24-1　～機能通貨の判定～

Q
下記、在外子会社B社（米国）の機能通貨は？
① B社が、現地通貨（US＄）で現金を蓄積し、収益を認識して、借入を行う場合
② B社が、本社であるA社（日本）から輸入した製品のみを販売し、受け取った現金をA社に送金しているにとどまる場合

A ① <u>US＄</u>　（上記④・⑤参照）
　　② <u>JPY</u>　（上記 (a)・(c) 参照）

3 外貨建取引

　外貨建取引 (foreign currency transaction) とは、外貨で表示されているかまたは外貨での決済を必要とする取引をいいます (IAS21：20)。

1 当初認識

　外貨建取引は、機能通貨による当初認識においては、取引日における機能通貨と当該外貨間の直物為替レート[※]を外貨額に適用して機能通貨で計上しなければなりません。実務上の理由から、一定期間の平均レート等が、代替的に使用される場合もあります (IAS21：21)。

　[※] 直物為替レート (spot exchange rate)：即時受渡しに係る為替レート

2 期末日における報告

　以下のように換算することになります (IAS21：23)。

①外貨建貨幣性項目 (monetary item) 現金払の従業員給付等	決算日の為替レートで換算
②外貨建の取得原価で測定されている 非貨幣性項目 (non-monetary item) 棚卸資産の引渡等	取引日の為替レートで換算
③外貨建の公正価値で測定されている 非貨幣性項目	公正価値の決定日の為替レートで換算

3 換算差額の認識

　貨幣性項目[※]の決済、または、貨幣性項目を当期中の当初認識時または過去の財務諸表において換算したレートとは異なるレートで換算することにより生じる為替差額は、発生期間の純損益に認識します (IAS21：28)。

　非貨幣性項目[※]に係る利得または損失がその他の包括利益に認識される場合には、当該利得または損失の為替部分はその他の包括利益に認識し、

逆に、純損益に認識される場合には、為替部分は純損益に認識しなければなりません（IAS21：30）。

(※) 貨幣性項目：保有している通貨単位及び固定または決定可能な数の通貨単位で受領・支払うことになる資産・負債（現金・売掛金・借入金等）
非貨幣性項目：貨幣性項目以外の項目（棚卸資産・固定資産等）

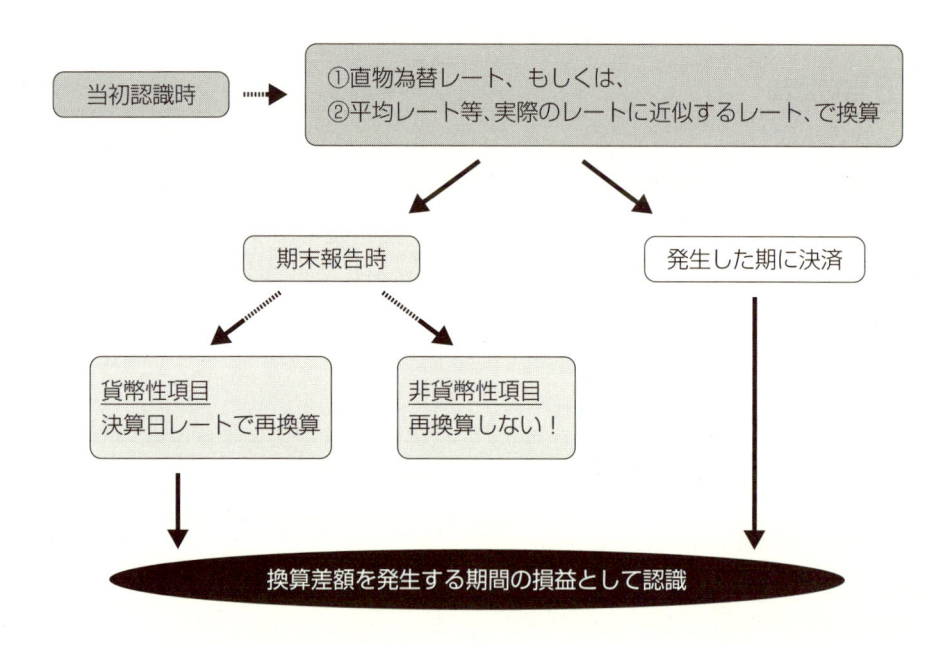

```
当初認識時 ──→ ①直物為替レート、もしくは、
              ②平均レート等、実際のレートに近似するレート、で換算
                    ↓                    ↓
              期末報告時              発生した期に決済
              ↓        ↓                  │
        貨幣性項目   非貨幣性項目           │
        決算日レートで 再換算しない！        │
        再換算                             │
              ↓                           ↓
        換算差額を発生する期間の損益として認識
```

4 外貨建財務諸表の換算

1 表示通貨への換算

　企業は、いかなる通貨でも財務諸表を表示することができますが、当該表示通貨（presentation currency）が機能通貨と異なる場合には、その業績と財政状態を、表示通貨に換算します。例えば、企業集団に異なる機能通貨を有する個別の企業が含まれている場合、各企業の業績と財政状態を連結財務諸表で表示できるように、共通通貨で表されるのです（IAS21：38）。

表示通貨への換算は、以下のように行われます（IAS21：39）。

①表示される財政状態計算書の資産・負債	決算日の為替レートで換算
②包括利益計算書に係る収益・費用	取引日の為替レートで換算 （重要性がない場合、期中平均レートも容認される）
③結果として生じる全ての換算差額	その他の包括利益（OCI）に認識

（機能通貨が超インフレ経済下の通貨である場合の取扱いについては、第25章参照）

≪換算例≫

	機能通貨建（USD） Dr	Cr	換算レート	報告通貨建（JPY） Dr	Cr
貨幣性資産	100		CR100	10,000	
棚卸資産	200		CR100	20,000	
固定資産	400		CR100	40,000	
のれん	200		CR100	20,000	
貨幣性負債		300	CR100		30,000
資本金		300	HR110		33,000
剰余金		200	HR		21,000
その他資本		100	HR110		11,000
OCI（換算差額）					(5,000)
合計	900	900		90,000	90,000
売上高		500	AR120		60,000
売上原価	200		AR120	24,000	
その他費用	100		AR120	12,000	
当期純利益	200		AR120	24,000	
合計	500	500		60,000	60,000
期首剰余金		100	HR		11,000
当期純利益		200	AR120		24,000
配当	100		HR140	14,000	
期末剰余金	200			21,000	
合計	300	300		35,000	35,000

（CR：決算日レート、HR：取得日レート、AR：平均レート）

2 在外営業活動体の換算

　在外営業活動体が連結や持分法などにより報告企業の財務諸表に含まれる場合、在外活動体の取得により生じるのれんと在外営業活動体の取得に

より生じる資産・負債の帳簿価額の公正価値の修正は、在外営業活動体の資産・負債として処理しなければなりません。そして、それらは在外営業活動体の機能通貨で表され、決算日レートで換算する必要があります(IAS 21：47)。非貨幣項目についても、決算日レートで換算することに留意が必要です。

5　その他

1 機能通貨の変更

機能通貨に変更がある場合には、企業は当該変更の日から将来に向けて新しい機能通貨に適用される換算手続を適用する必要があります(IAS21:35)。

2 在外営業活動体の処分

在外営業活動体の処分時には、その他の包括利益に累積されていた為替差額の累計額は、処分による利得または損失が認識される時に、資本から純損益に振り替えなければなりません（リサイクリング）(IAS21：48)。

6　日本基準との相違

IAS第21号と日本基準との主要な差異は次のとおりです。両者ともに、外貨建貨幣性項目は決算日レートで換算、非貨幣性項目は取引日レートで換算することと規定されており、基本的には類似点が多いといえます。

第 24 章　外国為替レート（IAS 第 21 号）

項　目	IFRS	日本基準(※)
機能通貨	経営者は、企業が営業活動を行う主たる経済環境等を考慮して、機能通貨を決定しなければならない。	概念自体なし
外貨建取引の定義	機能通貨以外の通貨で表示・決済される取引	円建以外の取引
在外営業活動体の定義	報告企業の所在国以外の国または所在国の通貨以外の通貨にその活動の基盤を置く報告企業の子会社、関連会社、JV または支店。	在外支店・子会社

(※)「外貨建取引等の会計処理に関する実務指針」（日本公認会計士協会）等

練習問題126

　IAS21によれば、機能通貨を決定する要因のうち、最も重要でないものはどれですか？　次のうちから選択しなさい。

1. 販売価格を表示する通貨か否か
2. 従業員の給与支払に使用されている通貨か否か
3. 社債の発行により資金として調達される通貨か否か
4. 役務提供の対価として決済に使用される通貨か否か

練習問題127

　IAS21によれば、機能通貨と表示通貨が異なる場合、財政状態計算書の資産・負債を表示通貨へ換算するためのレートとして正しいものはどれですか？　次のうちから選択しなさい。

1. 決算日レート
2. 取得時レート
3. 平均レート
4. 直物為替レート

練習問題128

　IAS21によれば、換算差額の認識方法の組み合わせとして、正しいものはどれですか？　次のうちから選択しなさい。
①　貨幣性項目の決済差額（同期間に発生・決済されるもの）
②　貨幣性項目の換算差額（当初認識時レートと報告日レートの差によるもの）

1. ①：その他の包括利益、②：その他の包括利益
2. ①：その他の包括利益、②：当期損益
3. ①：当期損益、②：その他の包括利益
4. ①：当期損益、②：当期損益

練習問題129

　A社（12月決算）は、×1年6月30日（1ドル：85円）に、米国子会社であるB社を取得しました。B社の資産・負債の公正価値は、有形固定資産である土地を除き、帳簿価額と同じでした（土地に関しては、公正価値が帳簿価額をUS$ 10,000上回っており、B社の単体財務諸表でも未修正です）。
　IAS21によれば、×1年12月31日（1ドル：80円）現在の（×1年

度の）Ａ社グループの連結財務諸表を作成するに際して、当該土地に関する公正価値への修正額はいくらになりますか？　次のうち、正しいものを選択しなさい（なお、×１年度における平均レートは１ドル：82円、×１年１月１日における為替レートは１ドル：90円、表示通貨は円、とします）。

1．800,000円
2．820,000円
3．850,000円
4．900,000円

第25章 超インフレ経済下における財務報告（IAS 第29号）

1 範囲・意義

　IAS 第 29 号は、機能通貨（**第 24 章**参照）が超インフレ経済国の通貨である全ての企業の連結財務諸表を含む財務諸表に適用されます(IAS29：1)。超インフレ経済下では、たとえ同一の会計期間内であっても、異なる時点で発生した取引や事象の金額（貨幣の購買力）について、比較可能性が著しく損なわれるおそれがあります。したがって、そのような状況下にあるにもかかわらず修正再表示されていない財務報告は、利用者にとって有用でないといえるのです（⇒*FW：比較可能性*）。

2 超インフレとは？

　インフレーション（inflation）とは、一般物価水準の持続的な上昇をいいます。インフレーションの状況下では、貨幣の購買力(purchasing power)が低下します。そして、超インフレーション（hyper inflation）とは、一般物価水準の持続的な上昇が、<u>極度に早い現象</u>をいいます。
　しかしながら、IAS 第 29 号は、超インフレであるとみなされる絶対的

なインフレ率を定めていません。したがって、企業は、どのような場合にIAS第29号に準拠した財務諸表の修正再表示が必要となるのか、判断しなければならないのです（⇒*原則主義*）。

3 超インフレ経済下にある状況の具体例

超インフレ経済下にある状況とは、例えば、×1年1月1日に1杯200円であったコーヒーの価格が、同年12月31日には1,000円になってしまった、といった状況をイメージすれば良いでしょう。一般的には、国の経済環境が以下の特徴によって示されるような状況にある場合が、超インフレ経済下の状況にある場合と判断されます（IAS29：3）（ただし、下記の事項に限定されません）。

- 一般市民が、財産を非貨幣性資産または比較的安定した外貨で保有することを選好し、保持した自国通貨は、購買力が維持できるように直ちに投資される。
- 一般市民が、自国通貨ではなく比較的安定した外貨で貨幣額を考え、また、価格が当該外貨で示される。
- 信用売買が、たとえ短期間であっても、与信期間中に予想される購買力の損失を補填する価格で行われる。
- 利率、賃金及び価格が、物価指数に連動する。
- 3年間の累積インフレ率が100％に近いか、100％を超える。

4 超インフレ経済下における処理（修正再表示）

超インフレ経済国の通貨が機能通貨である企業の財務諸表は、各報告末

日現在の測定単位で表示しなければなりません(IAS29：8)。すなわち、財務諸表を修正再表示することが要請されているのです (⇒*FW：忠実な表現、比較可能性*)。

具体的な修正再表示の方法は、以下のとおりです。

1 財政状態計算書

①取得原価 (historical cost) を適用している場合	各報告期末日現在の測定単位で表示されていない項目は、一般物価指数 (general price index) を適用して修正再表示する。
②現在原価 (current cost) を適用している場合	修正再表示の必要はない。 (∵既に報告日現在の測定単位で表示)

上記①を財務諸表の構成要素の属性に応じて区分すると、以下のとおりとなります。

(a) **貨幣性項目**(monetary item) 売掛金・買掛金等	修正再表示の必要はない (∵既に報告日現在の貨幣単位で表示)
(b) **非貨幣性項目** (non-monetary item) 有形固定資産・棚卸資産等	取得原価（減価償却後の原価）で測定されているため、取得日から期末日までの一般物価指数の変動を、取得原価（及び減価償却累計額）に適用することによって、修正再表示する。
(c) **資本** (equity)	利益剰余金・再評価剰余金以外の資本項目は、当該項目の拠出時または発生時から、一般物価指数を適用することによって、修正再表示する。

2 包括利益計算書及びキャッシュ・フロー計算書

全ての収益及び費用項目は、それらを最初に財務諸表に記録した時点から、一般物価指数の変動を適用して、修正再表示する必要があります(IAS29：26)。また、キャッシュ・フロー計算書の全ての項目についても、報告期間の末日現在の測定単位での表示が要請されます (IAS29：33)。

③ 正味貨幣持高に関する利得または損失

インフレーションの期間にあっては、資産及び負債が物価水準に連動していない限り、貨幣性負債よりも貨幣性資産を多く保有する企業は、その超過額について購買力を失い、また、貨幣性資産よりも貨幣性負債を多く保有する企業は、その超過額について購買力を得ることになります。このような購買力の増減を適切に財務報告に反映させるため、正味貨幣持高に関する利得または損失は、当期純損益に含めて認識されることになります（IAS29：27,28）（⇒*FW：目的適合性*）。

練習問題130

IAS29によれば、下記の場合、A社（12月決算）の棚卸資産の×4年度末の帳簿価額として正しいものはどれですか？　次のうちから選択しなさい（なお、A社は超インフレ経済国の通貨を機能通貨としており、当該棚卸資産は全て、取得日から×4年度末まで滞留しているものとします）。

- 棚卸資産の取得日・取得価額
  ×2年6月30日・CU 20,000
- 一般物価指数
  ×1年12月31日：100
  ×2年6月30日：150
  ×3年12月31日：180
  ×4年12月31日：300

1．CU 20,000
2．CU 30,000
3．CU 40,000
4．CU 60,000

練習問題131

　B社は、×1年度期首にCU 10,000の売掛債権を有し、CU 5,000の買掛債務を負っています。×1年度期首から×1年度期末までに、一般物価指数が2倍に急上昇した場合、IAS29によれば、×1年度におけるB社の貨幣持高に関する利得または損失として正しいものはどれですか？　次のうちから選択しなさい（なお、B社は、上記売掛債権・買掛債務以外の資産・負債を有していないものと仮定します）。

1．利得：CU 2,500
2．損失：CU 2,500
3．利得：CU 10,000
4．損失：CU 10,000

第26章 1株当たり利益 （IAS第33号）

1 目的・範囲

　IAS第33号は、1株当たり利益の算定及び表示に関する原則を定めています。①同一報告期間における異なる企業間の業績比較、及び、②異なる期間における同一企業の業績比較に資することを、目的としています（⇒ *FW：比較可能性*）。

　IAS第33号は、普通株式・潜在的普通株式が公開市場で取引されている企業等の、①個別財務諸表、及び、②連結財務諸表に適用しなければなりません（IAS33：2）。なお、ここで潜在的普通株式とは、その所有者に普通株式の権利を付与する可能性がある金融商品またはその他の契約をいい、具体例としては、転換社債（CB：convertible bond）やストック・オプション（share option）、ワラント（share warrant）等が挙げられます（IAS33：5,7）。

2 基本的1株当たり利益（BEPS）

　企業は、親会社の普通株主に帰属する①当期損益・②継続事業からの当期損益（表示されている場合）について、基本的1株当たり利益（BEPS：basic earnings per share）を算定しなければなりません（IAS33：9）。BEPS

は、下記のように、親会社の普通株主に帰属する当期損益【分子】を、当期中の発行済普通株式の加重平均株式数【分母】で除して算定します（IAS 33：10）。

$$基本的1株当たり利益（BEPS）＝ \frac{\boxed{1}\ 当期損益（親会社の普通株主分）}{\boxed{2}\ 流通普通株式の加重平均株式数（当期中）}$$

$\boxed{1}$ 分子の算定

分子とすべき①親会社に帰属する継続事業からの当期損益・②親会社に帰属する当期損益は双方とも、優先配当（優先株主への配当）、優先株式の消却により生じる差額、及び株主持分として分類される優先株式の類似の効果の税引後の金額について調整を行った後の金額となります（IAS33：12）。すなわち、簡単にいえば、優先株式の影響を排除する必要があることになります。

設例 26-1　〜BEPS の分子〜

Q
下記の場合、親会社の普通株主に帰属する当期損益（BEPS の分子）は？
① 流通普通株式（額面 CU 100）　　　　　　　　　　：1,000株
② 累積型優先株式（額面 CU 100、6％の優先配当）：400株
③ 税引前当期利益　　　　　　　　　　　　　　　　：CU 10,000
④ 実効税率　　　　　　　　　　　　　　　　　　　：40%

A CU 3,600
10,000×（1-40%）−100×6%×400

$\boxed{2}$ 分母の算定

分母とすべき普通株式の株式数は、当期間中の流通普通株式の加重平均株式数となります。

設例 26-2 〜BEPS の分母〜

Q

設例26-1の①〜④を前提に、①流通普通株式について下記⑤〜⑦であるとした場合、流通普通株式の加重平均株式数（BESPの分母）は？
- ⑤ 期首（1/1）現在の発行済株式数　　　　：900株
- ⑥ 増資による発行（9/1）　　　　　　　　：600株
- ⑦ 期末日（12/31）現在の発行済株式数：1,500株

A 1,100株

900×（8か月/12か月）＋（900+600）×（4か月/12か月）

3 希薄化後1株当たり利益（DEPS）

　企業は、複雑な資本構成を有している場合、親会社の普通株主に帰属する①当期損益・②継続事業からの当期損益（表示されている場合）について、BEPSに加え、希薄化後1株当たり利益（DEPS：diluted earnings per share）を算定・開示しなければなりません（IAS33：30）。

　DEPSを算定する際には、BEPSの算定で用いた、親会社の普通株主に帰属する当期損益【分子】と当期中の発行済普通株式の加重平均株式数【分母】について、全ての希薄化性潜在的普通株式による影響の調整を行う必要があります（IAS33：31）。

1 複雑な資本構成とは？

　複雑な資本構成（complex capital structure）とは、BEPSを希薄化させる可能性がある有価証券が発行されている場合をいいます。なお、このような有価証券が発行されていない場合を、単純な資本構成（simple capital structure）といい、その場合には、BEPSのみを算定・開示すればよいこ

とになります。

2 希薄化とは？

希薄化（dilution）とは、転換型金融商品の転換、オプションやワラントの行使、または特定の条件の充足による普通株式の発行という仮定により生じる、1株当たり利益の減少または1株当たり損失の増加をいいます（IAS33：5）。希薄化の反対概念は逆希薄化（anti-dilution）であり、逆希薄化とは、同様の仮定により生じる1株当たり利益の増加または1株当たり損失の減少をいいます（IAS33：5）。

希薄化が生じている場合にのみ、DEPSを算定・開示する必要がありますので、その有無を判定することがfirst stepといえます。希薄化性の判定に際しては、親会社に帰属する継続事業からの当期損益を、判定数値として用います。

設例 26-3 〜希薄化性の判定〜

Q
下記の場合、希薄化性は？
① 普通株式　　　　　　　　　　　　：2,500株
② 潜在的普通株式　　　　　　　　　：500株
③ 継続事業からの利益（親会社帰属分）：CU 15,000
④ 非継続事業からの損失（親会社帰属分）：CU 20,000

A 希薄化性あり！
CU 5【15,000÷（2,500+500）】 ＜ CU 6【15,000÷2,500】

3 DEPSの算定【分子】

親会社の普通株主に帰属する当期損益【BEPSの分子】について、次の項目の税引後の影響額の調整を、行わなければなりません（IAS33：33）。

① 親会社の普通株主に帰属する当期損益の計算過程で、減額された希薄化性潜在的普通株式に係る配当またはその他の項目
② 希薄化性潜在的普通株式に係る当期に認識された利息
③ 希薄化性潜在的普通株式の転換により発生するであろうその他の収益または費用のあらゆる増減額

4 DEPS の算定【分母】

普通株式の加重平均株式数に、全ての希薄化性潜在的普通株式が普通株式に転換した場合に発行されるであろう普通株式の加重平均株式数を、加算しなければなりません。また、希薄化性潜在的普通株式は、期首に普通株式に転換されたとみなされなければなりませんが、もし、潜在的普通株式そのものの発行日が期首以降である場合には、その発行日に転換されたものとします（IAS33：36）。

その他の主な留意事項は、下記のとおりです。

- 希薄化性潜在普通株式の転換により発行される普通株式数は、潜在的普通株式の発行条件によって決定されます。
- 転換について複数の基準が存在する場合、潜在的普通株式の所有者からみて、最も有利な転換率・行使価格を想定します。
- 流通普通株式または流通潜在的普通株式の株式数が、無償交付または株式分割等によって増減する場合、表示されている全期間の DEPS の計算は、遡及的に調整します（BEPS も同様です）。
- 株式数の変更が期末日以降、財務諸表が公表に向け承認される前に発生した場合、当期の財務諸表と表示されている前期以前の全ての財務諸表の DEPS の計算は、新株式数を基準とします（BEPS も同様です）。
- 希薄化性オプション及びワラントが行使されることを想定すること

が必要であり、それらの行使により想定される入金額は、期中の平均市場価格での普通株式の発行により受領したものとして、みなさなければなりません。

練習問題132

IAS33によれば、希薄化（dilution）・逆希薄化（anti-dilution）について正しく説明しているものどれですか？ 次のうちから選択しなさい。

1. 希薄化とは、転換型金融商品が転換される、オプションやワラントが行使される等、普通株式が発行されるという想定より生じる、1株当たり利益の減少または1株当たり損失の増加をいう。
2. 希薄化とは、転換型金融商品が転換される、オプションやワラントが行使される等、普通株式が発行されるという想定より生じる、1株当たり利益の増加または減少をいう。
3. 希薄化とは、転換型金融商品が転換される、オプションやワラントが行使される等、普通株式が発行されるという想定より生じる、1株当たり損失の増加または減少をいう。
4. 逆希薄化とは、転換型金融商品が転換される、オプションやワラントが行使される等、普通株式が発行されるという想定より生じる、1株当たり利益の減少または1株当たり損失の増加をいう。

練習問題133

A社は累積型優先株式を発行しています。×1年度におけるA

社の株式や損益の内容が下記①～④の場合、A社の×1年度のBEPS（基本的1株当たり利益）はどれですか？ 次のうちから選択しなさい（端数が生じた場合は、小数点以下3位を切り捨てること）。

① 総利益：CU 12,000、総費用：CU 10,000
② 実効税率：40％
③ 流通普通株式：額面CU 100を1,000株発行、×1年度を通じて発行株式数に変動はない。
④ 累積型優先株式：額面CU 100を200株発行、額面に対して5％の優先配当権あり。

1．CU 0.16
2．CU 0.20
3．CU 1.00
4．CU 1.20

練習問題134

B社はストック・オプション（以下、SOという）を発行しています。×1年度におけるB社の株式やSOの内容が下記①～④の場合、B社の×1年度のDEPS（希薄化後1株当たり利益）はどれですか？ 次のうちから選択しなさい（端数が生じた場合は、小数点以下3位を切り捨てること）。

① 流通普通株式：1,000株（×1年度を通して変動なし、以下同様）
② SO：2,000単位（1単位につき1株付与　権利行使価格：CU 5）
③ 普通株主に帰属する当期利益：CU 10,000
④ B社株式の公正価値の平均値：CU 10

1．CU 3.33

2．CU 3.85
3．CU 5.00
4．CU 10.00

練習問題 135

　IAS33によれば、下記（1）～（5）を前提とした場合、C社の×1年度の①BEPS（基本的1株当たり利益）及び②DEPS（希薄化後1株当たり利益）はいくらになりますか？　次の組合せのうち、正しいものを選択しなさい（端数が生じた場合は、小数点以下3位を切り捨てること）。
　（1）流通普通株式の発行済株式数：10,000株
　（2）CB（転換社債）の発行単位及び条件：1,000単位・1単位を2株に転換できる
　（3）普通株主に帰属する当期利益：CU 50,000
　（4）CBの負債部分の当期利息：CU 1,000
　（5）実効税率：40%

1．①　CU 5.0　②　CU 4.2
2．①　CU 5.0　②　CU 4.3
3．①　CU 5.0　②　CU 5.1
4．①　CU 5.1　②　CU 4.3

第27章 後発事象
　　　　（IAS 第10号）

1 目的・範囲

　IAS 第 10 号は、①後発事象について財務諸表を修正しなければならない場合、②財務諸表の公表が承認された日及び後発事象に関して行わなければならない開示、について定めることをその目的としています(IAS10：1)。IAS 第 10 号は、後発事象に関する会計処理及び開示に際して適用されます（IAS10：2）。

2 後発事象の定義

1 後発事象とは？

　後発事象（events after the reporting period）とは、報告期間の末日と財務諸表の公表の承認日との間に発生する事象で、企業にとって有利な事象と不利な事象の双方をいい、①修正を要する後発事象、②修正を要しない後発事象の 2 種類の事象に分類されます（IAS10：3）。

```
   12/31                              2/18
─────┬──────────────────────────────────┬──────→
     ↑         ⌢⌢⌢⌢⌢⌢⌢⌢                ↑
   期末日      ╱  後発事象！ ╲      財務諸表の公表が承認された日
```

　例えば、継続していた訴訟事件が解決した場合や、天災により大規模な損害を被った場合等が挙げられます。

2 財務諸表の公表の承認日

　財務諸表の公表を承認するプロセスは、経営組織、法的要請及び財務諸表の作成と最終決定の手続によって異なり（IAS10：4）、場合によっては、企業は、財務諸表が公表された後に、株主総会にその承認を求めて提出しなければならないこともあります。そのような場合の財務諸表は、株主総会における承認日ではなく、その前の公表された日に公表の承認を受けることになります（IAS10：5）。例えば、我が国における上場会社では、株主総会の前に決算発表が行われますが、この決算発表に関する取締役会の承認日がここでいう財務諸表の公表の承認日となることに、留意が必要です。

　また、企業の経営者がその財務諸表を監督取締役会（経営執行者以外の者のみによって構成される会議体）に提出して承認を受けなければならない場合もあります。そのような場合には、経営者が財務諸表を監督取締役会に提出することを承認したときに、財務諸表の公表が承認されることになります（IAS10：6）。

3 修正を要する後発事象

　修正を要する後発事象(adjusting events after the reporting period)とは、報告期間の末日に存在した状況についての証拠を提供する事象をいいます(IAS10：3)。企業は修正を要する後発事象を反映させるよう、財務諸表において認識された金額を、修正しなければなりません(IAS10：8)。

≪修正を要する後発事象の例≫

- 報告期間の末日において既に企業が現在の債務を有していたことを証明することになる、報告期間の末日後における訴訟事件の解決
    - ➡訴訟損失引当金や未払金を認識・測定する必要があります
- 報告期間の末日においてある資産の減損が既に発生していた、あるいは以前に認識していた減損損失を修正する必要があることを示す情報の、報告期間の末日後の入手
    - ➡資産に関して減損損失を認識・修正する必要があります
- 報告期間の末日前に行われた資産の購入または売却についての、購入原価または売却価額の報告期間の末日後における決定
    - ➡購入原価・売却価額を修正する必要があります
- 企業が報告期間の末日以前の事象の結果として、利益分配またはボーナスの支払を行う法的または推定的債務を貸借対照表日時点で有していた場合の、そのような支払金額の報告期間の末日後における決定
    - ➡従業員給付に関する債務（引当金）を認識・測定する必要があります
- 財務諸表が誤っていたことを示す不正または誤謬の発見
    - ➡不正の影響や誤謬の訂正を財務諸表に反映させる必要があります

4 修正を要しない後発事象

　修正を要しない後発事象（non-adjusting events after the reporting period）とは、報告期間後に発生した状況を示す事象をいいます（IAS10：3）。企業は、財務諸表において認識した金額に対して、修正を要しない後発事象を反映するように修正してはなりません（IAS10：10）。なお、修正を要しない後発事象に重要性がある場合、カテゴリーごとに、①当該事象の性質、②財務的影響の見積りまたは見積りが不可能である旨の記述、について開示する必要があります（IAS10：21）。

≪修正を要しない後発事象の例≫

- 期末日と財務諸表の公表の承認日との間に発生した投資の市場価値の下落
    - ➡ 市場価値の下落という事象は、通常の場合、期末日における投資の状況とは関連しておらず、その後に発生した状況を反映しているため、修正を要しないことになります

5 配当

　報告期間の末日後に、資本性金融商品の所有者（ex. 株主）に対する配当を宣言する場合には、その配当金を報告期間の末日時点の負債として認識してはなりません（IAS10：12）。このような場合には、報告期間の末日時点では、債務が存在していない（IAS10：13）、すなわち、負債の定義に該当しない（現在債務性を欠く）ためです（⇒**FW：負債の定義**）。ただし、注記が要請されます（IAS10：13、IAS1：137）。

6 日本基準との相違

日本の会計基準として、後発事象について直接的に規定したものはありませんが、IAS 第 10 号と関連する日本の規定との主な相違は、次のとおりです。根本的な差異はないものと、理解して良いでしょう。

項　目	IFRS	日本基準[※]
対象期間（定義）	期末日⇔公表承認日	期末日⇔監査報告書日

（※）「後発事象に関する監査上の取扱い」（日本公認会計士協会）
　なお、日本基準では、修正を要する後発事象を"修正後発事象"、修正を要しない後発事象を"開示後発事象"といいます。

練習問題136

　A 社（12月決算）は、×1年12月31日終了年度の財務諸表案を×2年1月24日に完成させました。×2年1月31日に、取締役会は財務諸表を検討したうえでその公表を承認し、A 社は、×2年2月1日に財務状況の概要を公表しました。×2年3月25日の株主総会で、株主は財務諸表を承認し、A 社は、承認された財務諸表を、×2年3月26日に監督機関に提出しました。
　IAS10によれば、財務諸表の公表の承認日はいつですか？　以下のうちから選択しなさい。

1．×2年1月24日
2．×2年1月31日
3．×2年2月1日
4．×2年3月25日

練習問題137

　B社（12月決算）の経営者は、×1年12月31日終了年度の財務諸表に関して、×2年1月24日に、監督取締役会に財務諸表を提出することを承認しました。非経営執行役のみから構成される監督取締役会は、×2年2月1日に財務諸表を承認しました。財務諸表は、株主等にとって×2年2月24日に入手可能となりました。×2年3月25日の株主総会で、株主は財務諸表を承認し、B社は、承認された財務諸表を、×2年3月26日に監督機関に提出しました。
　IAS10によれば、財務諸表の公表の承認日はいつですか？　以下のうちから選択しなさい。

1．×2年1月24日
2．×2年2月1日
3．×2年2月24日
4．×2年3月25日

練習問題138

　IAS10によれば、以下のうち修正を要する後発事象はどれですか？

1．報告期間の末日と財務諸表の公表の承認日との間に発生した、ゴルフ会員権の市場価格の下落
2．報告期間の末日後に発生した事象から生じた重要な訴訟の開始
3．報告期間の末日前に行われた投資不動産の売却についての、売却価額の報告期間の末日後における決定
4．報告期間の末日後に施行された税率の変更で、法人税額及び繰

延税金資産・負債に重要な影響を及ぼすもの

練習問題139

　C社（12月決算）は、×1年12月31日現在の財政状態計算書上、未解決の訴訟に関して、CU 2,000,000の訴訟損失引当金を認識しています。×2年2月2日に、当該訴訟が解決し、終局の裁判所が、C社がCU 5,000,000を支払うべき旨の判決を出した場合、C社は×1年度の財務諸表に関して、どのような処理を求められますか？
　次のうち正しいものを選択しなさい（なお、C社において、財務諸表のドラフトが作成された日は×2年1月31日、財務諸表の公表日は×2年2月4日、財務諸表の公表の承認日は×2年2月3日です）。

1. 何も処理する必要はない。
2. 訴訟が解決した旨を、注記する。
3. 訴訟が解決した旨及び将来CU 5,000,000の支払を行う旨を、注記する。
4. 訴訟損失引当金を、CU 3,000,000追加認識する。

第28章 中間財務報告
（IAS 第34号）

1 目的・範囲

　IAS 第 34 号は、中間財務報告書の最小限の内容を定め、かつ中間期間に係る完全な財務諸表または要約財務諸表に適用される認識及び測定の原則を規定することを目的としています（IAS34：Objective）。IAS 第 34 号では、どのような企業が中間財務報告書を公表しなければならないか、またその頻度や期限については規定していません。しかしながら、上場企業に対しては、IAS 第 34 号に準拠して中間財務報告書を提供するとともに、①少なくとも事業年度の上半期末現在の中間財務報告書を提供すること、②中間財務報告書を中間期末後 60 日以内に入手可能にすることを、推奨しています（IAS34：1）（⇒*FW：目的適合性、適時性*）。

2 定義

1 中間期間とは？

　中間期間（interim period）とは、1 事業年度全体よりも短い財務報告の期間をいいます（IAS34：4）。中間という語句が使用されていますが、必ずしも 6 か月間を意味しないことに、留意する必要があります。

2 中間財務報告書とは？

中間財務報告書（interim financial report）とは、中間期間について、<u>完全な1組の財務諸表または1組の要約財務諸表</u>のいずれかを含んでいる財務報告書をいいます（IAS34：4）。

完全な1組の財務諸表（a complete set of financial statements）を公表する場合には、その様式や内容は、IAS第1号の定めに従ったものでなければなりません（IAS34：9）。

1組の要約財務諸表（a set of condensed financial statements）を公表する際には、少なくとも直近の年次財務諸表中に掲記された各々の見出し・小計と、<u>精選された説明的注記</u>を含んでいなければなりません（IAS34：10）。

≪中間財務報告書の最小限の構成要素（IAS34：8）≫

① 要約財政状態計算書
② 以下のいずれかの形で作成される要約包括利益計算書
　・要約単一計算書
　・個別の要約損益計算書と要約包括利益計算書
③ 要約株主持分変動計算書
④ 要約キャッシュ・フロー計算書
⑤ 精選された説明的注記（selected explanatory notes）

3　精選された説明的注記

財務諸表の利用者は、直近の年次財務報告書を入手できるため、中間財務報告書における注記では、直近の財務報告書の中で既に開示された情報について比較的重要でない更新を行う必要はないといえます（IAS34：15）（⇒*FW：目的適合性*）。

このような観点からは、重要な事象と取引についての説明こそが有益で

あるため、中間財務報告書においては、精選された説明的注記（selected explanatory notes）が要請されているのです。なお、説明的注記の必須項目は、下記のとおりです（IAS34：16）。

> ① 会計方針と計算方法の変更の性質と影響（無い場合はその旨）
> ② 中間営業活動の季節性または循環性についての説明的コメント
> ③ 資産、負債、資本、純利益またはCFに影響を与える事項で、その性質、規模または頻度から見て異常なものの性質と金額
> ④ 見積りの変更の性質と金額
> ⑤ 負債証券・持分証券の発行、買戻し及び償還
> ⑥ 普通株式とその他の株式の各々に対する配当金
> ⑦ セグメント情報
> ⑧ 中間期末後の重要な事象で中間財務諸表に反映されていない事象
> ⑨ 企業結合、子会社及び長期投資の取得または処分、リストラクチャリング、並びに非継続事業など、中間期間における当該企業の構成上の変化の影響
> ⑩ 直近の年次の期末の報告日後の偶発負債または偶発資産の変動

4 認識・測定

1 原則

　中間財務諸表の作成に際しては、会計方針を変更した場合を除き、原則として、年次財務諸表で適用されるものと同様の会計方針を適用しなければなりません。また、中間期間はあくまで事業年度の一部であることから、報告の頻度（ex. 年次、半期、四半期）によって、年次の経営成績の測定が左右されてはならないとされています。そのために、中間報告目的のための測定は、年初からの累計を基準として行わなければなりません（IAS34：28）。

2 適用例・その他論点

① 減損による損失

特定の中間期間（ex.1Q）に損失が認識・測定され、次の中間期間（ex.2Q）に損失が全額回避されるようになった場合、その中間期間において、前に認識した損失を戻し入れることにより、当初の見積りを変更することになります（IAS34：30（a））。

② 資産の定義を満たさないコスト

特定の中間期末に資産の定義を満たさないコストは、将来情報を待ったり、利益平準化目的のために、財政状態計算書上で繰り延べられることはありません（IAS34：30（b））（⇒*FW：資産の定義*）。

③ 法人所得税費用

各中間期間において、その事業年度全体の予想加重平均税率の最善の見積りに基づいて認識されます（IAS34：30（c））。

④ 年度末賞与

(1)法的債務または過去の慣例によって企業には支払をする以外には現実的な選択肢がない推定的債務となっていて、かつ、(2)その債務に対して信頼性のある見積りが可能な場合にのみ、中間期末にも見越計上されます（IAS34：IE B5,6）。

⑤ 引当金

事業年度末に適用する引当金の認識・測定の規準を中間期末にも適用する必要があり、最善の見積額に変更が生じた場合には、債務の金額を修正する必要があります（IAS34：IE B3,4）。

⑥ 季節的、循環的または臨時に収受される収益

例えば配当金やロイヤルティのように、事業年度末における見越計上・繰延処理が不適切な場合には、中間期末においても見越計上・繰延処理してはなりません（IAS34：37）。

⑦ 事業年度中に不均等に発生する費用

事業年度末における見越計上・繰延処理が適切な場合にのみ、中間期間においても見越計上・繰延処理しなければなりません（IAS 34：39）。例としては、企業の任意で発生する従業員研修費や寄付金が挙げられます（IAS34：IEB11）。

⑧ 見積りの使用

年次及び中間財務報告書における測定は、ともに合理的な見積りに基礎をおくことが多いですが、一般的には、中間財務報告書の作成の場合の方が見積りの方法をより多く使用することになるといえます（IAS34：41）。

練習問題140

A社は、IAS34に従い中間財務報告書を作成しており、要約財務諸表を公表しています。IAS34によれば、精選された説明的注記として開示する必要のないものはどれですか？ 次のうちから選択しなさい。

1．会計方針の変更
2．会計上の見積りの変更
3．重要な後発事象
4．自己資本の管理に関する情報

練習問題141

B社(12月決算)は、IAS34に従い中間財務諸表を作成しており、当

期より、従業員に対する賞与制度の新規導入を企図しています。この制度によると、B社の従業員は、B社の税引前利益の5％を賞与として受け取ることが可能となります。B社の税引前利益は、当年度(12か月間：1月1日〜12月31日)：CU 400,000、中間期（6ヶ月間：1月1日〜6月30日)：CU 120,000と見込まれています。なお、B社において、過去に従業員に対して賞与を支給した実績はありません。

B社の年度末賞与に関して、中間期（6月期）末において債務（引当金）として認識すべき金額はいくらになりますか？　次のうちから選択しなさい。

1. 認識しない。
2. CU 6,000
3. CU 10,000
4. CU 20,000

練習問題 142

C社は、四半期毎に中間財務報告を行っており、×1年度においては、四半期毎にCU 10,000の純利益を獲得する予定です。C社の所在国では、年間利益の最初のCU 20,000には10％、超過額には20％の税率による法人所得税が課されるとした場合、第1四半期の法人所得税費用はいくらになりますか？　次のうちから選択しなさい。

1. CU 1,000
2. CU 1,500
3. CU 2,000
4. CU 6,000

第29章 関連当事者についての開示（IAS 第24号）

1 目的・範囲

　IAS 第24号は、企業の財政状態・損益が、①関連当事者の存在及び②関連当事者との取引及び未決済残高、により影響を受けているかもしれない可能性について注意が払われるよう、必要な開示を要請することを目的としています（IAS24：1）。IAS 第24号は、(a) 関係当事者との関係及び取引の識別、(b) 企業とその関連当事者との間の未決済残高の識別、(c) (a) 及び (b) の項目の開示が要求される状況の識別、(d) 当該項目について行われる開示の決定、に適用しなければなりません（IAS24：2）。

　関連当事者の存在や関連当事者との取引・未決済残高は、企業の直面するリスクや機会に影響を与える場合があります。例えば、CEO は、その影響力を行使して、私利私欲のために、企業の損失のもと、通常より有利な条件で企業と取引を行うかもしれません。また、子会社は、研究開発活動をこれ以上行わないよう、親会社から指示を受けるかもしれません。そのような事象が生じた場合には、財務諸表利用者の企業に対する評価が左右されるかもしれませんので、関連当事者等に関する適切な開示が必要となるのです（⇒*FW：目的適合性*）。

2 定義

1 関連当事者

　関連当事者 (related party) とは、報告企業 (財務諸表を作成する企業：reporting entity) に関連している人 (person) または企業 (entity) をいいます (IAS24:9)。具体的には、下記 (1)・(2) のとおりですが、関連当事者との関係を考慮する際には、単に法的形態でなく、関係の実質に留意しなければなりません (IAS24:10) (⇒*FW：忠実な表現*)。

> (1) **個人**または当該個人の近親者が次のいずれかに該当している場合
>   ① 報告企業に対する支配または共同支配を有している
>   ② 報告企業に対する重要な影響力を有している
>   ③ 報告企業または報告企業の親会社の経営幹部の一員である

　ここで、個人の近親者 (close members of the family of a person) とは、企業との取引において当該個人に影響を与えるかまたは影響されると予想される親族の一員をいい、(a) 子・配偶者・家庭内パートナー、(b) 配偶者または家庭内パートナーの子、(c) 当人または配偶者もしくは家庭内パートナーの扶養家族、が含まれます (IAS24:9)。

> (2) **企業**が次のいずれかに該当している場合
>   ① 企業と報告企業が同一のグループの一員である (親会社・子会社・兄弟会社は互いに関係がある)
>   ② 一方の企業が他方の企業の関連会社または JV (ジョイント・ベンチャー) である
>   ③ 双方の企業が同一の第三者の JV である

- ④ 一方の企業が第三者企業のJVで、他方が当該第三者の関連会社である
- ⑤ 企業が、報告企業または報告企業と関連がある企業のいずれかの従業員給付のための退職後給付制度である。報告企業が退職後給付制度である場合、拠出している事業主も報告企業と関連がある
- ⑥ 企業が（1）の個人に支配または共同支配されている
- ⑦ （1）①の個人が企業に対する重要な影響力を有しているか、企業の経営幹部の一員である

なお、下記の場合には、関連当事者となりません（IAS24：11）。報告企業に重要な影響力を有していない（有していたとしてもその行使が制限されている）、あるいは、一般取引条件から逸脱した取引が行われる可能性が低いため、と理解してよいでしょう。

- 2つの企業が単に共通の取締役または経営幹部を有しているか、もしくは、一方の企業の経営幹部が他の企業に重要な影響力を有しているのみである場合
- 2社の共同支配投資事業が単に1つのJVに対する共同支配を共有しているのみの場合
- 金融機関・労働組合・公共事業体・政府機関（報告企業を支配、共同支配または重要な影響力を有していないもの）が、単に企業と通常の取引を行っている場合
- 企業が、単一の得意先、仕入先、フランチャイズ実施権付与者、卸売業者または総代理店と多額の取引を行った結果、単純に経済的依存度が高まったのみである場合

2 関連当事者との取引

関連当事者取引（related party transaction）とは、関連当事者間における資源、役務または債務の移転をいい、対価の有無を問いません（IAS24：9）。

3 開示

1 関連当事者との取引・未決済残高

報告企業は、関連当事者関係が財務諸表に与える影響を把握するのに必要となる取引及び未決済残高に係る情報と、関連当事者関係の内容を、開示しなければなりません（IAS24：18）。親会社、子会社、経営幹部等に区分したうえで、最低限、下記項目について開示することになります(IAS24:19)。

(a)	取引の金額
(b)	未決済残高の金額、及び、 ① 担保が設定されているかどうかなどの一般条件、決済に用いられる対価の内容、及び ② 付与している（されている）保証の詳細
(c)	未決済残高に関する貸倒引当金
(d)	関連当事者から支払われるべき不良債権に関して期中に認識された費用

2 親会社情報

取引の有無にかかわらず、親会社・子会社の関係は開示されなければなりません。例えば、親会社A（製造会社）が、子会社B（販売会社）と同様の販売会社Cを買収して子会社とするような場合を考えてみましょう。このような事象が生じた場合、Bの今後の営業状況に多大な影響を及ぼすことは自明といえ、A社の存在を、B社の投資家等に知らしめておく必要性が、理解できるかと思います。

具体的には、企業は、①親会社の名称、②最終的な支配当事者の名称（親

会社≠最終的な支配当事者の場合)、③連結財務諸表を作成する次順位の親会社の名称(親会社・最終的な支配当事者がともに連結財務諸表を作成しない場合)を、開示する必要があります (IAS24:13)。

3 経営者報酬

合計額及び、①短期従業員給付、②退職後給付、③その他の長期給付、④解雇給付、⑤株式報酬、の項目に該当する各々の金額について、開示する必要があります(⇒*FW：比較可能性（異なる企業間）*)。

4 政府関連企業における免除

政府関連企業 (government-related entity) とは、政府が支配、共同支配または重要な影響力を有している企業をいい (IAS24:9)、報告企業が政府関連企業である場合には、政府や政府関連企業を関連当事者とする取引・残高の開示が一部免除されています。これは、2009年11月の改訂による(復活)規定で、例えば、政府関連企業が多岐にわたる中国等の場合、政府を媒介として多大な関連当事者が存在することになりますが、その全てについて開示を行うことの困難性に鑑みたものであるといえます。

4 日本基準との相違

IAS第24号と日本の会計基準との主な相違は、次のとおりです。

項　目	IFRS	日本基準(※)
関連当事者の定義	原則主義	規則主義
関連当事者名称の開示	不要	必要
適用範囲	個別FS上も開示が必要	連結FSで開示していれば、個別FSでの開示は不要
役員報酬の開示	経営幹部に対する報酬総額・項目別内訳の開示が必要（→監査対象！）	開示対象外（ただし、有価証券報告書のコーポレート・ガバナンスの状況において、報酬1億円以上の役員に関して別途開示することが必要→監査対象外！）

(※)「関連当事者の開示に関する会計基準」（企業会計基準委員会）

練習問題143

IAS24によれば、関連当事者に最も該当しにくいものはどれですか？　次のうちから選択しなさい。

1. 報告企業の取締役の家庭内パートナーの子
2. 報告企業の主要株主（12%の株式を保有）
3. 報告企業の関連会社
4. 1.が100%の株式を所有する企業

練習問題144

IAS24によれば、関連当事者に最も該当しやすいものはどれですか？　次のうちから選択しなさい。

1. 報告企業のメインバンク（一般条件による取引を行っている）
2. 報告企業の子会社の専務取締役
3. 報告企業の75％の株式を保有し、報告企業を支配している個人Ａが、常務取締役に就任している企業Ｂ
4. 3. 個人Ａの配偶者の妹

練習問題145

IAS24によれば、開示が要請される関連当事者取引はどれですか？　次のうちから選択しなさい。

1. 税務当局に、追徴された法人所得税を納付した
2. 資本取引のない生命保険会社から、一般条件により多額の借入を行った
3. 報告企業の主要顧客に対して、売上高が急増した
4. 報告企業のCEOの子に、社用車を無償で譲渡した

練習問題146

IFRS（IAS24）と日本基準との相違について、誤って説明しているものはどれですか？　次のうちから選択しなさい。

1. 日本基準では、企業と関連当事者との取引は、企業と役員等の個人との取引を含め、対等な立場で行われているとは限らず、企業の財政状態・経営成績に影響を及ぼす場合があることから、適切な開示を行うことが必要とされている。

2. IAS24では、関連当事者について、例えば、報告企業の経営幹部の一員及びその近親者等といった原則主義による定義づけがされているが、日本基準では、対象者の範囲の特定の困難性を回避するため、例えば近親者を二親等以内の親族と定義する等、数値基準が設けられているものもある。
3. 経営者報酬については、IAS24では関連当事者との取引として開示対象となり、日本基準では有価証券報告書のコーポレート・ガバナンスの状況等において開示されることになる。すなわち、IAS24では非財務情報として取り扱われ、日本基準では財務情報（監査対象）として取り扱われることを意味している。
4. 2009年11月のIAS24の改訂では、政府関連企業に対する部分的な開示免除や、関連当事者の定義の改訂が行われた。

第30章 事業セグメント（IFRS第8号）

1 基本原則・範囲

　企業は、従事する事業活動及び企業が事業を行う経済環境の性質や財務的な影響を、財務諸表の利用者が評価できるように情報を開示しなければなりません（IFRS8：1）。IFRS第8号は、この基本原則に基づいてセグメント情報の開示について規定しています。

　IFRS第8号は、その株式等が公開市場で取引されている企業等の個別財務諸表及び連結財務諸表に適用されますが、個別財務諸表と連結財務諸表の双方を開示している企業等については、セグメント情報の開示は、連結財務諸表のみに要求されます（IFRS8：2,4）。

2 マネジメント・アプローチ

　IFRS第8号で採用されているマネジメント・アプローチ（management approach）とは、経営の意思決定・業績評価のために企業を事業の構成単位に分別したものをセグメントとする考え方をいいます。

1 長所

　日常的に経営者が利用している内部管理資料が、そのまま外部報告に利用されることになるため、財務諸表利用者は、経営者と同じ視点で企業の事業状況を把握することにより、経営者の行動を予測し、その予測を企業の将来キャッシュ・フローの評価に反映させることが可能になります（⇒ ***FW：目的適合性***）。

2 短所

　管理会計を礎とした数値であり、会計基準に準拠したものとは限らないため、セグメント数値と公表財務諸表数値との間の調整表を作成する必要があります。セグメント情報のレベルでは、異なる企業間の比較を困難にするといえます（⇒***FW：比較可能性***）。また、企業固有の利益の源泉等を開示するため、顧客から価格（値下）交渉を受けたり、企業の経営戦略が露呈してしまうことにより、同業他社との競争上不利益を被る可能性もあります。

　なお、マネジメント・アプローチの対極の概念を、インダストリー・アプローチ（industry approach）といいます。当該アプローチは、連結財務諸表数値を製品・サービスまたは地域別に分解したものを、セグメントとする考え方をいいます。

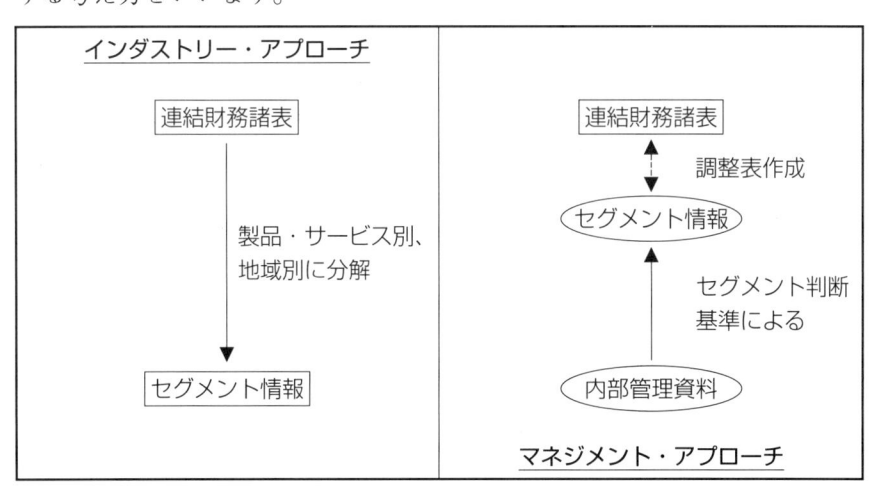

インダストリー・アプローチ	マネジメント・アプローチ
連結財務諸表 ↓ 製品・サービス別、地域別に分解 セグメント情報	連結財務諸表 ↕ 調整表作成 セグメント情報 ↑ セグメント判断基準による 内部管理資料

財務報告の利用者が、将来企業に生じるであろうキャッシュ・インフローの見積りに際して、経営者と同様の視点を提供するという意味では、内部管理資料を公表することになるマネジメント・アプローチは、財務報告上有用であるといえます（⇒*FW：目的適合性*）。

3 事業セグメント

　事業セグメント（operating segments）とは、企業の構成単位のうち、下記の全てに該当するものをいいます。

> ① その活動から収益を獲得し、費用を負担する事業活動に従事している(同一企業の他の構成単位との取引に関連する収益・費用を含む)。
> ② 企業の最高経営意思決定者[※]が、当該セグメントに配分すべき資源に関する意思決定を行い、また、その業績を評価するために、その経営情報を定期的に検討している。
> ③ それについて分離した財務諸表を入手できる。

（※）最高経営意思決定者（CODM：chief operating decision maker）とは、特定の肩書を有する経営者、というわけではなく、企業の事業セグメントに資源を配分し、その業績を評価する機能を有するものをいいます（IFRS8：7）。多くの場合は、最高経営責任者（CEO：chief executive officer）や最高業務責任者（COO：chief operating officer）が該当しますが、経営会議や取締役会等の会議体が該当することもあります。

4 報告セグメント

　報告セグメント（reportable segments）とは、その情報を区分して報告しなければならない事業セグメントをいいます。
　すなわち、識別された事業セグメント及び①集約基準により集約された事業セグメントのうち、②量的基準を満たすセグメントであり、当該報告

セグメントが、財務諸表（注記）において開示されることになります（⇒ *FW：目的適合性*）。

1 集約基準（aggregation criteria）

　いくつかの事業セグメントが類似の経済的特徴を有し、かつ、当該セグメントが、①製品やサービスの性質・②生産過程の性質・③製品やサービスの顧客類型や種類・④製品やサービスを配送提供するために使用する方法・⑤規制環境の性質（金融機関等の場合）、の全ての点において類似している場合には、当該セグメントを単一の事業セグメントに集約することができます（IFRS8：12）。

2 量的基準（quantitative thresholds）

　次の量的基準のいずれかを満たす事業セグメントに関する情報は、区分して報告しなければなりません（IFRS8：13）。ただし、量的基準のいずれも満たさない事業セグメントであっても、経営者が、セグメントに関する情報が財務諸表利用者にとって有用であると考えた場合には、区分して開示することができます（IFRS8：13）。

---

① 収益（売上高）基準
　収益（売上高：セグメント間の内部売上高または振替高を含む）が、全ての事業セグメントの収益（売上高）の合計額の 10% 以上であること。

② 純損益基準
　純損益の絶対額が、以下のいずれか大きい方の 10% 以上であること。
　・損失を報告しなかった全ての事業セグメントの報告利益の合計額
　　または
　・損失を報告した全ての事業セグメントの報告損失の合計額

③ 資産基準
　資産が、全ての事業セグメントの資産の合計額の 10% 以上であること。

なお、報告セグメントの外部収益（売上高）の合計額が、企業全体のそれの75%未満である場合には、少なくとも収益（売上高）合計額の75%が報告セグメントに含まれるまで、報告セグメントとして事業セグメントを追加しなければなりません（IFRS8：15）。報告セグメント数が10を超える場合には、実務上の限度に鑑み集約する等、検討すべきとされています（IFRS8：19）。また、量的基準を満たさない事業セグメントが、①類似の経済的特徴を有し、かつ、②集約基準の過半数を共有する場合にのみ、他の量的基準を満たさない事業セグメントと結合して、報告セグメントを作成することができます（IFRS8：14）。

5 報告セグメントの決定

　報告セグメントの決定手順は、次のフローチャートのとおりです。

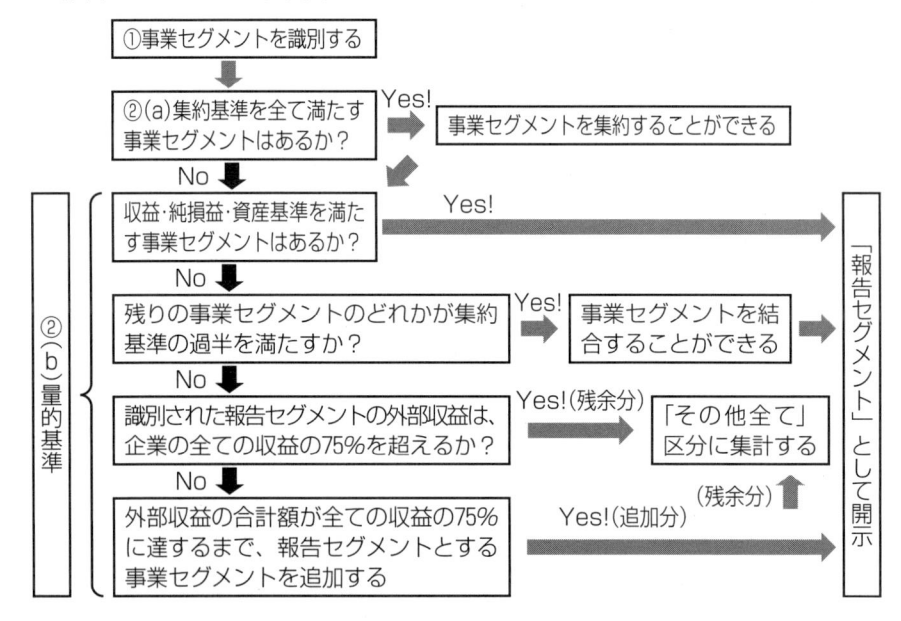

```
①事業セグメントを識別する
    ↓
②(a) 集約基準を全て満たす事業セグメントはあるか？ ──Yes!→ 事業セグメントを集約することができる
    ↓No
②(b) 量的基準
    収益・純損益・資産基準を満たす事業セグメントはあるか？ ──Yes!──────────────→「報告セグメント」として開示
    ↓No
    残りの事業セグメントのどれかが集約基準の過半を満たすか？ ──Yes!→ 事業セグメントを結合することができる
    ↓No
    識別された報告セグメントの外部収益は、企業の全ての収益の75%を超えるか？ ──Yes!（残余分）→「その他全て」区分に集計する
    ↓No                                                                  （残余分）↑
    外部収益の合計額が全ての収益の75%に達するまで、報告セグメントとする事業セグメントを追加する ──Yes!（追加分）→
```

6 開示

　セグメント情報は、財務諸表の利用者が、事業活動、及び企業が事業を行う経済環境の性質や財務的な影響を評価できるように、開示されなければなりません（IFRS8：20）。この観点から、下記項目の開示が要請されています。

項　目	開示内容
事業セグメントに関する開示	① 一般情報 ② 報告セグメントの純損益、資産及び負債に関する情報 ③ 測定方法に関する事項 ④ 財務諸表上の金額との調整表 ⑤ セグメント区分方法の変更
全社情報の開示	① 製品及びサービスに関する情報 ② 地域に関する情報 ③ 主要な顧客に関する情報

7 日本基準との相違

　IFRS第8号と日本基準の主な相違は次のとおりですが、日本基準は既にコンバージェンス済であり、両者に重要な差異はないと理解してよいでしょう。

項　目	IFRS	日本基準[※]
開示項目	① 事業セグメント ② 全社情報	① セグメント情報 ② 関連情報 ③ 固定資産の減損損失関連情報（セグメント別） ④ のれん関連情報（セグメント別）

（※）「セグメント情報等の開示に関する会計基準」（企業会計基準委員会）

練習問題147

マネジメント・アプローチについて、明らかに誤って述べているものはどれですか？　次のうちから選択しなさい。

1. マネジメント・アプローチとは、経営の意思決定・業績評価のために企業を事業の構成単位に分別したものをセグメントとする考え方をいう。
2. マネジメント・アプローチによれば、日常的に経営者が利用している内部管理資料が、そのまま外部報告に利用されることになる。したがって、財務諸表利用者は、経営者と同じ視点で企業の事業状況を把握することにより、経営者の行動を予測し、その予測を企業の将来キャッシュ・フローの評価に反映させることが可能になる。
3. マネジメント・アプローチによった場合には、基本的に外部報告に管理数値が用いられることから、公表財務諸表数値と報告セグメント情報との調整表の作成が必要となることや、異なる企業間の比較を困難にする、といった短所があるといえる。
4. マネジメント・アプローチによれば、日常的に経営者が利用している内部管理資料をそのまま開示しなければならないため、例えば、売上高・純損益・資産が全ての事業セグメントの合計額の10％未満であるように、重要性がないと認められない場合であっても、報告セグメントとして、識別・開示しなければならない。

練習問題148

Ａ社は不動産開発業を営んでいます。IFRS８によれば、下記を

前提とした場合、報告セグメントとすべき事業セグメントの正しい組み合わせはどれですか？　次のうちから選択しなさい。

(単位：CU)

事業セグメント	売上高	純損益(△：損)	資　産	従業員数(人)
Ⅰ	5,000,000	1,500,000	23,000,000	100
Ⅱ	10,000,000	2,000,000	35,000,000	20
Ⅲ	1,500,000	△350,000	6,000,000	105
Ⅳ	1,700,000	350,000	8,000,000	35
Ⅴ	1,800,000	△300,000	28,000,000	40
合　計	20,000,000	3,200,000	100,000,000	300

（なお、セグメント間の内部売上高または振替高はありません）

1．Ⅰ・Ⅱ・Ⅴ
2．Ⅰ・Ⅱ・Ⅲ・Ⅴ
3．Ⅰ・Ⅱ・Ⅳ・Ⅴ
4．Ⅰ・Ⅱ・Ⅲ・Ⅳ・Ⅴ

練習問題 149

B社は小売業を営んでいます。IFRS 8によれば、下記を前提とした場合、報告セグメントとすべき事業セグメントの、最小限（セグメント数）の組み合わせとして、正しいものはどれですか？　次のうちから選択しなさい。

(単位：CU)

事業セグメント	売上高	純損益(△：損)	資　産	従業員数(人)
Ⅰ	13,500,000	3,300,000	80,000,000	220
Ⅱ	1,420,000	200,000	5,000,000	8

Ⅲ	1,400,000	100,000	8,000,000	55
Ⅳ	1,380,000	50,000	4,000,000	5
Ⅴ	1,000,000	△500,000	1,000,000	5
Ⅵ	850,000	30,000	1,200,000	4
Ⅶ	450,000	20,000	800,000	3
合　計	20,000,000	3,200,000	100,000,000	300

（なお、セグメント間の内部売上高または振替高はありません）

1．Ⅰ・Ⅱ・Ⅲ
2．Ⅰ・Ⅱ・Ⅴ
3．Ⅰ・Ⅲ・Ⅶ
4．Ⅰ・Ⅴ・Ⅶ

第31章 会計方針、会計上の見積りの変更及び誤謬（IAS 第 8 号）

1 目的・範囲

　IAS 第 8 号は、会計方針の選択と適用に関する要件、会計方針の変更、会計上の見積りの変更と誤謬の訂正の会計処理及びその開示について規定することを、目的としています。企業の財務諸表の目的適合性と信頼性及び財務諸表の期間比較可能性と、その他企業の財務諸表との比較可能性を向上させることを意図したものです（IAS8：1）（⇒*FW：目的適合性・忠実な表現・比較可能性*）。IAS 第 8 号は、会計方針の選択・適用、会計方針の変更、会計上の見積りの変更及び過年度の誤謬の訂正の会計処理に、適用しなければなりません（IAS8：3）。

2 会計方針

1 定義

　会計方針 (accounting policies) とは、企業が財務諸表を作成表示するにあたって採用する特定の原則、基準、慣行、ルール及び実務をいいます (IAS8：5)。

2 会計方針の適用

　あるIFRSが取引その他の事象または状況（以下、取引等）に具体的に該当する場合には、当該事象に適用される会計方針は、そのIFRSを適用して決定しなければなりません（IAS8：7）。

　具体的に取引等に該当するIFRSが存在しない場合には、次のような情報をもたらすような会計方針を策定し、適用する際の判断根拠としなければなりません（IAS8：10）。

> ①　利用者の経済的意思決定のニーズに対する目的適合性がある
> ②　財務諸表が次のようであるという点で信頼性がある
> 　(a)　企業の財政状態、財務業績及びキャッシュ・フローを忠実に表す。
> 　(b)　法的形式だけでなく取引等の経済的実質を反映する。
> 　(c)　中立である、すなわち偏りがない。
> 　(d)　慎重である。
> 　(e)　全ての重要な点で完全である。

　上記全てが、(旧)概念フレームワークの質的特性から引用されていることが理解できます。また、上記のような判断を行うにあたり、次の根拠資料を、上から順に参照し、その適用可能性を検討しなければなりません（IAS8：11）。

> ①　類似の事項や関連する事項を取り扱っているIFRSの定め
> ②　概念フレームワークにおける資産、負債、収益及び費用に関する定義、認識基準及び測定概念

　なお、類似の取引等については、首尾一貫してその会計方針を選択・適用しなければなりません（IAS8：13）（⇒*FW：比較可能性*）。

3 会計方針の変更

1 会計方針の変更が認められる場合

会計方針の変更は、次の事項に該当する場合にのみ、行わなければなりません（IAS18：14）。

> (a) ある基準や解釈指針によって必要とされる、または、
> (b) 企業の財政状態、財務業績またはキャッシュ・フローに対し取引等が及ぼす影響についてより<u>信頼</u>がおけ、より<u>目的適合</u>となる情報を提供する財務諸表となる

≪会計方針の変更に該当する例≫

> ① 棚卸資産の評価方法を、加重平均法から先入先出法に変更した場合
> ② 数理計算上の差異の処理方法を、回廊方式から全部認識方式に変更した場合（改訂前 IAS 第 19 号に準拠）

➡ いずれも、○：認められていた会計方針→◎：より目的適合的となる会計方針となります。

≪会計方針の変更に該当しない例≫

> ① 会計方針を適用する取引等が、以前に発生した実体と異なる場合
> ② 新しい会計方針を適用する取引等が、以前に発生していないか、発生していたとしても重要性がない場合

➡ いずれも、会計方針の適用対象となる事実自体に、継続性がないためです（①：事実の変更、②：事実の新規発生）。

2 遡及適用

　会計方針を変更する場合は、変更の期間の特定の影響または累積的影響を測定することが実務上不可能となる範囲を除いて（IAS8 : 23）、当該変更を、遡及適用しなければなりません（IAS8 : 19（b））（適用する IFRS に経過措置についての規定がある場合は、当該経過措置に従います）。

　遡及適用（retrospective application）とは、新しい会計方針を、それらが既に適用されていたかのように取引等に適用することをいいます（IAS8 : 5）。最も古い年度（earliest prior period）の資本項目のうち、影響を受ける期首残高（the opening balance）及び各過年度に開示されているその他の比較可能額（comparative amounts）を、新しい会計方針が既に適用されていたかのように、調整する必要があるのです（IAS8 : 22）。

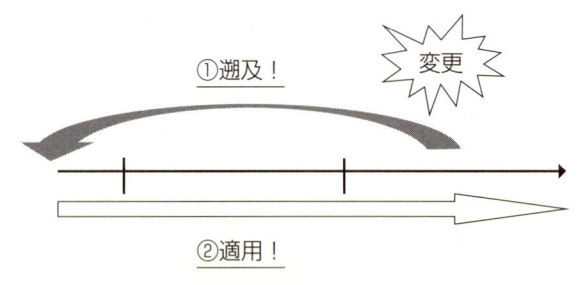

①遡及！　　変更
②適用！

　また、実務上不可能（impracticable）な場合とは、例えば、①表示されている1期以上の過年度に関する比較情報について、会計方針を変更する際の期間における、特定の影響の測定が実務上不可能な場合や、②当期の期首において過年度の全てについて新しい会計方針を適用することによる累積的影響の測定が実務上不可能な場合、をいいます。①の場合には、適用が実務上可能となる最も古い期の期首の資産や負債の帳簿価額に対して新しい会計方針を適用し、当該期間の資本項目のうち影響を受ける各構成要素の期首の残高に対し、それに対する修正をしなければなりません（IAS8 : 24）。②の場合には、実務上可能な最も古い日付から将来に向かって、新しい会計方針を適用するために、比較可能情報を修正することになります（IAS8 : 25）。

4 会計上の見積りの変更

　会計上の見積り（accounting estimates）とは、資産や負債の現状についての評価、及び資産や負債に関連して予測される将来の便益及び義務についての評価をいい、会計上の見積りの変更とは、会計上の見積りの結果生じる、資産または負債の帳簿価額または資産の定期的な費消額の調整をいいます。新しい情報や新しい展開から生じるものですので、誤謬の訂正ではありません（IAS8：5）。具体的には、取引先の財政状態の急激な悪化に鑑み貸倒引当金を積み増した場合や有形固定資産の耐用年数を見直した場合等、が該当するでしょう。

　会計上の見積りの変更の影響は、次に示す期間損益に含めて、将来に向けて認識しなければなりません。

> ① その変更期だけに影響を与える場合
> 　➡その変更の期間
> ② 変更期及び将来の期間の両方に影響を与える場合
> 　➡当該変更期及び将来の期間

　なお、将来に向かっての適用（prospective application）とは、当該変更により影響を受ける当期及び将来の期間における、会計上の見積りの変更の影響を、認識することをいいます（IAS8：5）。

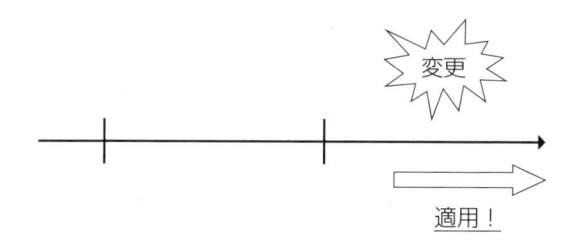

5 誤謬の訂正

　誤謬（errors）とは、企業の財務諸表における脱漏または誤表示をいい、過年度の誤謬（prior periods errors）とは、①当該期間の財務諸表が発行に向けて承認されたときに入手可能となっていた、もしくは、②当該財務諸表を作成し表示する時に入手でき検討できたと正当に予測できた信頼性の高い情報を、使用しなかったまたは誤用したことにより生じた、過去1年またはそれ以前の期間についての誤謬をいいます。これらの誤謬には、計算上の誤り、会計方針適用の誤り、事実の見落としや解釈の誤り及び不正行為の影響も含まれます（IAS8：5）。

　誤謬が発見された場合には、実務上不可能となる範囲を除いて、次の方法で、遡及して過年度の重大な誤謬を訂正して表示、すなわち、遡及的修正再表示を、行わなければなりません（IAS8：42,43）。

> ① 誤謬が発生した表示対象となる過年度についての比較可能金額を修正再表示する、または
> ② 誤謬が表示対象となる最も古い期間以前に発生している場合には、当該表示対象となる最も古い期間の資産、負債及び資本の期首残高を修正再表示する（IAS8：43）。

　なお、遡及的修正再表示（retrospective restatement）とは、財務諸表要素の金額の認識、測定及び開示を、過年度に誤謬は発生してなかったかのように、訂正することをいいます（IAS8：5）。

　また、実務上不可能（impracticable）な場合とは、例えば、①表示の対象となる1期以上の過年度についての比較可能情報に、誤謬が与える期間における特定の影響額を算定することが実務上不可能な場合や、②当期の期首時点で、全ての過年度について、誤謬の累積的影響額の算定が実務上

不可能な場合、が挙げられます。①の場合には、修正再表示が実務上可能となる最も古い期間の資産、負債及び資本の期首残高を、修正再表示しなければならず、②の場合には、実務上可能な最も古い日付から将来に向かって、誤謬を修正するために、比較情報を修正しなければなりません(IAS8:44,45)。

6 日本基準との相違

IAS第8号と日本基準に主要な相違はない、と理解して良いでしょう。日本基準は、既にコンバージェンス済であり、2009年（平成21年）12月4日には、企業会計基準委員会から「会計上の変更及び誤謬の訂正に関する会計基準」が、公表されています。当該基準は、2011年（平成23年）4月1日以後開始する事業年度の期首以後に行われる、会計上の変更及び過去の誤謬の訂正から、適用されています。

練習問題150

IAS8によれば、ある事象に関する会計方針の策定・適用に際して、具体的に該当するIFRSが存在しない場合に検討すべき事項について、誤って説明しているものはどれですか？　次のうちから選択しなさい。

1. 利用者の経済的意思決定のニーズに対する目的適合性があるか検討する。
2. 財務諸表が、経済的実質を反映していることになるか検討する。
3. 財務諸表が、中立である、すなわち偏りがないものになるか検討する。

4. 概念フレームワークにおける各構成要素の定義や認識規準、測定概念を参照し、それでも不明な場合に、類似の事項を扱っているIFRSを参照する。

練習問題151

　IAS 8によれば、①会計方針の変更、②会計上の見積りの変更、③誤謬の訂正の場合の処理について正しく述べているものはどれですか？　次のうちから選択しなさい。

1. ①遡及的に適用、②遡及的に適用、③遡及的に修正再表示
2. ①将来に向かって適用、②遡及的に適用、③将来に向かって適用
3. ①将来に向かって適用、②将来に向かって適用、③遡及的に修正再表示
4. ①遡及的に適用、②将来に向かって適用、③遡及的に修正再表示

練習問題152

　A社（12月決算）では、×1年12月に販売されたはずの棚卸資産（CU 4,000）が、誤って×1年度末の財政状態計算書に棚卸資産として認識されていることが、×2年度の財務諸表を作成している最中に判明しました（なお、×2年度末の財政状態計算書上は、この棚卸資産は認識されていません）。当該事項を反映させていない状態では、×1年度の当期利益はCU 20,000、×2年度の当期利益はCU 30,000でした。
　IAS 8によれば、上記誤りについて適切な処理を行った後の、①

×1年度の当期利益、及び、②×2年度の当期利益はいくらになりますか？ 次のうち、正しいものを選択しなさい。

1. ① CU 16,000、② CU 30,000
2. ① CU 16,000、② CU 34,000
3. ① CU 20,000、② CU 26,000
4. ① CU 20,000、② CU 34,000

練習問題
解答・解説

第1章 概念フレームワーク

解答1　**2**（概念フレームワーク≠IFRS）

　概念フレームワークはIFRSを構成しません。概念フレームワークとIFRSとの間に不一致が存在するときは、IFRSが優先されることになります。

解答2　**4**（②信頼性）

　②の信頼性は、2010年9月改訂前の概念フレームワークでは、4つの質的特性の1つとして位置づけられていました。しかしながら、意味が不明確であること等に鑑み、改訂後の概念フレームワークでは、信頼性の5つの下位概念であった"忠実な表現"という名称に変更され、必須の質的特性として位置づけられることになりました。

解答3　**4**（①過去事象の結果、②支配、③将来の経済的便益の流入）

　資産とは、<u>過去の事象の結果</u>として企業が<u>支配</u>し、かつ、<u>将来の経済的便益が企業に流入</u>することが期待される資源をいいます。過去・現在・将来の3つの観点から定義づけられていることを理解する必要があります。全ての事象について、この定義に該当するか否かで、資産として認識されるべきか否か判断されることになりますので、IFRSを学んでいくに際して、まずこの資産（及び負債）の定義を覚えておくことが必須といえるでしょう。

解答4　3（費用：資産↓or負債↑）

1.修繕引当金は、例えば修繕対象となる資産を売却・廃棄した場合に修繕義務を免れることが可能であるため、現在の債務ではなく、IFRSでは負債として認識できません。2.法的形式よりも、経済的実質が重視されます。4.資産・負債アプローチに基づくFWでは、費用・収益アプローチから導出される費用・収益対応の原則を基礎概念としていないのは自明といえます。

解答5　4（公正価値）

概念フレームワークにおける測定の基礎は、①取得原価・②現在原価・③実現可能価額・④現在価値とされています。公正価値（fair value）は、それぞれのIFRSにおいて個別に定義されており、必ずしも特定の測定の基礎に紐づけられるものではありません（なお、公正価値について包括的に規定した基準書IFRS13が、2011年5月に公表されています）。

第2章　財務諸表の表示、キャッシュ・フロー（IAS第1号、第7号）

解答6　4（初度適用時の調整表）

完全な1組の財務諸表とは、①財政状態計算書、②包括利益計算書、③持分変動計算書、④キャッシュ・フロー計算書、⑤注記、⑥（遡及修正・修正再表示を行う場合の）比較対象期間のうち最も早い期間の期首時点の財政状態計算書、をいいます。したがって、初度適用時の調整表は完全な1組の財務諸表には含まれません。

解答7　**4**（借入費用）

　借入費用は、一定の場合に資産として認識されるため、財政状態計算書に区分して表示される場合があります（借入費用については、第9章参照）。

解答8　**4**（継続事業と非継続事業の区分表示）

　包括利益計算書では、継続事業に係る税引後損益と、非継続事業に係る税引後損益とを区別して開示しなければなりません（非継続事業については、第12章参照）。財務諸表利用者の"将来"キャッシュ・フローの予測に資するためには、今後も継続していく事業と、今後は継続しない事業を区分して表示することが有用といえるからです。なお、1．については、当初は1計算書方式に統一される予定となっていましたが、最終的にはEDに対する反対コメントに配慮し、2計算書方式も容認されることになりました。

解答9　**2**（当座借越額）

　現金同等物か否かは、企業の資金運用方針等によって判断されます。したがって、銀行からの当座借越額も、短期の当座借越の使用が企業の資金管理の慣行において不可欠な構成要素となっているような場合には、現金同等物と認識される場合があります。

| 解答 10 | **4**（他人資本→自己資本） |

他人資本ではなく、自己資本の管理に関する企業の目的、方針及び手続を評価することができるような情報を開示する必要があります（IAS1：134）。

第3章　初度適用（IFRS第1号）

| 解答 11 | **3**（明示的かつ無限定でIFRSに準拠している旨の記述） |

過年度の財務諸表がIFRSに準拠しているという明示的かつ無限定の記述を含んでいる場合は、IFRSを初めて適用する場合には該当しません。実質的にはIFRSに完全に準拠した財務諸表が継続して作成されており、その旨利用者が把握できるため、と考えて良いでしょう。

| 解答 12 | **2**（2015年4月1日） |

IFRS移行日とは、企業が最初のIFRS財務諸表においてIFRSに基づく完全な比較情報を表示する最初の期間の"期首"のことをいい、IFRSでは最低2期間比較が要請されています。したがって、2017年3月期の前期である2016年3月期の期首、すなわち、2015年4月1日が、IFRS移行日となります。

| 解答 13 | **4**（見積りの適用） |

見積項目については、遡及適用が禁止されています。結果が判明した時点で、過去の状況に関する経営者の当時の判断を修正できるとすることは、

濫用の危険を孕んでいるためです。あくまで、経営者は当時において最善の見積りを行ったのであり、その見積りが誤りであったことを示す明白な証拠がない限りは、当時の見積りが正しかったとの前提に立脚するのが妥当といえます。

解答 14　**3**（数理計算上の差異の区分処理）

回廊アプローチを選択している場合の数理計算上の差異について、制度開始時から IFRS 移行日までに生じた累計額を未認識部分と認識済部分に区分する処理は、原則的に遡及適用する場合の処理です。免除規定として、IFRS 移行日において当該差異の全額を認識することで、煩瑣な分解処理を回避できることになっています（数理計算上の差異については、**第 15 章**参照）。

第 4 章　棚卸資産（IAS 第 2 号）

解答 15　**2**（売価還元法）

IAS2 によれば、原価算定方式として、①個別法（1.）、②先入先出法（4.）、③加重平均法（3.）、が認められており、原価測定技法として、①標準原価法、②売価還元法（2.）、が認められています。よって、2.の売価還元法は原価測定技法であり、原価算定方式ではありません。

解答 16　**4**（現実的な原価のフローに"反する"）

後入先出法は、売上原価の測定値が棚卸資産の古くなった価格を参照す

る一方、販売収益が現在の価格で行われるという、従来の会計モデルの欠陥に対処しようとする試みです。後入先出法では、現実的な原価のフローに"反する"仮定を用いることになります。しかしながら、この仮定が表現の忠実性を欠くとして、IAS2では、後入先出法は容認されていません。

解答 17　**3**（小売業における売価還元法の適用）

1.④の事務用消耗品等は、日本基準上では棚卸資産とされていますが、IAS2では棚卸資産の定義に含まれていません。2.個別法は、受注生産に適合します。4."かつ…に限って"ではなくて、"または"となります。

解答 18　**1**（CU 4,090）

CU 4,090＝①（4,000－200）＋②200＋④50＋⑤40

本問に関する棚卸資産の原価の算定に際しては、値引・異常な仕損分・保管費用を原価に算入しないことが、重要となります。

第5章　有形固定資産（IAS第16号）

解答 19　**4**（整地費用）

4.整地費用は、資産を設置するための直接付随費用であるため、建物の取得原価の構成要素に含まれることになります。

解答 20　**2**（残存価額と処分費用の見積額）

正味の将来キャッシュ・フローを見積もる必要があるため、残存価額の算定は、処分費用の見積額を控除して行わなければなりません（IAS16：6）。

解答 21　**1**（CU 120,000）

減価償却方法は、資産の将来の経済的便益が企業によって消費されると予測されるパターンを反映するものを選択しなければなりません。本問では、Xの経済的便益は生産高に応じて消費されると仮定していますので、最も適切な減価償却方法は、定額法でなく、生産高比例法となります。
したがって、CU 120,000（＝(800,000－200,000)÷100,000／500,000）としている1.が、正解となります。

解答 22　**3**（CU 140,000）

有形固定資産の重要な構成部分については、別個に減価償却を行う必要があります（コンポーネント・アカウンティング）。本問では、B社におけるギャレーに重要性はありませんが、エンジン部分は重要な構成部分として認識されていますので、エンジン部分については、別個区分して、減価償却を行わなければなりません。

【エンジン部分】
　CU 90,000＝(400,000－40,000)÷4年

【本体（除エンジン）】
　CU 50,000＝((1,000,000－400,000)－100,000)÷10年
　したがって、CU 140,000（＝90,000＋50,000）としている3.が正解と

なります。

解答 23　**3**（(損失) CU 110,000）

　C社は、車両Zについて原価モデルを採用していますので、Zを、取得原価から減価償却累計額（及び減損損失累計額）を控除した価額で測定することになります。すなわち、Zに関しては、公正価値にかかわらず減価償却計算のみを実施することになり、算定された減価償却費が当期損益として認識されます。
　したがって、(損失) CU 110,000（＝(600,000－50,000)÷5）としている3.が正解となります。

解答 24　**2**（CU 2,000）

　×2年度の土地Uの公正価値増加分10,000（＝52,000－42,000）のうち、8,000（＝50,000－42,000）については、×1年度に計上した再評価損失（当期損失）の戻し（当期利益）として認識されますので、残額のCU 2,000（＝52,000－50,000）が、再評価剰余金（その他の包括利益）となります。

解答 25　**3**（認識の中止）

　有形固定資産項目の帳簿価額の認識は、①処分時、もしくは、②使用または処分から将来における経済的便益が何ら期待されない場合に、中止しなければなりません（IAS16：67）。なお、認識の中止とは、認識（特定の項目を財務諸表に組み入れるプロセス）の反対の概念です。特定の項目を財

務諸表から除外すること、と理解してよいでしょう。

解答 26　**4**（除去等に関する費用）

日本では、「資産除去債務に関する会計基準」（及び同適用指針）が公表されており、2010年4月1日以降開始する事業年度から、資産除去債務の認識と、それに対応する固定資産の取得原価等の認識が要請されています。

第6章　無形資産（IAS 第38号）

解答 27　**1**（①物理的実体なし・②識別可能・③非貨幣性資産）

IAS38 によれば、無形資産とは、物理的実体のない識別可能な非貨幣性資産をいいます。

解答 28　**4**（定義3要件＋認識規準2要件）

1.は、識別可能性と分離可能性が入れ替わっています。3要件の1つは、識別可能性です。2.については費用として認識する場合があります。3.は、力を有し、"かつ"他者の利用を制限できる場合です。

解答 29　**3**（自己創設無形資産認識のための6要件）

1.及び2.は、研究局面と開発局面が逆になっています。4.は、一定の場合を除き、という表現が誤りです。ブランド、題字、出版表題、顧客

名簿及び実質的にこれらに類似する項目は、事業を全体として発展させる原価と区別が不可能であることや、自己創設のれんと区別できないため自己創設のれんを計上していることと同じになることに鑑み、無形資産として認識してはならないとされています（IAS38：63, 64）。

解答30　**1**（取得原価）

　無形資産の当初認識時の測定は、取得原価(cost)によります(IAS38：24)。公正価値を測定基礎とした場合には、IAS16と整合性が取れなくなりますし、そもそも無形資産について活発な市場が存在する可能性は非常に低く、その公正価値を信頼性をもって測定することは困難だからです。

解答31　**3**（定額法以外も場合によってはOK）

　無形資産の償却方法は、必ず定額法によらなければならないということではなく、他に採用可能な方法として、定率法、生産高比例法が例示されています（IAS38：98）。予想される資産の将来の経済的便益の消費パターンを反映していると信頼性をもって判断できる場合には、例えば、市販目的のソフトウェアについて、見込販売数量による償却方法を採用することも認められます。

解答32　**3**（多額の費用→更新期間を含めない）

　契約やその他の法的権利から生じる無形資産の耐用年数は、原則として、契約・法的権利に基づく期間以内でなければなりません。当該資産の使用

予定期間が短いようであれば、その期間を耐用年数とすることは認められています (IAS38：94)。また、契約・法的権利に基づく期間に更新期間を加算した期間を耐用年数とする場合もありますが、この例外処理は、多額の費用なしに更新できるという証拠がある場合に限られます (IAS38：94)。更新に多額の費用がかかる場合には、更新日に新たな無形資産を取得したと認識されるからです。

したがって、多額の費用がかかるにもかかわらず、更新期間（8年）を含め、耐用年数を16年としている3.が、誤りとなります。

第7章　投資不動産（IAS 第40号）

解答 33　　**4**（経営管理目的等→自己使用不動産）

物品の製造・販売、サービスの提供、経営管理目的のために保有される不動産は、自己使用不動産（own-occupied property）として区分されます。自己使用不動産は、賃貸収益（income gain）や資本増加（capital gain）を獲得することを目的とせず、通常の使用によってキャッシュ・フローを獲得することを企図して保有されています。

解答 34　　**1**（公正価値モデルの一部適用）

公正価値モデルを選択した場合、全ての投資不動産を公正価値で測定することになります（IAS40：33）。投資目的で保有する不動産について、別個の会計方針によることは、比較可能性・目的適合性の観点から問題があるからと考えて良いでしょう。

解答35　**4**（CU 500,000）

【公正価値モデルを採用した場合の仕訳】
（Dr）投資不動産　　　　　400,000　（Cr）再評価による利得（当期損益）400,000
【原価モデルを採用した場合の仕訳】
（Dr）減価償却費（当期損益）100,000　（Cr）減価償却累計額　　　100,000 (※)
　　　　　　　　　　　　　　　　　（※）（3,000,000－0）÷30年

したがって、CU 500,000（＝400,000－（△100,000））としている４.が正解となります。

解答36　**2**（その他の包括利益→当期損益）

　公正価値モデルを採用している投資不動産について、投資目的から自己使用目的に変更した場合には、用途変更日（自己使用の開始時）の公正価値をもって、自己使用不動産の取得原価とします。そして、振替時の公正価値と帳簿価額との差額は、その他の包括利益でなく、当期損益として認識します。

解答37　**4**（再評価による利得（OCI）CU 200,000）

　投資不動産について公正価値モデルを採用している場合、自己使用目的の資産を投資目的に変更した場合には、自己使用の終了日の公正価値をもって、投資不動産の取得原価とします。そして、振替時の公正価値と帳簿価額との差額は、＋（益）となっている場合には、その他の包括利益として、△（損）となっている場合には、当期損益として、認識します（IAS 16の再評価モデルと整合的に処理する必要があるからです）。

本問では、自己使用の終了日：×1年度末、公正価値と簿価の差額：＋200,000（＝1,200,000－1,000,000）となりますので、×1年度末には、下記仕訳を行う必要があります（単位：CU）。

(Dr) 投資不動産　　　　　1,200,000　(Cr) 有形固定資産（建物）1,000,000
　　　　　　　　　　　　　　　　　　　　再評価による利得(OCI)　200,000

したがって、4.が正解となります。

解答38　**2**（日本基準：FVによる測定は容認されていない）

現状の日本基準では、投資不動産について、公正価値で測定を行うことは認められていません。賃貸等不動産（投資不動産）の時価等の開示（注記）が要請されていますが、貸借対照表・損益計算書における認識・測定自体は、基本的に、通常の有形固定資産と同様の方法によることになります（一部表示を除きます）。

第8章　リース(IAS 第17号)

解答39　**2**（リース期間が耐用年数の75％以上）

ファイナンス・リース該当性の判断に際して、リース期間に関する該当要件としては、所有権が移転しないとしても、リース期間が当該資産の経済的耐用年数の<u>大部分（major part）</u>を占める場合と規定されており、日本基準等とは異なり、75％や90％といった数値基準は示されていません（原則主義）。

| 解答 40 | **3** (CU 180,000) |

当該リースは、リース期間（10年）が経済的耐用年数（20年）の大部分を占めるとはいえないため、オペレーティング・リースに該当します。オペレーティング・リースでは、リース料の支払額（方法）が定額法でない場合であっても、原則としてリース期間にわたる定額法によって、リース費用を認識することとされています（IAS17：33）。したがって、
 CU 180,000＝(200,000×（10年－1年））÷10
としている3.が、正解となります。

| 解答 41 | **3** (公正価値＜売却金額の場合の繰延処理) |

セール・アンド・リースバック取引においては、資産の公正価値と売却金額との大小により、それぞれ認識・測定が異なります。
① 資産の公正価値 ＝ 売却金額：損益即時認識
② 資産の公正価値 ＜ 売却金額：公正価値を超過した分は繰延処理
③ 資産の公正価値 ＞ 売却金額：損益即時認識
上記から、②の場合を記載している3.が正解となります。なお、1.は現行の日本基準による会計処理となります。

| 解答 42 | **3** (延長オプション：50％超の場合) |

延長オプションに関しては、発生しない可能性よりも発生する可能性の方が高くなる最長の起こりうる期間(the longest possible lease term that is more likely than not to occur)を、リース期間として決定しなければならないと提案されています。したがって、3.が正解となります。現行の日

本基準では、解約不能のリース期間に、再リースの意思が明らかな再リース期間を加算することとされています。なお、4.変動リース料も、借手はリース資産・負債の測定に際して、常にその期待結果を含めることと提案されています。

解答 43　　1 （履行義務アプローチ：原資産 CU 10,000）

本問において、各々のアプローチに従った仕訳を示すと、次のとおりになります。
【履行義務アプローチ】
（Dr）リース料受取債権　14,000　（Cr）リース負債（履行義務）　14,000
【認識中止アプローチ】
（Dr）リース料受取債権　14,000　（Cr）リース収益　　　　　　14,000
　　　リース費用　　　　　 7,000　　　　原資産（機械設備）　　 7,000
したがって、履行義務アプローチによった場合には、原資産（機械設備）に関する仕訳処理は行わないため、当初認識時の測定額である CU 10,000 がそのまま継続して残高となります。よって、1.が正解となります。

第9章　借入費用（IAS 第23号）

解答 44　　3 （長期間→相当の期間）

適格資産とは、意図された使用または販売が可能となるまでに相当の期間を必要とする資産をいいます。ここで、相当の期間とは一般的に1年間を超えるものとされますが、長期間ということではありません。したがって、長期間、としている3.が誤りとなります。

解答45　**2**（CU 700）

　特定目的で資金調達した場合、資産化適格借入費用は、①当期中に発生した実際の借入費用の額から、②これらの借入による一時的投資に係る投資利益の額を控除して、算定することになります。
　よって、資産化すべき借入費用の額は、CU　700（＝①1,500（1,000＋5000）－②800）となります。

解答46　**4**（3月14日）

　借入費用の資産化を行うためには、①資産に関わる支出が発生したこと、②借入費用が発生したこと、③意図した使用または販売を可能とするために必要な活動に着手していること、の3つの要件を全て満たすことが必要であり、資産化を開始する日は、この3つの要件が初めて全て充足された日となります。
　本問では、①支出：3月14日、②借入費用：1月15日、③活動：2月10日、となりますので、資産化を開始する日は、全ての要件が初めて充足された日、すなわち、①3月14日、ということになります。

解答47　**3**（CU 1,050,000）

　本問のように、一般目的借入金に関して借入費用を計算する場合、まず、①資産化率を算定し、②その資産化率をもとに、特定資産に関する借入費用を算定する必要があります。
　①　資産化率　2.625％
　　　＝（3.0％×50,000,000＋2.0％×30,000,000）／（50,000,000＋30,000,000）

② Zに関する借入費用の資産化額　CU 1,050,000
　＝40,000,000×2.625%

第10章　資産の減損（IAS 第36号）

解答 48　**2**（CU 100,000）

減損損失＝帳簿価額－回収可能価額
（回収可能価額：公正価値（売却費用控除後）と使用価値の"高い"方）
したがって、
　回収可能価額：CU 900,000（＝1,100,000－200,000＞850,000）
　減損損失　　：CU 100,000（＝1,000,000－900,000）
となり、2．が正解となります。

解答 49　**2**（CU 20,000）

再評価差額部分については、その増加時にその他の包括利益（OCI）の増加を認識していますので、下落時にはまず、OCIの増加部分について、OCIの減少を認識します。当初簿価まで下落して初めて、当期損失としての減損損失を認識します。
したがって、CU 20,000（＝100,000－80,000）としている2．が正解となります。

解答 50　**4**（将来キャッシュ・フローの予測期間）

将来キャッシュ・フローの予測期間は、原則として、最長でも5年間で

なければなりません（IAS36：33（b））。原則主義をうたうIFRSでは珍しく数値基準として規定されていますが、一般的に、5年間を超える予測は明確性・信頼性を欠くためです。したがって、経営者が長期の予測について、信頼性があり、正確なキャッシュ・フロー予測能力を有していると証明できる場合には、当該長期間によることができます（IAS36：35）。なお、欧州において実務上は、2～3年としている例が多いようです（∵明確性）。

| 解答 51 | **4**（単なる時の経過に基づく増加：×）|

　減損損失の戻入が要請されるのは、"見積り"に変更があった場合のみであり、時の経過に基づく増加を理由とした戻入は認められません（IAS36：114）。「割引の巻戻し」といわれるように、単に時が経過したことによって、割り引かれる金額が少なくなっただけだからです。

| 解答 52 | **2**（減損の兆候：IAS36＞日本基準）|

　IAS36では、減損の兆候を概括的に広く状況証拠として規定しているため、減損の兆候に該当する場合は、日本基準より多いことになります。

第11章　鉱物資源の探査及び評価(IFRS第6号)

| 解答 53 | **4**（鉱物資源の開発に関する支出）|

　鉱物資源の開発に関する支出は、探査及び評価資産として認識してはなりません（IFRS6：10、IAS38）。

| 解答 54 | **2**（CU 800）

　探査及び評価資産の中には、掘削権等、無形資産として扱われる資産もあります（②探査のためのサンプル抽出費用：CU 500）。また、有形資産（③掘削装置）が無形資産を開発するときに用いられる場合、その用途に供された金額（④掘削装置の減価償却費：CU 300）は、無形資産の原価の一部となります。
　したがって、無形資産の取得原価は、CU 800（＝500＋300）となります。

| 解答 55 | **4**（掘削設備の陳腐化）

　IAS36（資産の減損）では、資産の陳腐化または物的損害についての証拠が入手できる場合は、減損の兆候がある、とされています（IAS36：12(e)）。しかしながら、当該事項はIFRS6にいう減損の兆候には該当しませんので、本問の解答は、4.掘削設備の陳腐化となります。

第12章　売却目的で保有する非流動資産及び非継続事業（IFRS第5号）

| 解答 56 | **4**（廃棄→売却）

　廃棄予定の非流動資産は、売却ではなく、主として継続的使用によってキャッシュ・フローを回収するように予定されているため、キャッシュ・フローの獲得形態という点で、売却目的保有資産とはその性質を異にしています。したがって、仮に廃棄計画が存在したとしても、売却目的で保有する非流動資産に分類することはできません。

解答 57 **3**（減損損失 CU 2,000を認識する）

　売却目的保有に分類された非流動資産（処分グループ）は、帳簿価額と売却費用控除後の公正価値のいずれか低い金額で測定し、売却費用控除後の公正価値までの評価減について、減損損失を認識しなければなりません。
　よって、CU 2,000（＝50,000－(51,000－3,000)）の減損損失の認識が必要、としている3．が正解となります。

解答 58 **4**（転売する可能性→転売のみを目的）

　IFRS5では、処分されたかまたは売却目的保有に分類された企業の構成単位で、①独立の主要な事業分野または営業地域を表す、②独立の主要な事業分野または営業地域を処分する統一された計画の一部である、③転売"のみ"のために取得した子会社である、のいずれかに該当するものを、非継続事業と定義しています（IFRS5：Appendix A）。したがって、転売する"可能性も含めて"、としている4．が誤りとなります。
　将来転売されてしまうかもしれませんが、基本的に継続的に事業を遂行していく意図で取得した子会社（事業）を、非継続事業として区分表示してしまうと、（継続事業から稼得される）将来キャッシュ・フロー予測に関する財務諸表利用者の判断を、誤らせてしまうことになるからです。

解答 59 **3**（当期損失 CU 2,500,000）

　非継続事業については、包括利益計算書上、①非継続事業の税引後損益、②売却費用控除後の公正価値で測定したことにより認識した税引後損益、または、非継続事業を構成する資産（処分グループ）を処分したことによ

り認識した税引後損益、の合計からなる単一の金額を表示することが要請されています。

本問では、①CU 2,000,000、②CU 500,000 であるため、その合計額である CU 2,500,000 を、当期損失として包括利益計算書に表示する必要があります。

第13章　金融商品(IAS 第32号、第39号、IFRS 第7号、第9号)

解答60　**3**（売掛金）

金融商品とは、一方の企業にとっての金融資産と、他の企業にとっての金融負債または資本性金融商品の双方を生じさせる契約をいいます。売掛金は、製商品の売買等の契約によって生じる債権ですが、他方で相手方に買掛金という債務を生じさせるものでもありますので、金融商品（金融資産）に該当することになります。

解答61　**3**（可変数の資本性金融商品を引き渡すデリバティブ）

デリバティブで可変数の自己の資本性金融商品を引き渡す可能性があるものは、金融負債に分類されます。

解答62　**4**（非流動負債、金融費用）

金融負債とは、他の企業に現金または他の金融資産を支払う契約上の義務等をいいます。償還優先株式は、発行者が保有者に現金を引き渡す契約上の義務を負うものであるため、金融負債に該当します。

また、資本性金融商品の保有者に対する配当は、税効果を控除した後に、資本の部に直接借方計上しますが、金融負債である金融商品、またはその構成要素に関連した利息や配当等は、当期損益において収益または費用として認識します。よって、4．が正解となります。

解答 63　**3**（流動性リスク（liquidity risk））

流動性リスク（liquidity risk）とは、企業が、金融負債に関連する債務を現金またはその他の金融資産により履行するに際して困難に直面するリスクをいいます。

解答 64　**3**（Level 2：金利スワップの時価）

公正価値の階層別開示について、Level 1 の公正価値は、公表価格、すなわち同一の資産または負債について、活発な市場における無修正の取引価格を用いたものをいいます。Level 2 の公正価値は、Level 1 以外で、直接または間接的に観察可能なインプットを主に用いたものをいい、Level 3 の公正価値は、観察可能な市場データに基づかないインプットを主に用いたものをいいます。

金利スワップの公正価値は、例えば、≪支払金利：固定5%≫によるキャッシュ・フローの合計（割引後）と、≪受取金利：変動6ヶ月 libor≫によるキャッシュ・フローの合計（割引後）の差額として求められますので、観察可能なインプットである libor を使用している点で、Level 2 の公正価値として分類することができます。

解答 65　**3** （HTM：①FV・②償却原価・③当期損益）

　金融資産の当初認識時の測定は、公正価値で行われます（IAS39：43）。また、当初認識後の測定・利得損失の測定は、①損益を通じて公正価値で測定する金融資産（FVTPL）：公正価値・当期損益、②満期保有投資（HTM）：償却原価・当期損益、③貸付金及び債権（L&R）：償却原価・当期損益、④売却可能資産（AFS）：公正価値・その他の包括利益、で行われます。したがって、3．が正解となります。

解答 66　**4** （保有債券について証券貸借契約を締結した場合）

　証券貸借契約の場合は、実質的に全てのリスクと経済価値を保持しているといえるため、認識を継続することになります。

解答 67　**4** （公正価値で測定する金融商品：減損不要）

　公正価値で測定する金融商品については、毎期公正価値で測定し直すことになりますので、減損処理を行うことは不要となります。

解答 68　**3** （資本性金融商品：OCI→配当：当期利益）

　IFRS9によれば、持ち合い株式のような戦略投資を行う場合、資本性金融商品の公正価値測定の例外処理として、公正価値の変動を当期利益でなくその他の包括利益に認識することができます。その場合、売却損益もその他の包括利益で認識され、リサイクルは禁止されますが、受取配当金は、

当期利益に計上することになります。これは、日本の持ち合い株式を意識した改訂といえます。

| 解答 69 | **2** (CU 500,000) |

A社は、B社株式の公正価値の変動を、その他の包括利益で認識しています。売却時（X3年3月10日）の簿価単価は、直前（X2年度末）に測定し直したCU 500となります。また、IFRS9ではリサイクルは認められていません。したがって、

　CU 500,000＝（510－500）×50,000株
としている2.が、正解となります。

| 解答 70 | **4** (FVヘッジ：変動額を独立表示) |

公開草案によれば、公正価値ヘッジについては、ヘッジ対象・手段ともにその他の包括利益として認識することになりますが、非有効部分については、純損益に振り替える必要があり、ヘッジ対象の変動額については、財政状態計算書上独立した資産・負債として表示する必要があります。企業のリスク管理活動の影響を、財務諸表において目的適合的に表現するためです。

第14章　法人所得税 (IAS 第12号)

| 解答 71 | **2** (繰延税金負債、CU 2,000) |

資産の帳簿価額（20,000）が税務基準額（15,000）より大きい場合に該当

し、差額（5,000：一時差異）が生じています。減価償却や売却等によって、当該資産の帳簿価額が将来回収されたときに、その期の課税所得が加算されることになりますので、当該差額は将来加算一時差異といえ、繰延税金負債を認識することになります。ゆえに、

　CU 2,000＝（20,000－15,000）×40％
となります。

解答72　**3**（A：②加算差異、B：①減算差異）

【A】
　当該利息の受取時（回収）に、経済的便益の流入（課税所得）が生じますので、税務上減算される金額、すなわち税務基準額は、"0"となります。一方で、会計上は資産としての未収利息が"100"認識されていますので、差額（一時差異）が生じています。そして、当該差額は、将来回収されたときに、その期の課税所得の算定上加算される一時差異と認識されます。未収利息の回収時に会計上は資産を取り崩すことになる一方で、税務上は今まで何も計上されていませんので、新たに利益（課税所得）が生じる、と考えるとわかりやすいでしょう。

【B】
　（税務）減価償却累計額＜（会計）減価償却累計額、ということは、（税務）簿価＞（会計）簿価、ということを意味し、その差額（一時差異）は、将来の課税所得から減算されることになります。例えば、税務上の簿価が300、会計上の簿価が200、資産の売却価額が350としてみましょう。この場合、税務上の利益（課税所得）は50（＝350－300）で、会計上の利益は150（＝350－200）となります。これはすなわち、将来、会計上利益を計上しても、そのうち100（＝150－50）は課税されないことを意味しています。

| 解答 73 | **2**（一定の場合、繰越欠損金に関する繰越税金資産を認識できる）

　繰越欠損金の存在は、確かに、将来課税所得が稼得されないという強い根拠になりますが、①十分な将来加算一時差異がある、②将来課税所得を稼得する可能性が高い、③欠損金が再発しそうもない特定の原因によって発生したものである、④タックス・プランニングの実行が可能である等の要因を考慮し、一定の場合には、回収可能性ありと判断して繰延税金資産を認識することが可能です。

| 解答 74 | **1**（税効果会計の方法：資産負債法）

　IAS12・日本基準双方とも、資産負債法により税効果会計を実施することとされています。なお、IAS12では、2．繰延税金資産の回収可能性の検討に関する具体的なガイドラインは無く（日本：あり）、3．連結消去仕訳としての未実現利益の消去に係る税効果額の算定に際して使用する税率は、買手側（売却先）のものを使用し（日本：売手側（売却元））、4．繰延税金資産・負債は財政状態計算書（貸借対照表）上、流動区分に分類表示してはならないこととされています（日本：項目の属性に従い流動・固定分類）。

第15章　従業員給付(IAS 第19号)

| 解答 75 | **3**（累積型：勤務提供時、非累積型：休暇発生時）

　有給休暇に関する負債（費用）の認識は、発生主義に基づいて下記の場合に行われることになります。
【累積型】　将来付与される有給休暇の権利を増加させる勤務を従業員が提供したとき

【非累積型】休暇が発生したとき

解答 76　**2**（CU 400,000）

　累積有給休暇については、その予想費用を、報告期間の末日現在で累積されている未使用の権利の結果企業が支払うと見込まれる追加金額として、測定しなければなりません（IAS19：14）。
　したがって、A社における当該事例の場合、X1年度末残存有給休暇分で、X2年度に消化されると予測される分は、
　CU 400,000＝2日×10人×CU 20,000
となりますので、2．が正解となります。

解答 77　**4**（8月1日）

　企業は、関連する従業員の雇用を終了することを明示的に約束した時点で、解雇給付に関する負債・費用を認識することになります。B社における当該事例の場合、明示的に約束した時点、すなわち、①正式な計画が発表され、②撤回の可能性が事実上なくなった8月1日に、解雇給付に関する負債・費用を認識する必要があります。

解答 78　**3**（期末日の優良社債の市場利回りを参照）

　リスク・フリーとなる国債の市場利回りではなく、プレミアムが上乗せされた優良社債の市場利回りを参照することになります。仮に期末日現在において通常でない状況により当該利回りが正常値を示していない場合で

あっても、各報告末日の利回りを参照するのです。なお、現行の日本基準では、期末日現在の安全性の高い長期の国債等及び優良社債の利回りを考慮して決定することになっています。

解答 79　**1** (特に認識しない)

確かに、数理計算上の差異は長期的には解消されますが、全く手当をしないことはIAS19では認められていません。

解答 80　**2** (CU 100)

CU 100＝(4,000－25,000(＞15,000)×10％)÷15年
- 4,000：前期（X1年）末現在の未認識の数理計算上の損失の正味累積額
- 25,000：前期（X1年）末現在の制度資産の公正価値（FV）
- 15,000：前期（X1年）末現在の給付建債務の現在価値（PV）
- 15年：制度に加入している従業員の予想平均残存勤務期間

解答 81　**3** (CU 1,100)

CU 1,100＝1,000＋(200÷2年)
- 1,000：勤務3年以上（＝権利が確定している）の従業員に関する追加給付PV
- 200：勤務3年未満（＝権利がまだ確定していない）の従業員に関する追加給付PV
- 2年：勤務3年未満の従業員の権利が確定するまでの平均期間

企業は、給付建制度の導入または変更の直後にすでに権利が確定している範囲内では、過去勤務費用を直ちに認識しなければなりません(IAS19:96)。

解答 82　　1（①OCI 一括認識　②OCI 一括認識）

　数理計算上の差異の認識方法については、IFRS においても日本基準においても、遅延認識を行うことができなくなる予定です(IFRS については、IAS19 の 2011 年 6 月改訂で確定しています)。

　なお、わが国における「退職給付に関する会計基準（案)」（企業会計基準公開草案第 39 号）第 24 項では、"数理計算上の差異は、原則として各期の発生額について、予想される退職時から現在までの平均的な期間（平均残存勤務期間）以内の一定の年数で按分した額を毎期費用処理する。未認識数理計算上の差異は税効果を調整の上、その他の包括利益を通じて純資産の部に計上する。"とされていますので、最終的な基準の内容に留意が必要です。

第16章　引当金、偶発負債及び偶発資産(IAS 第37号)

解答 83　　1（時期または金額が不確実な負債）

　IAS37 によれば、引当金（provision）とは、時期"または"金額が不確実な負債をいうとされています（IAS37：10）。したがって、1．が正解となります。

| 解答 84 | **3**（特定の費用または損失である） |

　IAS37による引当金の認識要件は、①過去の事象の結果として<u>現在の債務</u>を有していること、②債務の決済のために、経済的便益を有する資源が流出する<u>可能性が高い</u>こと、③債務の金額について<u>信頼性のある見積り</u>ができること、とされていますので、この3要件に該当しない、3．が解答となります。なお、3．は、現行の日本基準（企業会計原則　注解18）における4要件の1つです。

| 解答 85 | **2**（CU 800） |

　A社の保証対象となる取引は、通常、多額・大量であると推定されます。そのため、引当金の測定も、単一の債務ではなく大きな母集団の項目の債務についての最善の見積りとして、期待値による測定を行うことになります（IAS37：39）。
　期待値による算定は、可能性のある全ての費用を対応する確率で加重平均することによって、次のように行います。

状　況	確率	修理費用
欠陥が発見されない	80%	0
軽微な欠陥の発見	15%	2,000
重大な欠陥の発見	5％	10,000

　よって、<u>CU 800</u>（＝0【0×80％】＋300【2,000×15％】＋500【10,000×5％】）としている2．が正解となります。

解答86　**3**（化学物質の流出が損害を与えた）

　債務発生事象（obligating events：現在の債務を発生させた過去の事象）とは、その債務を決済する以外に企業に現実的な選択肢がない、法的債務または推定的債務を生じさせる事象をいいます。そして、推定的債務とは、①確立されている過去の実務慣行、公表されている方針または極めて明確な最近の文書によって、企業が外部者に対しある責務を受託することを表明しており、②その結果、企業はこれらの責務を果たすであろうという妥当な期待を外部者の側に惹起しているような、企業の行動から発生した債務をいいます。

　これを本問についてあてはめてみると、下記のように理解できます。
- 過去の事象：化学物質の流出が、周辺領域に環境的な損害を与えた
  ⬇
- 妥当な期待：環境方針を常に守ってきた実績→今回もB社は賠償する

ゆえに、正解は3．となります。

解答87　**1**（特別修繕引当金）

　（特別）修繕引当金は、現行の日本基準（企業会計原則 注解18）では、①将来の特定の費用及び損失であって、②その発生が当期以前の事象に起因し、③発生の可能性が高く、④金額を合理的に見積もれる場合には、負債として認識されます。

　一方、IFRSでは、通常、（特別）修繕引当金は負債として認識されません。すなわち、修繕が必要となる固定資産を、近い将来に操業停止や廃売却してしまえば、当該資産に係る修繕は実施する必要が無くなり、当該停止や廃売却は、企業の意思で自由にできることになります。このことは、企業が現在の債務を負っていないことと同視できるため、FWの負債の要

件を満たさず、ゆえに、引当金（負債）として認識できない、ということになります。

| 解答 88 | **3**（現時点決済概念（期待値）：CU 700） |

　究極決済概念とは、"将来において"債務を消滅させるために要求されることが見積もられる金額（最頻値）はいくらか、とする概念をいい、現時点決済概念とは、"期末日において"現在の債務の決済または第三者への移転のため合理的に支払う金額（期待値）がいくらになるか、とする概念をいいます。

　IAS37改訂案は、現時点決済概念を採用し、引当金の測定を期待値のみによって行うことを提案しています。

　よって、

　　現時点決済概念（期待値）　CU 700
　　＝200（CU 2,000×10％）＋200（CU 1,000×20％）＋300（CU 500×60％）
としている3．が正解となります。

第17章　株式報酬（IFRS第2号）

| 解答 89 | **3**（(Dr)　費用　CU 280,000　　(Cr)　資本　CU 280,000） |

　持分決済型の株式報酬取引については、①費用認識の相手勘定が資本となること、②付与時の公正価値を用いて測定し各報告期末日において再測定しないこと、がポイントとなります。

- X1年度末：10単位×300人×（1−20％）×400×1年／3年＝320,000
- X2年度末：10単位×300人×（1−30％）×400×2年／3年−320,000
　　　　　＝240,000

・X3 年度末：10 単位×300 人×（1－30％）×400×3 年／3 年－(560,000)
　　　　　＝280,000

解答 90　4 ((Dr) 費用 CU 950,000　(Cr) 負債 CU 950,000)

現金決済型の株式報酬取引については、①費用認識の相手勘定が負債となること、②公正価値を用いて測定し各報告期末日において再測定すること、がポイントとなります。
・X1 年度末：10 単位×300 人×450×1 年／3 年＝450,000
・X2 年度末：10 単位×300 人×350×2 年／3 年－450,000＝250,000
・X3 年度末：10 単位×300 人×550×3 年／3 年－700,000＝950,000

解答 91　3 (CU 900,000)

現金選択権付の株式報酬取引については、複合金融商品の認識・測定と同様に、まず、負債性金融商品の項目を測定し、実際に企業が受けた給付や資産との差額を、資本性金融商品の金額として測定することがポイントとなります。資産・負債の定義が一義的に重要であり、資本（持分）は両者の単なる差額概念に過ぎない、といった資産・負債アプローチに整合的な処理といえるでしょう（CU 900,000＝2,000,000－1,100,000）。

解答 92　4 (IFRS：権利不行使による失効分は処理しない)

株式報酬の認識・測定等に関する IFRS と日本基準との相違は、次のとおりです。IFRS では、資本確定説に準拠して、一度資本に組み入れられ

た部分については、権利不行使により失効したとしても利益等への戻入処理は行われません。労働サービス等は、一度拠出されたならば、たとえ権利が行使されなかったとしても、その性質上何ら変化が生じるわけではないからです。

項　目	IFRS	日本基準
未公開企業の取扱い	N/A	公正な評価単価に代えて、本源的価値（自社株式の評価額－行使価格：Intrinsic value）によることができる。その後、見直さない。
公正価値を信頼性をもって見積もることができない場合	本源的価値により測定し、各貸借対照表日に再測定。	N/A
権利不行使時の処理	N/A	権利失効部分について、失効が確定した期の利益として計上。

解答 93　　**3**（配当金↓⇒オプション価格↑）

下表は、株式オプション価格算定モデル（ブラック・ショールズ式）の構成要素とオプション価格の相関関係を表したものです。配当金が上昇すると、キャピタル・ゲイン（株式売却による収入）をインカム・ゲイン（配当金による収入）で先取りしてしまう現象が生じることと同視できますので、キャピタル・ゲインの減少を見越して、オプションとしての価値が下落することになると理解できるでしょう。設問は、この逆の場合を問うています。

価格決定要因	変化方向	オプション価格
① 原資産価格	上　昇	上　昇
② 権利行使価格	上　昇	下　落
③ ボラティリティ	上　昇	上　昇
④ 残存期間	長期化	上　昇
⑤ 無リスク利子率	上　昇	上　昇
⑥ 配当	上　昇	下　落

第18章　保険契約（IFRS第4号）

解答94　　**2**（保険者）

　IFRS4は保険者（保険会社等）に適用される財務報告基準であり、保険契約者には適用されません。

解答95　　**4**（IAS36は適用されない）

　再保険資産は、①出再者が契約期間中に支払われるべき金額の全てを受け取ることができないという明白な証拠があり、かつ、②出再者が再保険者から受け取る金額に対して信頼を持って測定することができる影響を有している場合に、減損を行うことになりますが、IAS36は適用されません。再保険資産は実質的には金融資産として認識でき、再保険者の信用リスクに焦点を当てるべきことから、IAS39にいう発生損失モデルの適用が最も妥当と考えられたからです。

解答 96　　**1**（将来保険金に関する引当金の認識）

　異常危険準備金や平衡準備金等、将来の保険金に支払う引当金は負債として認識できません。現在の債務とはいえず、FWにおける負債の定義を満たさないからです。なお、4.信頼性を損なわずにより目的適合性を高める場合、または目的適合性を損なわずにより信頼性を高める場合には、会計方針を変更することができます。

第19章　収益（IAS第18号、第11号、第20号、第41号等）

解答 97　　**4**（ロイヤルティ：発生基準で認識）

　IAS18によれば、ロイヤルティに関する収益は、関連する契約の実質に従って、発生基準で認識しなければなりません（IAS18：30）。したがって、4.が正解となります。なお、物品販売取引の収益認識要件としては、役務提供取引のように、進捗度を信頼性をもって測定できること、という要件は課されていませんし、役務提供取引の収益認識要件としては、物品販売取引のように、リスク・経済価値の全てを移転したこと、という要件は課されていません。

解答 98　　**3**（独立販売価格→公正価値）

　IFRIC13によれば、特典クレジットに配分される対価については、公正価値で測定するものとされています。したがって、独立販売価格で測定するとしている3.が正解（誤り）となります。

解答 99　　1（日本基準における工事契約の定義）

IAS11において、工事契約とは、単一の資産またはその設計、技術及び機能もしくはその最終的な目的や用途が密接に相互関連または相互依存している複数の資産の結合体の建設工事のために、特別に交渉される契約をいいます（IAS11：3）。1.は、請負という法形式をメルクマールの1つとしている、日本基準における工事契約の定義です。

解答 100　　2（直接控除法　減価償却費　CU 60）

【直接控除法】
- 繰延収益　　　：－
- 減価償却費　　：CU 60＝（1,000－400）／10

【繰延収益法】
- 繰延収益　　　：CU 280＝400－（400×3／10）
- 減価償却費　　：CU 100＝1,000／10

したがって、正解は2.となります。

解答 101　　4（羊毛）

IAS41は、生物資産（羊・葡萄の木）や収穫時点における農作物（羊毛・葡萄）に関する会計処理に適用されますが、収穫後の加工処理による製品（チーズ・ワイン）や、農業活動に関連する土地及び無形資産には適用されません。したがって、4.羊毛が正解となります。

| 解答 102 | **4**（同時→別個） |

　公開草案によれば、契約の分割が要請されるような"独立"である場合とは、例えば、企業が通常同一または類似の財またはサービスを別個に販売する場合や、ある財またはサービスを契約に含まれるその他の財またはサービスと一緒に購入しても、顧客は著しい割引を受けることがないような場合をいいます。したがって、同時に販売する場合は、独立である場合とはいえません。

| 解答 103 | **4**（権利確定後の信用リスクの評価の変動≠売上高の調整） |

　公開草案によれば、対価に対する無条件の権利を確定した後の信用リスクの評価の変動は、収益以外の損益として認識する必要があります。したがって、対価に対する無条件の権利を確定した後に、信用リスクが20％に変動したと見積られた場合であっても、企業は売上高を調整する必要はありません。

| 解答 104 | **1**（本体：10,240、アップグレード権：5,120、サポート：640） |

① 本体
　CU 10,240＝（13,000＋7,000－4,000）×16,000／（16,000＋8,000＋1,000）
② アップグレード権
　CU 5,120＝（13,000＋7,000－4,000）×8,000／（16,000＋8,000＋1,000）
③ サポート
　CU 640＝（13,000＋7,000－4,000）×1,000／（16,000＋8,000＋1,000）
　したがって、正解は1.となります。

| 解答 105 | **4** （デザイン・機能が"顧客"に固有のもの）

　公開草案によれば、支配の指標として、①顧客が資産に対する無条件の支払義務を負っている、②顧客が資産に対する法的な所有権を有している、③顧客が資産を物理的に占有している、④財やサービスのデザインまたは機能が顧客に固有のものである、の4つが挙げられています。したがって、デザイン等が企業に固有のものであるとしている、4．が正解となります（なお、この点については、一時点での移転の指標と、連続的な移転の指標を分けて検討すべきという議論が行われています）。

| 解答 106 | **3** （CU 49,940,000）

　潜在的欠陥に対する保証（品質保証的な保証）については、別個の履行義務は認識しません。すなわち、独立販売価格に基づいて取引価格を個々の履行義務に配分することは行わないことになります。ただし、潜在的欠陥部分を見積もり、当該部分を未充足の履行義務（≠売上）として認識し、残部を売上として認識する必要があります。また、製品を取り替える場合には、欠陥商品についての収益の認識を行うことはできません。よって、
　CU 49,940,000＝CU 500×100,000個－CU 500×（500個×20％＋200個×10％＋0個×70％）
としている、3．が正解となります。

第20章　企業結合（IFRS 第3号）

| 解答 107 | **3** （割安購入益を純損益で認識）

　IFRSにおいては、割安購入益（負ののれん）は取得日の利得として当期

371

利益に認識しなければなりません。割安購入益は、買収活動を首尾よく実施したことにより発生したものと理解できますが、FWにおける負債の定義を満たさないからです。

解答 108　　2（契約日→実行日）

企業結合において、支配を獲得した日（＝取得日）とは、契約日ではなく実行日（一般的に取得企業が法的に対価を移転し、被取得企業の資産を取得し負債を引き受けた日）をいいます。なお、あくまで取得時におけるアウトプットはないものの、開発段階にある活動は、事業に含まれる場合があります（4.）。

解答 109　　3（FW：準拠性：取得企業の立場で判断）

取得企業が取得した資産・負債は、取得日時点で概念FWにおける資産・負債の定義を満たすものでなければならないため、被取得企業が資産・負債として認識していなかったものが、取得に際して認識されることもあります。取得企業の立場で判断した場合には認識されるものもあるでしょうし、被取得企業が必ずしもIFRSに準拠しているとは限らないからです。

解答 110　　1（CU 10,200）

のれんは、（対価の公正価値＋以前より保有していた資本持分の公正価値＋非支配持分）－被取得企業の資本（資産－負債）の公正価値、として算定

します。また、企業結合ごとに、取得企業は被取得企業の全ての非支配持分を、①公正価値、または被取得企業の識別可能な純資産の②非支配持分の比例持分として測定しなければなりません（IFRS3：19）。

よって、

① CU 16,500＝（4,000＋8,000＋7,500）−3,000【全部のれん】
② CU 10,200＝（4,000＋8,000＋3,000×40％）−3,000【購入のれん】

② <u>CU 10,200</u> としている１．が、正解となります。

解答111　**4**（取得後発生事象：対価額は修正しない）

測定期間中に、取得日時点で存在していた事象に関して入手した追加的な情報により、条件付対価の公正価値が変動した場合には、条件付対価の額を修正しなければなりません（例えば、係属していた訴訟が解決した場合）。しかしながら、取得日"後"に発生した事象により条件付対価の公正価値が変動した場合は、測定期間における修正ではありません（例えば、いくら以上利益が出たら追加で対価を支払う、というような earn-out 条項が実現した場合）。

解答112　**4**（日本基準にも存在）

日本基準においても、測定期間について規定されています（「企業結合に関する会計基準」第28項（注6））。

第21章　連結財務諸表及び個別財務諸表（IAS第27号）

解答113　　**4**（非支配持分＝少数株主持分）

　非支配持分とは、子会社に対する持分のうち、親会社に直接または間接に帰属しないものをいいます。日本基準における対応する概念は、少数株主持分です。なお、1.親会社の視点⇒企業集団全体の視点、2.法人格がなくても子会社（連結）とされることはあります。3.支配とは、IAS27ではある企業の活動からの便益を得るために、その企業の財務及び営業の方針を左右する力と定義されており、リターンとは明記されていません（改訂前）。

解答114　　**4**（潜在的株式の影響を考慮）

　潜在的株式については、IAS27では、その意図にかかわらず、現時点で行使可能であるものは考慮することになります。したがって、必ずしも現状の議決権比率で支配の有無を判定することにならないことに、留意が必要です（改訂後も同様）。

解答115　　**1**（IFRS10「連結財務諸表及び個別財務諸表」）

　2011年5月には、①IAS27「個別財務諸表」、②IAS28「関連会社及びジョイント・ベンチャーに対する投資」、③IFRS10「連結財務諸表」、④IFRS11「共同アレンジメント」、⑤IFRS12「他の企業への関与の開示」が、改訂もしくは新たに公表されています。IFRS10は、支配概念を拡大するとともに、従来のIAS27で一緒に規定されていた個別財務諸表（における子会社等の投資の会計処理）に関する規定と分離させて、連結財務諸表に関す

る部分のみを新しい個別財務報告基準としたものです。

解答116　**4**（投資先への潜在的議決権）

2011年5月に公表されたIFRS10「連結財務諸表」では、従前の支配概念を拡大して整理し、支配の3要素として、①投資先へのパワー（投資先における関連性のある活動を左右する現在の能力をもたらす権利を、投資者が有していること）、②投資先への関与から生じる変動リターン（variable return）に晒されているかまたはそれに対する権利を有していること、③投資先へのパワーを通じて投資者のリターンの金額に影響を与えることができること（パワーとリターンとの連係）を規定しています。したがって、投資先への潜在的議決権としている4．が誤りとなります。

解答117　**1**（0個）

IFRS10によれば、議決権を過半数有していない場合であっても、他の株主と契約上議決権行使について同意していて合わせて過半数を有していると同視できる場合や、株式の分散状況により相対的に影響力を有していると認められる場合等については、支配していると解釈することができる場合があります。

第22章　関連会社に対する投資（IAS 第28号）

解答118　**4**（支配と重要な影響力≠択一的関係）

ある企業が大半を所有していることは、他の企業が重要な影響力を有し

ていることを必ずしも妨げません。よって、支配している場合と重要な影響力を有している場合を択一的な関係としている4.が、誤りとなります。

解答119　**3**（のれんは非償却）

IFRSでは、のれんは償却しないこととされていますので、3.が誤りとなります。

解答120　**3**（A 子会社：B 金融商品：C 関連会社）

議決権20％以上を保有している場合には、明らかな反証がない限り、重要な影響力を有している（関連会社に該当する）と推定されることになりますが、X社は、B社に対しては、重要な影響力を証拠づける事実・状況が全くありませんので、明らかに重要な影響力を有していないと判断できます。したがって、B社に対する投資は、関連会社に対する投資ではなく、金融商品として分類すべきことになります。

また、議決権20％未満を保有している場合には、明らかな反証がない限り、重要な影響力を有していない（関連会社に該当しない）と推定されることになりますが、X社とC社との間には、取締役会への参加や、頻繁な経営陣の交流等、重要な影響力を証拠づける事実・状況が存在しますので、X社はC社に対して明らかに重要な影響力を有していると判断できます。したがって、C社に対する投資は、金融商品としてではなく、関連会社に対する投資として分類すべきことになります。

| 解答 121 | **3** (0)

持分法を適用している場合で投資会社が債務超過になった場合には、投資原価を0まで減額し、貸付金等の債権を別途有している場合には、必要に応じて減損等を行うことになります。したがって、あくまで投資の残高としては、0で測定されることに留まります。

第23章　ジョイント・ベンチャーに対する投資(IAS第31号)

| 解答 122 | **1** (共通支配を確立させる契約は必須)

共同支配を確立させる契約が存在しない場合には、IAS31にいうJVには該当しないことになります。

| 解答 123 | **3** (CU 30,000,000)

CU 30,000,000＝①10,000,000＋②0＋③100,000,000×20%
比例連結法によると、共同支配企業の諸資産（負債）を、出資割合に応じて連結財政状態計算書に組み入れる（認識する）ことになりますが(③)、共同営業活動や共同資産については、自己が支配していない資産については、連結財政状態計算書に組み入れることはできません（②）。

| 解答 124 | **1** (共同事業・共同支配企業)

IFRS11によれば、従来3類型とされていたJVが、共同アレンジメントとして2つに類型化されました。2つの類型は、アレンジメントに対する

共同支配を有する共同事業者が、当アレンジメントに関する資産に対する権利及び負債に対する義務を有している共同アレンジメントとしての共同事業 (joint operation) と、アレンジメントに対する共同支配を有する共同支配投資企業が、当アレンジメントの純資産に対する権利を有している共同アレンジメントとしての共同支配企業 (joint venture) です。

解答 125　　**1**（共同支配投資企業：比例連結法）

IFRS11によれば、従来容認されていた比例連結法の採用が認められなくなりました。資産・負債の定義を満たさない項目が財務諸表に認識されてしまう可能性があること、企業間の比較可能性に鑑みたこと等によるものです。

第24章　外国為替レート（IAS第21号）

解答 126　　**3**（社債発行により調達される資金）

IAS21においては、機能通貨を決定する基準として、主要決定要因と追加的決定要因が規定されています。本問においては、1. 2. 4. は主要決定要因ですが、3. "社債の発行により資金として調達される通貨か否か"は追加的決定要因（財務活動により資金が創出されるときの通貨か否か）ですので、決定要因の重要性という観点からは、前者に劣後することになります。

解答 127　　**1**（決算日レート）

IAS21では、機能通貨と表示通貨が異なる場合、財政状態計算書（貸借

対照表）上の各項目を換算する際には、決算日レートを使用することとされています（IAS21：39（a））。

解答 128　4（①：当期損益、②：当期損益）

IAS21 によれば、貨幣性項目については、決済取引によるものも、換算差によるものも、その時の為替レートで換算し、その差額を当期損益（≠その他の包括利益）で認識することになります。

解答 129　1（800,000円）

IAS21 によれば、在外営業活動体を取得したことにより生じる資産・負債の公正価値への修正は、在外営業活動体の資産・負債として処理しなければならず、当該修正額は、在外営業活動体の機能通貨で表示され、決算日レートで換算されることになります（IAS21：47）。

したがって、800,000 円（US＄10,000×80 円（決算日レート））の修正が必要となります。

第25章　超インフレ経済下における財務報告（IAS 第29号）

解答 130　3（CU 40,000）

A 社は、非貨幣性項目としての棚卸資産（20,000）を有しています。IAS 29 によれば、非貨幣性項目については、取得日から期末日までの一般物価指数の変動を取得原価に適用することによって、修正再表示することが要請されています。

したがって、A社は、その保有する棚卸資産を CU 40,000（＝20,000×300／150）として修正再表示する必要があります。

解答 131　　**2**（損失：CU 2,500）

当該事例では、B社は、貨幣性資産として売掛金（10,000）を、貨幣性負債として買掛金（5,000）を有していますが、インフレーションにより、売掛金の実質価値が50％減少し、買掛金の実質価値が50％増加していることになります（インフレ下においては、債務者に購買力利得が生じますが、債権者には購買力損失が生じることになります）。

したがって、B社の購買力差額は、

△CU 2,500＝（10,000×1／2－10,000）＋（5,000－5,000×1／2）

となり、CU 2,500の貨幣持高損失（loss on monetary position）が認識されることになります。

第26章　1株当たり利益（IAS第33号）

解答 132　　**1**（1株当たり利益↓or損失↑）

希薄化：利益の減少または損失の増加、逆希薄化：利益の増加または損失の減少、となります。逆希薄化の場合には、希薄化後1株当たり当期利益（DEPS）を算定・開示する必要はありません。

解答 133　　**2**（CU 0.20）

基本的1株当たり利益（BEPS）の算定の目的上、分子である親会社の

普通株主に帰属する金額とは、(a) 親会社に帰属する継続事業からの当期損益、及び、(b) 親会社に帰属する当期損益に関して、優先配当（優先株主への配当）、優先株式の消却により生じる差額、及び株主持分として分類される優先株式の類似の効果の税引後の金額について調整を行った後の、(a) 及び (b) の金額とならなければならない、とされています (IAS33：12)。

したがって、次のようになります。

① BEPS分子の算定　CU 200
　　＝（12,000－10,000）×（1－40％）－100×200株×5％
② BEPSの算定　CU 0.20
　　＝200÷1,000株

解答 134　　**3**（CU 5.00）

ストック・オプションが発行されている場合、DEPSの分母に含まれる潜在株式数の算定に際して、当該オプションの行使により想定される入金額については、期中の平均市場価格での普通株式発行により受領したものとしてみなされることに留意が必要です。すなわち、本問では、ストック・オプションの被付与者の権利行使（1単位当たりCU 5を払い込む）により、B社にはCU 10,000（CU 5×2,000単位）が入金されますが、普通株式を時価発行すると仮定した場合には、1,000株（入金額CU 10,000÷株式時価CU 10）が発行されると推定するのです。

したがって、次のようになります。

① DEPS分母の算定　2,000株
　　＝1,000株（普通株式）＋1,000株（潜在株式）※
　　　※2,000株（2,000単位×1株）－1,000株（2,000単位×CU 5÷CU 10）
② DEPSの算定　CU 5.00
　　＝10,000÷2,000株

解答135　**1**（①CU 5.0　②CU 4.2）

本問においては、DEPS を算定する際に、(a) 分子に CB に係る利息（税引後）を加算すること、(b) 分母に最大限の希薄化効果（1,000 単位が全て行使された場合に 2,000 株が発行されること）を織り込むこと、に留意する必要があります。

① BEPS　CU 5.0
　　＝CU 50,000÷10,000 株
② DEPS　CU 4.2
　　＝CU 50,000＋CU 1,000×（1－40％）÷（CU 10,000＋CU 1,000×2）

第27章　後発事象（IAS 第10号）

解答136　**2**（×2年1月31日）

財務諸表の公表の承認プロセスは、企業や国によって様々であり、財務諸表が公表された後に、株主総会にその承認を求めて提出しなければならないこともあります。そのような場合の財務諸表は、株主総会における承認日ではなく、その前の公表に関する承認日に財務諸表の公表の承認を受けたことになります。本問では、×2 年 1 月 31 日の取締役会の承認がこれに該当します。

解答137　**1**（×2年1月24日）

企業によっては、財務諸表を監督取締役会に提出して承認を受けなければならない場合があります。そのような場合には、経営者が財務諸表を監督取締役会に提出することを承認したときに、財務諸表の公表が承認され

たことになります。財務諸表の作成主体・責任者（ここでは取締役会）が、修正すべき事項を把握し、その修正を財務諸表に反映させられるのは実質的にいつまでか、と考えると理解しやすいでしょう。本問では、×2年1月24日の取締役会の承認が、これに該当します。

解答 138　　**3**（末日前の売却取引の、末日後の価額決定）

投資不動産の売却（末日前）に関する、売却価格の決定（末日後）は、報告期間の末日に存在した状況についての証拠を提供する事象といえるため、修正を要する後発事象となります。

なお、市場価値の下落は、期末日における投資の状況とは通常関連しておらず、その後に発生した状況を反映しているため、修正を要しません（1.）。

解答 139　　**4**（訴訟損失引当金をCU 3,000,000追加認識する）

訴訟事件の解決（敗訴：2月2日）は、報告期間の末日（12月31日）後財務諸表の公表の承認日（2月3日）の間に発生しているため、後発事象といえます。また、報告期間の末日には訴訟が係属しており、当該訴訟事件の解決（敗訴）は、その状況についての証拠を提供する事象といえるため、修正を要する後発事象に該当します。

したがって、C社は、当該事項を反映させるよう、財務諸表において認識されている訴訟損失引当金CU 2,000,000を、CU 5,000,000に修正しなければなりません。よって、訴訟損失引当金CU 3,000,000（＝5,000,000－2,000,000）の追加認識が、必要となります。

第28章　中間財務報告(IAS 第34号)

解答 140　　**4** (自己資本の管理に関する情報)

　自己資本の管理に関する情報は、完全な1組の財務諸表上、注記することが要請されています（IAS1：134）。しかしながら、1組の要約財務諸表上は、精選された説明的注記の対象項目とされておらず、必ずしも開示が要請されるわけではありません（IAS34：16）。

解答 141　　**1** (認識しない)

　年度末の賞与は、①法的債務となっているか、もしくは、推定的債務(過去の慣行によって企業が支払をする以外に現実的な選択肢を有しないもの) と認められる場合、かつ、②債務について信頼できる見積りが可能である場合に、中間財務諸表上見越計上されることになります。

　本問では、税引前利益の5％が賞与金額であり、また、税引前利益額も見積ることができるため、②の要件は充足します。しかしながら、制度の新規導入であるとともに過去における賞与の支給実績もないことから、①の要件は充足しませんので、中間期末においては、負債（引当金）を認識しないことになります。

解答 142　　**2** (CU 1,500)

　まず、①年間ベースの純利益に基づいて②年間ベースの税額を算定し、③加重平均税率を算定します。そして、④当該加重平均税率を四半期利益に乗じて、四半期の法人所得税費用を算定することになります。

したがって、次のようになります。
① 年間ベースの純利益　CU 40,000
　　＝10,000×4
② 年間ベースの税額　CU 6,000
　　＝20,000×10％＋20,000×20％
③ 加重平均税率　15％
　　＝6,000÷40,000
④ 第１四半期の法人所得税費用　CU 1,500
　　＝10,000×15％

第29章　関連当事者についての開示（IAS 第24号）

解答 143　　**2**（報告企業の主要株主（12%保有））

　IAS24 では、主要株主は、関連当事者の定義に含まれていません。これは、何％以上株式を保有しているか否か、といった形式基準ではなく、あくまで、企業に重要な影響を及ぼしているか否か、という実質に重点をおいて、関連当事者を把握しようとしているためと理解して良いでしょう（原則主義（・形式より実質））。
　なお、日本基準では、主要株主を、保有態様を勘案した上で自己または他人の名義をもって総株主の議決権の 10% 以上 を保有している株主、と定義づけたうえで（規則主義）、主要株主を関連当事者に含めています。

解答 144　　**3**（支配個人 A が経営幹部の一員である企業 B）

　本問における企業 B は、報告企業を支配している個人が経営幹部の一員である企業であるため、IAS24 にいう関連当事者の定義に該当します。

なお、1.メインバンクであっても、他の第三者と同様に、通常の条件で取引をしている以上、関連当事者に該当しないと解釈するのが妥当です。

解答 145　**4**（報告企業 CEO の子へ、社用車を無償譲渡）

関連当事者取引は、有償・無償のいかんを問わず、開示対象とされます。本問では、報告企業 CEO の子は、報告企業の経営幹部の一員の近親者であり関連当事者に該当しますので、社用車の無償譲渡は、関連当事者取引として開示対象となります。

解答 146　**3**（経営者報酬：IFRS では財務情報）

経営者報酬に関しては、IAS24 では財務情報（注記）とされている一方で、日本基準では非財務情報（有価証券報告書の経理の状況外での開示事項）とされているため、日本基準では金融商品取引法監査の対象外です。本問では、IAS24 と日本基準が逆に記載されているため、3.が誤りです。なお、4.関連当事者の定義の改訂は、従前の規定が複雑でわかりにくいものとなっていたことに起因したものです。

第30章　事業セグメント(IFRS 第8号)

解答 147　**4**（10% 基準）

売上高・純損益・総資産のいずれかが、全ての事業セグメントの 10% 以上である事業セグメントの開示が必要である、という量的基準（数値基準）によれば、10% 未満の事業セグメントについては、原則として、報

告セグメントとして開示する必要はありません（他にも、75%・10セグメント等の数値基準があり、原則主義の例外とも捉えられるでしょう）。

解答148　**1**（Ⅰ・Ⅱ・Ⅴ）

①売上高・②純損益・③資産のいずれかが全体の10%を超える事業セグメントは、開示対象（報告セグメント）となりますが、②純損益による判定に際しては、利益額・損失額の絶対額で判定します。すなわち、利益が報告されている全ての事業セグメントの利益合計額と、損失が報告されている全ての事業セグメントの損失合計額との"大きい方"を基準とし、各事業セグメントの利益もしくは損失が、その"大きい方"の10%以上であるか否かで判断することになるのです。

本問では、利益合計額：3,850,000（＝1,500,000＋2,000,000＋350,000）＞損失合計額：650,000（＝350,000＋300,000）ですので、利益合計額の10%である385,000（＝3,850,000×10%）が、判断基準となります。

セグメントⅢ（損失：350,000）・Ⅳ（利益：350,000）の純損益は、いずれも385,000以下ですので、②の純損益基準には該当せず、また、①売上高基準・③資産基準にも該当しないため、開示対象（報告セグメント）にはなりません。

一方で、セグメントⅠ・Ⅱ・Ⅴは、量的基準に該当するため（Ⅰ（①・②・③に該当）、Ⅱ（①・②・③に該当）・Ⅴ（③に該当））、報告セグメントは、Ⅰ・Ⅱ・Ⅴ、となります。なお、従業員数は、量的基準とされていません。

解答 149　**2**（Ⅰ・Ⅱ・Ⅴ）

　①売上高・②純損益・③資産のいずれかが全体の10%を超える事業セグメントは、開示対象（報告セグメント）となります。当該基準によれば、まず、セグメントⅠ（①・②・③）とセグメントⅤ（②：損失の扱いについては、解答148参照）が開示対象となります。

　ここで、報告セグメントⅠ・Ⅴの売上高の合計額14,500,000（＝13,500,000＋1,000,000）は、B社全体の売上高の75%：15,000,000（＝20,000,000×75%）を下回りますので、75%に達するまで、報告セグメントを追加認識しなければなりません。

　セグメントⅦを追加した場合、全体の75%には達せず（15,000,000＞14,950,000（＝14,500,000＋450,000））、更に報告セグメントを増やす必要があります。セグメントⅡを追加した場合には、全体の75%に達し（15,000,000＜15,920,000（＝14,500,000＋1,420,000））、これ以上報告セグメントを増やす必要はありません。

　以上から、最小限（3つ）の報告セグメントの組み合わせとして正しいものは、Ⅰ・Ⅱ・Ⅴ、となります。

第31章　会計方針、会計上の見積りの変更及び誤謬（IAS第8号）

解答 150　**4**（IFRS→FW）

　まず、類似・関連事項を扱っているIFRSの存在の有無を検討し、そのようなIFRSが存在している場合には、当該IFRSの規定を参照することになります。そして、類似のIFRSがない場合には、概念FWの資産・負債等の定義や認識規準・測定概念を、参照することになります（IAS8：11）。

　第1章で説明したように、現状では、IFRSと概念FWに不一致が存在する場合にはIFRSの基準が優先されますので、そのこととの整合性に鑑

みた順序、と理解しうるでしょう。

解答 151　4（見積の変更は将来に向かって適用）

①会計方針の変更は、遡及的に適用（retrospective application）、②会計上の見積りの変更は、将来に向かって適用（prospective application）、③誤謬の訂正は、遡及的に修正再表示（retrospective restatement）、されることになります。

解答 152　2（①×1年　CU 16,000、②×2年　CU 34,000）

×1年度末において、既に売上済の在庫が、そのまま棚卸資産として認識され続けてしまったことは、×1年度（過去）の財務諸表の発行承認時に入手可能であった情報を使用できなかったことにより生じたものです。すなわち、過年度における事実の見落としとして、当該事項は過年度の誤謬に該当し、遡及的修正再表示を行うことが必要となります。

×1年度においては、
(Dr) 売上原価　　　　　　　4,000　(Cr) 棚卸資産　　　　　　　4,000
の仕訳処理が行われていなかったことになりますので、この処理を反映させると、×1年度の当期利益は、CU 16,000（＝20,000－4,000）となります。

×2年度においては、本来×1年度に行われるべきであった、
(Dr) 売上原価　　　　　　　4,000　(Cr) 棚卸資産　　　　　　　4,000
の仕訳処理が行われていることになりますので、この処理を取り消すと、×2年度の当期利益は、CU 34,000（＝30,000＋4,000）となります。

以上から、解答は2．（①×1年度当期利益 CU 16,000、②×2年度当期利益 CU 34,000）になります。

■著者紹介

大矢 昇太（おおや・しょうた）
公認会計士・税理士

【略歴】
1973年　東京都生まれ。
1996年　公認会計士第2次試験に合格し、その後、太田昭和監査法人（現：新日本有限責任監査法人）に入所。慶應義塾大学法学部政治学科卒業後、公認会計士登録。
2002年　太陽監査法人（現：太陽ASG有限責任監査法人）に入所。
2007年　同監査法人の社員に就任（現任）。
2008年　青山学院大学大学院（会計専門職大学院）客員教授に就任（現任）。

【著書】
『実務に役立つIFRS主要基準ガイド』（2011年3月　税務研究会出版局　監修・共著）
『SPVの会計・税務・監査』（2011年8月　中央経済社　共編著）
『ストック・オプションのすべて（第2版）』（2011年9月　税務研究会出版局　共著）他

【セミナー】
「IFRS主要基準のポイント」（2011年7月・9月　税務研究会実務研修）
その他金融機関・事業会社・税理士向けセミナー等多数。

個別基準がわかる　練習問題で覚える　スタートアップIFRS

2011年10月11日　発行

著　者　　大矢 昇太 ©

発行者　　小泉 定裕

発行所　　株式会社 清文社
　　　　　　　東京都千代田区内神田1-6-6（MIFビル）
　　　　　　　〒101-0047　電話 03(6273)7946　FAX 03(3518)0299
　　　　　　　大阪市北区天神橋2丁目北2-6（大和南森町ビル）
　　　　　　　〒530-0041　電話 06(6135)4050　FAX 06(6135)4059
　　　　　　　URL http://www.skattsei.co.jp/

印刷：亜細亜印刷㈱

■著作権法により無断複写複製は禁止されています。落丁本・乱丁本はお取り替えします。
■本書の内容に関するお問い合わせは編集部までFAX（03-3518-8864）でお願いします。

ISBN978-4-433-57251-8